英語のテストはこう作る

Testing for Language Teachers
(Second Edition)

Arthur Hughes

アーサー・ヒューズ 著
靜 哲人 訳

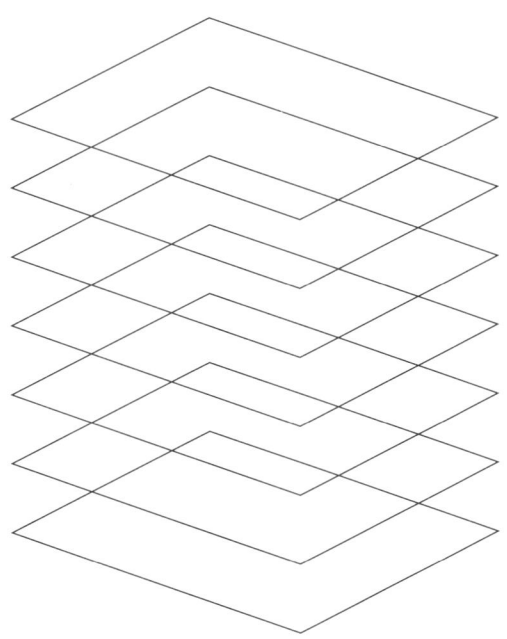

研 究 社

TESTING FOR LANGUAGE TEACHERS
Second Edition
by Arthur Hughes
Originally published by
The Press Syndicate of the University of Cambridge
© Cambridge University Press 1989, 2003
First published 1989
Second edition 2003

Japanese translation
by Shizuka Tetsuhito
© Shizuka Tetsuhito and Kenkyusha Ltd., 2003

序

　本書が目指すのは、言語教師がより良いテストを作る手助けをすることである。テスト作成は本質的に問題解決作業であって、解決すべき問題は教育現場ごとに異なる。これが本書の立場だ。それがどんな問題であれ、最も望ましい解決──すなわち最も適切なテスト──に至るためには、テストの問題形式を羅列した本から適当なものを選んで使うだけでは不十分である。テスティングの原理原則と、応用法に関する理解もまた必要となる。

　テストの持つべき望ましい性質を紹介・解説するのは比較的たやすい。すなわちテストは妥当性、信頼性、実用性、そして有益な波及効果（=テストが指導や学習に及ぼす好ましい影響）を備えている必要がある。しかし教師が作るテストがこのような特性を備えるようになるための現実的なアドバイスを与えるのはそう簡単ではない。よってテスティングの専門書ではこの問題を無視してしまうか、大規模な標準テスト作成のための（しかし実は適切とは限らないような）方法を模倣するよう薦めてしまう傾向がある。私はこのような誘惑と戦いつつ、実際に教室で教える先生方にとっても十分実用的でありながら、テスト理論に照らしても正当であるような方向を示したつもりである。

　本書であげたテスト問題の例はすべて、外国語としての英語をテストする場合のものである。これは私自身がこれまで英語テストを作ってきたからであるが、他言語の教師が類似の例を作成する際にも十分参考になると信ずる。

　本書の目的と基本的なアプローチは初版と変わっていないので、本文のかなりの部分はそのままではあるが、全編にわたって細かい手直しを加えた。テスト細目規定の書き方をより詳細にし、面接者/評定者トレーニングプログラムの概要を新たに付け加えた。高性能パソコンが比較的安価で手に入り、インターネット・アクセスも利用しやすくなった現状に鑑み、ネット上で入手可能なリソースに詳しく言及し、テストデータの統計的処理に関して新たに巻末補遺を設けた。本書のウェブサイト（www.cambridge.org/elt/tflt）では補遺で紹介しているソフトウェアが安価で入手可能であるし、また本書で紹介したすべてのサイトへのリンクが張ってある。また世界中の小学校で外国語の学習（およびテ

スト)を始める傾向が広まりつつある現状を考慮し、児童を対象にしたテストに関する章を設けた。子供はテスト以外の手段で評価できるのでは、と疑問に思う向きもあるだろう。しかし現実にテストは行われるのだから、この問題を無視して触れないよりは、私の考えを述べるほうが良いと判断した。

本書の初版が出て以降のおそらくもっとも驚くべき展開は、言語テスト分野の出版物・論文の急増であろう。しかしそれらの多くあるいはほとんどが理論的または専門的なもので、教師の関心に直接こたえるものではなかった。本書では言語テスト初心者の読者にとっての読みやすさを考え、参考文献名は原則として章末の「さらに読んでみよう」のセクションに回した。このセクションは本文で紹介した事項をより深く学びたい読者のためのガイドであり、また言語テスト最前線のアウトラインにもなっている。さらに本書では扱えなかった言語テスト分野でのさまざまなトピック(例えば特定技能のテスト法など)を分かりやすく記述している最近の出版物も紹介している。

本書はさまざまな人々の協力によって完成した。各人の名前を挙げるのは不可能だがレディング大学での院生たちは、多くのことを教えてくれた。(たいていは、私が答えに窮するような質問をしてくれたことによってである。) 友人であり同僚である Paul Fletcher, Michael Garman, Don Porter, Tony Woods らは初版の原稿の一部を読んで多くの有益なコメントをくれた。Angela Hasselgren は児童のためのテストに関して私と意見を交換し、ノルウェーの EVA プロジェクトの資料を提供してくれた。友人の Cyril Weir と Russanne Hozayin とは最近のテストプロジェクトで共同研究をした。そして最後にわが妻は 222 ページのマンガを描いてくれ、またこの第 2 版執筆作業の全般にわたり、忍耐強く私を支えてくれたのだった。

日本語版への序

本書を一読すればすぐ分かっていただけるように、優れたテストは言語の指導と学習に対して非常に価値ある貢献ができる、というのが私の信念である。そしてそれは対象言語が何であっても変わるものではない。したがって、このたび本書の日本語版が出版され、日本の読者にとって本書の内容がより身近なものになることは、私にとって大きな喜びである。

そしてその喜びは、本書を翻訳してくれたのが私の友人であり元教え子であ

る靜哲人氏であるという事実により、さらに大きなものとなっている。私は氏の人となりとその仕事ぶりをよく知っているので、彼が原文の意図するところを完全に理解した上で、それを正確な日本語で表現してくれていると確信している。

　日本の読者が本書の内容に興味を持ち、そこから得たものを自身の教育活動に役立ててくださることを心から願っている。

　2003年2月

アーサー・ヒューズ

訳語について

アイテム（item）
itemとはテストを構成する1つ1つの「小問」のことである。「項目」という訳語を当てることもあるが、他の意味での「項目」との混同を避けるため、本書では敢えて「アイテム」とした。

応答（response）/ 応答する（respond）
テスト理論では、受験者がアイテムという刺激に対して「応答する」、と表現する。「解答する」ということだが、テストの解答とは刺激に対する反応であることを強調するため、本書では敢えて「応答（する）」とした。

集団参照的（norm-referenced）
個人のテスト結果を、受験者集団の平均的な出来（norm）に照らして（refer）解釈することを指す。類書では「集団基準準拠」としているが、本来の意味をより簡潔に表すため本書では敢えて「集団参照的」とした。

基準参照的（criterion-referenced）
個人のテスト結果を、あらかじめ決めてある合格基準（criterion）に照らし（refer）、それをクリアしているかいないかによって解釈することを指す。類書では「目標基準準拠」としているが、本来の意味をより簡潔に表すため本書では敢えて「基準参照的」とした。

靜　哲人

目　次

序　　iii
訳語について　　vi

第1章　ティーチングとテスティング　　1

波及効果　　1
不正確なテスト　　2
テストの必要性　　4
テスティングとアセスメント　　5
どうすれば？　　6

第2章　問題解決法としてのテスティング：本書の概観　　8

第3章　さまざまなテストとテスティング　　11

熟達度テスト　　11
到達度テスト　　13
診断テスト　　16
レベル分けテスト　　17
直接テスティングと間接テスティング　　18
個別項目テスティングと統合的テスティング　　21
集団参照的テスティングと基準参照的テスティング　　21
客観テスティングと主観テスティング　　24
コンピュータ適応型テスティング　　25
コミュニカティブ言語テスティング　　25

第4章　妥当性　　28

内容妥当性　　28
基準関連妥当性　　29

構成概念妥当性のその他の証拠　33
　採点における妥当性　35
　表面妥当性　36
　妥当性を高めるために　36
　最後に　37

第5章　信頼性　40

　信頼性係数　42
　測定の標準誤差と真の得点　44
　採点者信頼性　47
　信頼性を高めるために　48
　信頼性と妥当性　55

第6章　有益な波及効果　58

　伸ばしてやりたい能力をテストせよ　58
　広い範囲からランダムに出題せよ　59
　直接テスティングを用いよ　60
　テストは基準参照的なものにせよ　60
　到達度テストは目標に基づくものにせよ　60
　テストの内容・形式を生徒・教師に周知せよ　61
　必要に応じて教師を支援せよ　61
　コストを計算する　61

第7章　テスト開発の手順　64

　1．問題の所在を述べる　65
　2．テストの細目規定を書く　66
　3．アイテムを作成し調整する　69
　4．ネイティブスピーカーで試行する　70
　5．非母語話者グループで試行する　71
　6．試行結果を分析し、必要な修正を加える　71
　7．尺度の目盛りづけをする　72
　8．妥当性を検証する　72

9.　手引きを書く　　72
　　10.　スタッフをトレーニングする　　73

第8章　よく見られるテストテクニーク　　80

　テストテクニークとは何か　　80
　多肢選択アイテム　　80
　真偽判定アイテム　　84
　短答アイテム　　84
　空所補充アイテム　　86

第9章　ライティングのテスト　　89

　代表的なタスクを設定せよ　　90
　ライティング能力の妥当なサンプルを引き出せ　　97
　採点の妥当性と信頼性を確保せよ　　102
　フィードバック　　116

第10章　口頭能力のテスト　　120

　代表的なタスクを設定せよ　　120
　口頭能力の妥当なサンプルを引き出せ　　126
　採点の妥当性と信頼性を確保せよ　　135
　おわりに　　140

第11章　リーディングのテスト　　143

　受験者に求める能力を規定する　　143
　タスクを設定する　　150
　採点に関する留意点　　164

第12章　リスニングのテスト　　169

　受験者に求める能力を規定する　　169
　タスクを設定する　　172
　採点に関する留意点　　181

第13章　文法と語彙のテスト　　　183

文法のテスト　183
語彙のテスト　191
追　記　196

第14章　全体的能力のテスト　　　198

さまざまなクローズ法　199
C-テスト　207
ディクテーション　208
おわりに　210

第15章　児童のためのテスト　　　212

一般的原則　212
児童のためのテスト固有の要件　214
望ましいテクニーク　216

第16章　テスト実施上の留意点　　　228

テスト用紙と機器　228
試験担当者　229
補助スタッフ　229
受験者　229
会　場　229
実　施　230

巻末補遺1　テストデータの統計的分析　　　233

テストの統計値　234
アイテムの分析　239

巻末補遺2　アイテムバンク　249

巻末補遺3　ニュージーランドのユースホステルのパッセージに関する設問　251

参考文献　253
謝　辞　263
訳者あとがき　265
索　引　267

第 1 章
ティーチングとテスティング

　多くの教師は、テストやテスト作成専門家に深い不信感を抱いている。本書の出発点は、そのような不信はしばしば当を得ていると認めることだ。かなりの言語テストが非常に質の悪いものであることは否定できない。テストが指導・学習に悪影響を及ぼすことも多いし、それが何であるにせよ測ろうとしているものをきちんと測っていないこともしばしばだ。

波及効果

　テストが指導および学習に及ぼす影響のことを**波及効果**（backwash）と呼ぶ。そしてその影響は有害なものと有益なものがある。あるテストが重要だと見なされていれば、また結果による利害得失が重大であれば、当該テストのための準備があらゆる指導・学習活動を支配することになる。そして当該テストの内容と形式が授業の目標とずれている場合には、有害な波及効果が生まれるだろう。例えば、ライティング技能が多肢選択形式でしかテストされなければ、生徒はライティング自体よりもそういうテスト問題を解く練習をせざるを得なくなろう。これは明らかに望ましくない。

　今のは有害な波及効果だが、波及効果が前向きで有益な場合もある。私は以前、非英語圏のある国の英語で授業を行う大学のための英語テストの開発に関わったことがある。そのテストは１年間の英語集中コースの終わりに実施され、学部授業（英語で行なわれる）に出てよい者と、退学するものを決めるのに使われることになっていた。そこでまず学部の第１学年の授業でどのような英語能力が必要とされるかを分析し、その結果に直接基づいてテストを作成した。問

[1]

題形式は受験生が実際に学部生となったときに要求される作業(教科書を読む、講義を聴きながらメモをとる等)に可能な限り近いものとした。

それまでの多肢選択オンリーだったテストに代えてこの新テストを導入したところ、授業がたちまち変わったのである。シラバスが書き換えられ、教科書も選び直され、授業形態も一変した。その結果、学生数が増えたのに設備等は限られていたという悪条件にもかかわらず、1年間の訓練の後に学生たちの英語のレベルは大学始まって以来の水準に到達したのである。これは波及効果が有益だった例である。

Davies (1968, p. 5) がかつて「良いテストは授業に従い、授業を真似するのだから、テストは授業の従順なしもべである」と書いた。私にはそうは思えない。そして Davies 本人も今ではそう思わないだろう。授業とテストは、お互いがお互いの良きパートナーであるべきだ。授業のほうは(潜在的には)適切なのだがテストのほうが駄目だ、というケースもあるだろう。そうなると有害な波及効果に苦しむことになる。1968年当時の Davies はそういう状況を見て、テストは授業のしもべであるべきだ、と思ったらしい。しかし逆に授業のほうはお粗末だがテストのほうが有益な影響を与える場合だってあろう。テストは単に授業に追随すればいいということはない。そうでなく、授業が良い場合にはそれをテストがバックアップし、逆にダメな授業はテストが修正するくらいの影響を持たねばならない。テストがいつも授業に対して有益ならば、テストというものに対する教師の間での評判も今よりずっといいはずである。本書の第6章ではどうやったら有益な波及効果が得られるかを論ずる。

最後に、波及効果とはより広義の概念である「評価の影響」の一部と見なせるということを指摘しておきたい。教育測定の分野で言うところの"impact"とは単に学習や指導に対する効果というだけにとどまらず、評価というものが社会全体を左右する様までを包含する。この問題は言語テストの倫理という観点から論じられてきている(「さらに読んでみよう」を参照)。

不正確なテスト

テストに対する不信の第2の理由は、何を測定しようとしているにせよ、しばしばそれを正確に測れていない、ということだ。生徒の本当の力はテストの点に必ずしも表れないということを、現場の教師はよく知っている。これはあ

る程度は致し方ないことである。言語能力を測るのはたやすいことではないのであり、物理科学での測定と同じ水準の精度は期待できない。しかし今の多くの言語テストの場合、精度の向上の余地はありそうだ。

　なぜテストは不正確なのだろう。不正確さが生ずる原因（およびそれを最小におさえる方法）は後章で述べるが、ここで簡潔に答えておくことは可能だ。大きくわけて2つの原因がある。1つ目はテストの内容と問題形式に関わる。先の例にもどると、ある人がどのくらいうまく書けるかを知りたいならば、多肢選択テストによってその能力を本当に正確に測るのは絶対に不可能である。プロのテスト開発者たちが多大な労力と少なからぬ資金をつぎ込んで試みてきたが、いずれも失敗に終わっている。およそのところはわかるかも知れないが、そこまでである。非常に大規模なテストの場合、何万もの作文を採点するのはとても現実的ではないので、測定の精度を犠牲にしてでも経済と利便が優先される。なぜそうなるかの理解はできる。しかしそれではテストというものの評判をおとしめることになるし、悪しき例にもなる。

　ライティング能力をテストするために今述べたやりかたを真似したいと思う現場教師はほとんどいないだろう。しかし大規模テストのアイテム（＝いわゆる「小問」）が多肢選択ばかりだと、まったく不適切な状況でも大規模テストを真似て多肢選択が使われるという事態が生ずるのだ。おまけに、そうやって模倣して作った問題はおうおうにして非常にひどい代物なのである。よい多肢選択アイテムの作成は、悪名高いと言っていいほど至難の業で、膨大な手間暇がかかる。それなのにお手軽に作られる多肢選択テストが何と多いことか。その結果、正確な測定など望むべくもないようなおそまつな問題ができ上がる。本書の最大の目的の1つは、現場の先生方に不適切な問題形式を使うのをやめさせ、専門家によるテストをある面ではしのぐようなテストを教師でも作れることを示すことにある。

　精度の低さの第2の理由は**信頼性**（reliability）の欠如である。これは専門用語であり詳しくは5章で説明するが、とりあえず、1つのテストを何度受けても結果がいつも変わらないならそのテストは信頼性がある、と考えてほしい。信頼性のあるテストなら、同一の受験者がいつテストを受けてもまずまず似たような点数を取る。ところが信頼性のないテストは受ける日によってスコアが大きく異なる。信頼性の欠如は2つの要因から起こる。1つめはテストを受ける人間と、テスト自体の特徴の相互作用である。人間は機械ではないので、どんな

テストであっても2回受けて100%まったく同じような解答行動をすることは期待できない。その結果、たまたまいつテストを受けたか、当日の気分はどうだったか、前の晩にどれだけよく寝たか、等によってある程度スコアに揺れが生ずるのだ。このもともとある人間的な揺れは、不明確な指示文、2通りに読み取れる質問、あて推量を誘発する問題などがあると増幅される。テストを作るわれわれとしてはそういう増幅が起こらないように気をつけることはできるのだ。これを最小限にくいとめない限り、受験者がテストで取る点数にわれわれは信用がおけない。

信頼性が低くなる2つめの源は、採点である。等しいパフォーマンスでもかなり異なる評点をつけられうる、という意味において採点の信頼性は低くなりうる。例えば、同一の作文でも採点者が違えば(あるいは同じ採点者が時間をおいて2度採点した場合でさえ)非常に点数が違うことがあるだろう。幸い、そのような採点の揺れを最小限にする方法が存在する。(すべてではないが)ほとんどの大規模テスト団体の名誉のために言っておくと、彼らは自分たちの作るテストとその採点作業の信頼性が可能な限り高くなるように、あらゆる措置を講じている。そしてこの点に関しては概して非常に成功していると言ってよい。一方、規模の小さいテストは信頼性が不十分である傾向がある。そこで、本書のもう1つの目的は、テストにおいてより高い信頼性をいかにして達成するかを示すことである。この点に関してのアドバイスは5章にある。

テストの必要性

いままで本章ではもっぱら、なぜテストが多くの言語教師の不信を買い、そしてその不信がいかにしばしば的を射ているかについて述べてきた。そこから引き出せる1つの結論は、世の中に言語テストなどないほうが幸せだ、というものかもしれない。つまるところ、教えることこそが最も大切なわけである。テストがその邪魔になるのだったら廃止すべきはテストのほうだ。あまりに多くのテストが不正確な情報しかもたらしてくれないのだからなおさらである。しかしながら人々の言語能力に関する情報は、しばしばとても有用で時には必要なものだ。例えばイギリスやアメリカの大学が、外国からの留学生の英語能力に関してまったくわからない状態で彼らを受け入れるというのはちょっと考えられない。通訳者や翻訳者を何かの組織が雇用する場合も同様である。言語能

力の信用するに足る尺度は確かに必要なのである。また教育システムの中においても、第2言語や外国語を学習した個人が到達レベルに関して何らかの説明をしてもらうのは当然の権利だと思われている限り、なんらかの形のテストは必要になる。また学習者集団の到達度に関する情報を提供するためにもテストが必要だ。そのような情報がなければ教育上の合理的な決定を下すのがむずかしい。目的によっては、テストでなく担当教師による非公式評価でも適切でかつ十分な場合もあるが、たった今述べたような状況ではそれは当てはまらない。担当教師の非公式評価は時に不公平になりうる。その可能性はひとまず脇におくにしても、意味のある比較を行うためには共通のものさしが必要であることは認めざるを得ない。そのものさしを与えてくれるのがテストなのだ。

テスティングとアセスメント

　本書の焦点は比較的公式なテストである。しかしもちろんテストだけが人々の言語能力についての情報を収集する手段ではない。評価（assessment）の1つの形態に過ぎないわけで、ほかの方法のほうが適切である場合も多い。ここで**形成的**（formative）**評価**と**総括的**（summative）**評価**をはっきり区別しておこう。教師が生徒の学習状況の進み具合をチェックしたり、学んだことをどのくらい身につけたかを確かめ、それに基づいてそれ以後の授業案を調整しようとするとき、評価は形成的であるという。形成的評価は生徒へのフィードバックの資料にもなる。形成的評価のためには小テストや中テストでもいいだろうし、授業での学習タスクを遂行している生徒のパフォーマンスの簡単な観察や、生徒が自分の学習成果を集めたポートフォリオを吟味するのでもいいかもしれない。生徒が自分で自分の進歩をチェックし、それに基づいて学習目標を微調整するために**自己評価**（self-assessment）が奨励されることもあろう。

　総括的評価のほうは例えば学期末・学年末に、生徒集団全体あるいは個人個人の力がどこまで伸びたかを測定するために実施されるものだ。こういう場合には、上に述べた理由により、正式なテストが普通必要となる。しかしそういうテストの結果はそれだけ取り出して見るべきではない。何を達成したかが本当にわかるためには情報源は多ければ多いほど良い。理想としては、（正式なテストを含めて）複数のルートからの情報がすべて同じ結論を指し示しているのが良い。食い違っている場合には、なぜそうなのか突き止める必要がある。

どうすれば？

　テスティングを改善するために教師集団は3つの貢献をなすことができると私は信じている。第1に自分たちのテスト問題をもっと良いものにすることができる。第2にテストに関わっている人々を啓蒙することができる。そして第3にプロのテスト作成者や実施団体に圧力をかけ、彼らの作るテストを改善することができる。本書は、これらすべての手助けをすることを目指している。第1の目的は容易に理解できよう。本書のようなタイトルの本の内容が、教師の自作テストの改善に関係ないなら驚きだ。第2の目的は、おそらくややわかりづらいかもしれない。これは、「テストに関わるすべての人々がテストのことをよく理解するほどテストがよくなる。また指導が関係する場合には、テスティングと指導の関係がより有機的なものになる」という信念に基づいているものだ。私が想定している「テストに関わる人々」には、受験者、教師、問題作成者、教育機関のお偉方、教育関係の当局、試験実施団体やテスト専門組織などが含まれる。彼らが知識と理解を共有し、意見を交換し合い協力すればするほど、皆が利害を共有するテスティングがより良い、より適切なものになるだろう。これらの問題点を理解し、そしてその知識を他に伝えるために最もふさわしい立場にいるのは、おそらく教師である。

　本章を終わるにあたり、第3の目的の関連性をいぶかる読者のために、多肢選択項目でライティングをテストする件にもう少し触れてみよう。多肢選択によるライティングテストというのは、実はTOEFL (Test of English as a Foreign Language: 北アメリカの大学に入学を志願するほとんどの非母語話者が受ける英語試験)の運営責任者達が行なっていたことである。何十万人もの受験者のライティング能力を、実際に作文させてテストするのはとにかく不可能なことだ、と彼らは長年にわたり言いつづけてきた。現実的ではないし、やったとしても結果の信頼性が低いはずだ、と。ところが1989年に、受験者が実際に30分間書かねばならないライティングテスト (Test of Written English)がTOEFLの補助テストとして導入された。この変革の第1の理由として挙げられたのは、英語教師集団からの圧力だったのである。彼らはついにTOEFLの責任者たちに対して、有益な波及効果をもつライティングタスクがいかに必要であるかということを納得させたのだった。

■ 自分でやってみよう
1. よく知っているテスト(国際的なものでも、地域のものでも、専門家が作ったのでも教師が作ったのでもよい)のことを考える。その波及効果はどんなものだと思うか。有害か、有益か。なぜそう思うのか。
2. これらのテストのことをまた考える。それらが与える情報は正確か、それとも不正確か。なぜそう結論づけたのか。

■ さらに読んでみよう
　Rea-Dickens (1997) は言語テストに利害関係のある人々の関係についての論考であり、Hamp-Lyons (1997a) は波及効果、社会的影響、妥当性に関連する倫理的問題を提起したもの。この2つの論文は *Language Testing* 14.3 に掲載されているが、この号は言語テストの倫理を特集している。この問題について Spolsky (1981) が早くから取り上げていた。国際言語テスト連盟 (ILTA) は倫理コードを作成し、2000年に採択された。これは本書のウェブサイトからたどってダウンロード可能だ。Kunnan (2000) は言語テストにおける公正性と妥当性検証を扱っている。Rea-Dickens and Gardner (2000) は形成的評価の理念と実際を検討している。Alderson and Clapham (1995) は教室内評価についていくつかアドバイスをくれる。Brown and Hudson (1998) は教師向けにテスト以外の評価法を提案したもの。Nitko (1989) は指導と一体化したテストのデザインについてアドバイスを与えてくれる。DeVicenzi (1995) は教師が標準テストの結果をどう解釈するかについてのもの。Gipps (1990) と Raven (1991) は不適切な評価のはらむ危険性を訴えている。テストを変えることがいかに劇的に指導と学習を良い方向に変えうるかについては、Hughes (1988a) を見てほしい。

第 2 章
問題解決法としてのテスティング:本書の概観

　言語テストを研究していると、時々「最も良いテスト」「最も良いテストテクニーク」はどんなものか、という質問をされることがある。そういう質問をする人は、残念ながら言語テスト実践の何たるかについて誤解している。ある目的には理想的なテストでも別の目的のためにはまったく役立たないかもしれないし、ある状況で非常にうまく機能するテクニークも別の状況ではまったく不適切かもしれないからだ。

　前章で見たように、大規模テスト団体には適していることも学校内テストにはまったく場違いであることもありうる。同様に、同じ教育機関でも授業の目標、テストの目的、利用可能なリソースによって、必要になるテストは変わってくるのだ。テスト状況はそれぞれ独特のものであり、その状況固有の問題がある。

　したがって最初の一歩としてテストによって解決すべき問題が何であるかをできるかぎり明確に述べなければならない。その上でわれわれが作成するテスト(システム)は、どのようなものであれ、以下の条件を満たさねばならない。

- 測る側にとって関心のある能力[注1]を正確に測定した結果を一貫して与えてくれる
- (テストが指導に影響する状況であれば)指導に対して有益な影響を持つ
- 時間・費用の点で経済的である

　どのような状況においてもテストを作る者が最初に明確にしておかねばならないのは、テストの目的である。目的が変われば必要となるテストも普通は変わってくる。当たり前のように思えるかもしれないが、これは必ずしも認識

されていない。本書で論ずるテストの目的とは例えば以下のようなものだ。

- 言語の熟達度を測る
- 授業の目標を生徒がどの程度達成できたか確かめる
- 生徒の得意な部分と弱い部分、知っていることと知らないことを診断する
- ある言語プログラムのどの段階、どのパートが生徒の能力に最もふさわしいかを見極め、学生のクラス分けに役立てる

　これらの目的はそれぞれ次章で詳しく論ずる。次章ではまた直接テストと間接テスト、分離的テストと統合的テスト、集団参照的テストと基準参照的テスト、客観テストと主観テスト、などさまざまなテストとテストテクニックを紹介する。テストで解決すべき問題についての一般論を上で述べた際、関心のある能力を正確に測定する、と書いた。そのようなことができるテストを**妥当な**（valid）テストという。第 4 章ではさまざまな種類の妥当性を論じ、テスト開発で妥当性を達成するためのアドバイスを与え、また妥当性をどう測るかを紹介する。

　また「一貫して」という用語も先に使用した。正確な測定を支える一貫性は、実は妥当性の欠くべからざる構成要素である。テストが一貫した結果を出す（例えば、月曜と火曜では能力の変化がないという前提で、同一人物が同一テストを、たまたま月曜の朝に受けても火曜の午後に受けても、結果が非常に似通っている）ならば、そのテストは信頼性がある、という。信頼性はすでに前章で紹介した用語だが、テストの絶対不可欠な要素である。受験者の能力が変わらないのに実施のたびに大幅に変わる結果を出すようなテストが何の役に立つだろう？　ところが非常に多くの教師の手作りテストに目立って欠けているのがこの信頼性なのだ。第 5 章ではテストを信頼できるものにするにはどうするか、また信頼性をどう測るかを論ずる。

　波及効果という概念は前章で導入した。第 6 章ではテストが有益な波及効果を達成するために満たさねばならないいくつかの条件を明確にする。

　どんなテストでも準備、実施、採点、解釈のために時間と費用がかかる。時間も費用も一定の限りがあるものなので、完璧な解決策（と思えるもの）は実用性と相容れないことがしばしばだ。この問題も第 6 章で取り上げる。

　本書の後半では、前半で概説した原則を実地に応用し、テストの作成と使用についてより詳細なアドバイスを行う。第 7 章ではテスト開発のさまざまな段

階を実例を挙げながら解説する。第8章では広く用いられるテストテクニークを論ずる。第9〜13章では、特に学校内テストにおいて、さまざまな個別能力をどうすれば最もうまく測定できるかを示す。第14章では「全体的能力」とその測定法について論ずる。第15章では幼い学習者のテストに固有の問題を考察する。第16章ではテストの実施に関して直截的なアドバイスを与える。

さてここで統計について一言述べねばならない。テストに関する事柄を正しく理解し、問題をうまく解決するためには、統計学をある程度理解しておくことが役に立つ。というより実は必要である。妥当性と信頼性についての章では、だれもが理解できるような用語を使って、簡単な統計的記号を提示してある。巻末補遺1ではテスト結果の統計的分析を多少詳しく扱う。しかしここでも焦点は計算ではなくその解釈においた。実際、最近では性能のよいコンピュータと統計ソフトウェアが容易に利用可能なので、実際に自分で計算を行う必要はほとんどない。コンピュータプログラムの出力が理解できさえすればよいのである。巻末補遺1ではまずそのような理解力の向上を目指し、また(同様に重要なことだが)より良いテストを作るために統計的情報がいかに役立つかを示してみたい。

■ さらに読んでみよう

Alderson, Krahnke and Stansfield (1987) 編集の評論集は50近い英語テスト(ほとんど英国、米国のもの)を扱っているが、これを読むとプロのテスト作成者たちが問題解決にどの程度成功したと思われるか(あるいは思われないか)がわかる。この文献を十分に理解するには、本書の第3, 4, 5章の内容を統合的に理解しておくことがある程度必要である。Alderson and Buck (1993) および Alderson 他 (1995) はイギリスのあるテスト団体におけるテスト開発の手順を調査している。

注1) ここで言う「能力」には特に厳密な意味はない。単に人々が言語でできることという意味だ。例えば、ある言語で流暢に会話する能力、文法規則を暗唱(そんなものを測定したければの話だが!)する能力、などは含む。しかし、言語学習に対する適性という意味は含めていない。個人がどのレベルまで、またはどのくらい効率的に外国語が学習できるかを予測するための適性の測定は、本書の範囲を超える。この分野に興味のある読者は、Pimsleur (1968), Carrol (1981), Skehan (1986), Sternberg (1995), MacWhinney (1995), Spolsky (1995), Mislevy (1995), McLaughlin (1995) を読んでみることを薦める。

第 3 章
さまざまなテストとテスティング

　本章ではまず言語テストを実施する目的について考える。次に直接テスティングと間接テスティング、分離的テスティングと統合的テスティング、集団参照的テスティングと基準参照的テスティング、客観テスティングと主観テスティング、等さまざまな対比的概念を導入する。最後にコンピュータを用いた適応型テスティングとコミュニカティブ・テスティングについて触れる。

　テストは、その結果から何が判明するかによって分類することが可能だ。分類することは、既成のテストが特定の目的に照らしてふさわしいものかを決めることにも、必要に応じて新しくふさわしいテストを作るのにも役にたつ。まず論ずるのは、熟達度テスト、到達度テスト、診断テスト、そしてレベル分けテストである。

熟達度テスト

　熟達度テスト（proficiency tests）は、受験者がそれまで受けてきたトレーニングにかかわらず、受験者のその時点での言語能力を測定するためにデザインされる。よって熟達度テストの内容は受験者が受けてきたであろう授業の内容・目的に基づいてはいない。そうではなく、その言語に「熟達している」と見なされるためにはどんなことができなければならないか、に関する細目に基づくものだ。こうなると「熟達している」の意味が問題になってくる。

　ある種の熟達度テストで言う「熟達」とは、ある特定の目的のために言語を十分使いこなせる状態のことだ。国連で通訳としてやっていけるかどうかを判定するために作られたテストなどはこの例である。英国の大学で授業について

ゆける英語力があるかを見極めるためのテストも同様である。こういうテストでは、特定の分野の授業で必要になる英語のレベルや種類をテストに反映させようとする場合さえある。例えば、芸術系科目用のバージョンと理科系科目用のバージョンを別に作る、といった具合だ。

その言語をどのような目的で使うにせよ、テスト開発の初期段階においては、言語使用の目的がテスト内容の細目に反映されることになる。

逆に特定の職業や教科課程をまったく想定していない熟達度テストもある。この場合の「熟達度」の概念はより一般的なものである。英国の例で言うならFCE 試験（the Cambridge First Certificate in English）と CPE 試験（the Cambridge Certificate of Proficiency in English）がこれにあたる。これらの試験の目的は、受験者がある特定の能力に関して一定の水準に達したかどうかを示すことだ。こういうテストの実施母体は語学学校などからは独立した機関なので、受験者の成績によって雇用を決めようとする側などからは信用できるわけだ。出身国も通っていた語学学校もばらばらである受験者を公平に比較してくれるからである。英語の使用に関して特定の目的を想定してはいないが、これらの汎用熟達度テストには詳細な**細目規定**（specifications）があり、その中にはそのテストに合格するには何ができなければならないかが明記されているはずだ。それぞれのテストはそれぞれの細目に直接拠っていると考えるべきである。それであるからこそ、テストのすべてのユーザー（教師、学生、雇用者、等）はそのテストが自分の目的にかなうものかどうかを判断でき、また結果を解釈することが可能になる。熟達度についてなんとなく漠然とした概念しかもっていないようでは不十分だ。当該のテスト団体がいかに有名であろうが同じことである。前述したケンブリッジの試験のレベル設定は、ALTE（Association of Language Testers in Europe：欧州言語テスト作成者連盟）の枠組みにリンクしており、ALTE の枠組みは元はといえばヨーロッパ・カウンシル（Council of Europe）の研究の影響を色濃く受けている（「**さらに読んでみよう**」参照）。

内容とレベルはさまざまであっても、あらゆる熟達度テストに共通なのは、受験する者が受けてきたかもしれない授業には基づいていないという点だ。逆に、第 1 章で述べたように、熟達度テストのほうが学校の授業の内容や方法に多大な影響を及ぼす場合がある。これは波及効果に他ならないが、その効果が受験者の益になる場合と害になる場合がある。私から見れば、広く利用されている熟達度テストの中にも益よりもむしろ害を与えていると思われるものもある。そ

ういうテストを受けている学生を教えている教師は、テストのおかげで業務上の迷惑をこうむっているわけだ。しかしそういう教師が当該のテスト実施団体に対して、自分たちで考えているよりずっと大きな影響力を行使して、そのテストを改善させることは可能なのだ。第1章で述べた TOEFL にライティングセクションが加わったのがよい例である。

到達度テスト

　ほとんどの学校教師には熟達度テストを作る機会はないだろう。それより**到達度テスト**（achievement tests）を作ったり実施したりする可能性のほうがずっと大きい。熟達度テストと違って到達度テストは授業と直接関わるものだ。個々の生徒が、またはクラス全体が、あるいは授業自体がどの程度その目的を達成できたかを見極めることがテストの目的だからである。これには最終到達度テストと中間到達度テストの2種類がある

　最終到達度テスト（final achievement tests）とは語学コースの最後に実施されるものだ。作成実施の母体は教育省、公的な試験委員会、教育機関などである。内容が当該のコースに関係していなければならないのは当然だが、具体的にどのように関係すべきかに関しては言語テスト研究者の間でも意見が分かれる。

　1つの意見は、最終到達度テストの内容は授業が基づいていた詳細なシラバス、実際に使用された教科書その他の教材に直接基づくべきだ、というものだ。この立場を**シラバス内容準拠アプローチ**（syllabus-content approach）と呼ぶ。テストには実際に生徒が習ったと思われることしか出ないわけで、少なくともこの点に関してはフェアなテストと考えられ、このアプローチの長所はわかりやすい。欠点はというと、シラバス自体が良くないものである場合や教科書その他の教材が不適切なものである場合には、テストの結果が非常にミスリーディングなものになってしまうことである。そうなると到達度テストでよい結果を出してもコースの目的を十分達成したことにならないかもしれないのだ。

　例えばコースの目的に会話能力を伸長することが含まれているのに、授業内でもテストでも、自分の生まれ故郷や天気等について準備してきたことを一言二言述べるようなことしかさせない、というような場合だ。あるいはドイツ語のリーディング能力をつけるのを目的とした授業で、テストには生徒がすでに

習ったことがわかっている単語しか出さないような場合だ。さらに授業目的では英語で大学教育が受けられるように準備することを謳っているのに、シラバスには(したがって授業にもテストにも)、「将来大学で遭遇するであろう話題についての英語の講義を聴きながらメモをとる活動」が含まれていないような場合だ。

　これらはすべて実際にあったケースなのだが、このような到達度テストからは、謳っている授業目標に関して生徒たちが何を達成したかはわからない。

　もう1つのアプローチはテスト内容を直接授業目標に準拠させること(コース目標準拠アプローチ)だ。この行き方には多くの利点がある。第1に、コースをデザインする担当者が目的を明記せざるを得なくなる。第2にその目標を生徒がどの程度達成したかがテスト結果から明らかになる。このことが逆にシラバス作成担当者、教材選定担当者にプレッシャーを与え、シラバスや教材が確実にコース目標にあったものになる。目標に基づいて作成されたテストは、どうしようもない授業がいつまでも繰り返されるのを断ち切ることができる。授業内容に準拠したテストを作るのでは、悪循環が繰り返されるだけであり、あたかも授業とテストがグルになった陰謀のごとし、と言ってもそれほど言い過ぎではあるまい。テスト内容は授業の目標に直接基づいたものにするほうがずっと望ましい、というのが私の信念である。そのほうが生徒個人個人の、また集団全体の到達度についてより正確な情報が提供されるし、授業内容に与える波及効果もより有益なものになる可能性が大きいのだ[注1]。

　テストの内容を授業でやったことでなく授業の目標に準拠させるのは、生徒に対してフェアでない、という議論があるかもしれない。授業内容が目標とずれたものだった場合、授業でやらなかったことをテストでやらされることになる。ある意味でこの危惧は正しい。が別の意味では正しくない。テストが質の低いまたは不適当な授業の内容に基づいてしまえば、そのテストを受ける生徒は自分が達成したこと、授業の質について誤った考えをもつことになる。これに対してテストが授業の目標に基づいていれば、結果からより有用な情報が得られるし、そういうよろしくない状態のまま授業が何年も続くのを防止できるのだ。現在の生徒の中には被害を被る者もいようが、テスト結果のプレッシャーで授業が変わり、その結果未来の生徒のためになるのだ。このように、長い目で見て生徒のためになるのは、内容が授業目標に沿っている最終到達度テストなのである。

ここまで読んだ読者は、最終到達度テストと熟達度テストの間には本当の意味で違いがあるのかと疑問に思うかもしれない。到達度テストが授業の目標に沿ったものであり、その授業の目標が熟達度テストの基づくニーズと同じものであるならば、2つのテストの形式にも内容にも違いがなくてもおかしくない。だが2つの点を押さえておく必要がある。第1に、授業の目標と当該言語に関するニーズというものがそのように一致することは普通はない。第2に、実際には多くの到達度テストは授業の目標に沿ったものではない。この2つの事実から、テストのユーザーとテストの作り手両方が考えるべきことがある。ユーザーはその到達度テストが何に基づいて作られているかを知り、得点が示すものの限界に注意する必要がある。逆にテストを開発する側は、特定授業の目標を反映するような到達度テストを作らねばならないのであって、代わりに一般的な熟達度テスト(やそれを真似て作ったもの)を利用して満足のいく結果がでると思ってはならない。

　進歩到達度テスト(progress achievement tests)というのは名前からわかるように生徒の進歩の程度を測ろうとするものである。結果は形成的評価(第1章参照)に役立つ。「進歩」は授業の目標を目指したものであるわけなので、この場合もやはり授業目標に関連したテストであるべきである。しかしそのためにはどうすればよいだろうか。進歩の度合いを測る1つ方法は、最終到達度テストを繰り返し実施して、そのスコアが(願わくば)徐々に上がっていく様子で進歩状況を見る、というものだ。このやり方は実際には(特にコースの初期段階では)なかなかむずかしい。あまり低い点を取ると生徒が(そしておそらく教師も)落胆してしまうであろう。別の方法として、段階ごとに明確な短期目標を設定することが考えられる。これらの目標は、コース目標に基づく最終到達度テストに向かって徐々に推移するものであるべきだ。こうすると、シラバスと授業内容が中間目標に照らして適切なものならば、中間目標に基づく進歩度テストは実際に授業でやったこととよく合致するはずである。そうでないなら、よりよく一致させる方向へのプレッシャーが生まれよう。シラバスに欠陥がある場合は、変わるべきはテストではなくシラバスだということをテスト作成者が責任をもってはっきりさせるべきである。

　周到な準備を要する形式ばった到達度テストだけでなく、教師は独自の「抜き打ち小テスト」(pop quizzes)を自由に実施してもよい。生徒の進歩を大雑把に把握することができるし、生徒が普段から油断なく学習するようになると

いう効果もある。小テストは正式な評価手順に含まれないのだから、作成実施にあたってそれほど厳密なことを考える必要はない。それでも、より正式の進歩度テストが基づいている中間目標に向かっての、さらに中間的な進歩を小テストで測定しているのだと考えるべきである。しかしその目標達成に向けての個々の教師の「色」を反映する小テストにすることはできる。

　以上、到達度テストの内容は授業で実際にやった個々具体的な事柄でなく、コース全体として目指していたものに基づいたほうがよいと主張してきた。しかしこの方向で同僚を説得するのは決してたやすいことではないかもしれない。学校としてそれまで授業内容準拠アプローチをとってきた場合は特にそうである。人間は生来変化を嫌うものであるし、またそれだけでなく、ここで提唱している変化に対して脅威を感じる向きが多いかもしれない。これを解決するためには多くの人間関係技術、機転、さらには政治的かけひきが要求されるのだろうが、この分野に関してアドバイスを与えるのは、率直に言って本書には無理である。

診断テスト

　診断テスト（diagnostic tests）は学習者の強いところと弱いところを明らかにするためのものだ。まだどんな学習が足りないかを確かめることを主な目的とする。大きく4技能に分けた場合の話であればそれほどむずかしいことではない。例えば、ある人は読む能力に比べて話す能力が特に弱い、などということがわかるテストを作ることは十分に可能である。既存の熟達度テストでもこの目的にはかなうことも多い。

　さらに一歩進み、ある学習者のライティングまたはスピーキングのパフォーマンスを分析し、「文法的正確さ」「言語的適切さ」などの範疇別に能力プロファイルを表現する、というレベルまでいくことも可能かもしれない。実際私は第9・10章で、ライティング、スピーキングのパフォーマンスを評定し、その結果を受験者にフィードバックするのを当然のこととして提案している。

　しかしある生徒がさまざまな文法項目をどれだけ使いこなせるかを詳しく分析するのはそうたやすいことではない。例えば、英語の現在完了と過去形の区別を身につけたかどうか、というようなことがわかる分析である。これをするためには、現在完了と過去形のどちらか一方だけを使うべきであり、かつ分析

するに足るほど重要であるようなありとあらゆる文脈において、その生徒がどちらを使ったかを示すサンプルをいくつも集めなければならない。それぞれの形を一度ずつ正しく使えただけではまぐれ当たりの可能性もあるので不十分である。同様に、英語の冠詞の体系を身につけたかどうかをテストしたければ、*Collins Cobuild English Usage* (1992) に列挙されている 20 以上もの冠詞の用法(「無冠詞」を含む)のそれぞれについて、サンプルが 3〜4 程度必要だ。これでわかるように、英語文法の包括的診断テストには膨大な数のアイテムが必要になる。(例えば、法助動詞すべてをテストしようと思っただけでもどんな数のアイテムが必要かを考えて欲しい。)そのようなテストはあまりにも長く、日常的に実施するのは非現実的である。このような理由から、純粋に診断を目的としたテストというのはほとんど作成されていない。またあったとしてもそこからわかる情報はそれほど詳細でもないし、信頼性も高くはない。

　よい診断テストが存在しないのは不幸なことである。よい診断テストがあれば個に応じた指導や自学自習に極めて有用なはずだ。学習者は自分の言語運用力で欠けている点がわかり、それを埋めるための情報、例文、練習問題がどこで手に入るかがわかるのだ。うれしいことに、膨大なメモリをもつ比較的安価なコンピュータが手に入りやすくなったことで、この状況はきっと変わるはずである。よくできた診断テストプログラムなら、欲しい情報を得るために受験者が費やす時間は必要最低減で済み、しかも試験監督者なども目の前にはいないことになる。そのようなテストの開発にはまだ膨大な手間隙がかかるだろう。このようなものが一般に出回るようになるかどうかは、プログラムを書く気のある個人がいるかどうか、流通させる気のある出版社があるかどうかによる。

　現在でも、非常におもしろいウェブベースのテストが少なくとも 1 つある。その名を DIALANG という。この原稿を書いている時点ではまだトライアル段階だが、このプロジェクトでは 14 のヨーロッパ諸語用に、各 5 つのモジュール(リーディング、ライティング、リスニング、文法、語彙)からなる診断テストの開発をめざしている。

レベル分けテスト

　レベル分けテストとは名前の通り、学生をある指導プログラムの中で最も適切な段階(またはパート)に配置するために役立つような情報を得るためのもの

だ。最もよくあるのはレベル別のクラスに学生たちを割り振るために用いられるものである。市販されているレベル分けテストもあるにはあるが、安易な利用は慎みたい。当該の教育機関が自分のところの指導プログラムにその市販テストがぴったり合っている確信がある場合以外には自作すべきものである。

　すべての教育機関に合うレベル分けテストは存在しない。だから、市販されているテストはどんなものであれ自分のところのニーズには合わないのが当たり前、という前提から出発すべきである。この前提に1つ例外があるとすれば、語学学校用に作られて市販されているレベル分けテストである。語学学校で人気のある教科書はよく似通っており、結果として授業内容もお互いに類似している傾向があるからだ。

　レベル分けテストで最も優れているものは、特定の授業プログラムを念頭に作成されたものだ。そういうテストは、当該の教育機関内でのレベルごとの細かい特徴を分析したうえで作成されている。言うなれば「つるし」でなく「あつらえ」テストである。こういうテストは通常当該教育機関の自作である。作成の労力は大変だが、そこで苦労した分、生徒を適切にレベル分けすることができ、その段階で時間と労力の節約になって結果的に帳尻があうのである。レベル分けテスト開発の例を第7章に記した。妥当性検証に関しては第4章で触れる。

直接テスティングと間接テスティング

　これまで本章では、テスト結果の利用法についていろいろ論じてきた。今度はテスト開発に当たっての2つのアプローチを区別する。

　測定したい何らかの技能があるとする。テストの中で、受験者がその技能そのものを使って何らかのパフォーマンスを行うなら、そのテストは**直接的**（direct）である、と言う。どの程度うまくまとまった文章が書けるか知りたいならまとまった文章を書かせてみる。発音がどのくらいうまいか知りたいなら、しゃべらせてみる。このとき用いられるタスクと言語材料は、可能な限り現実世界で見られるものであるべきだ。受験者は自分がテストされていると意識しているわけだから、どんなタスクであっても真に現実生活とイコールではない。その限界はあるにせよ、その中で可能な限り現実的になるように手を尽くさねばならない。

話す能力、書く能力といった産出的技能を測ろうとする場合、**直接テスティング**（direct testing）は行いやすい。話したり書いたりする行為自体が、受験者の能力について教えてくれるからだ。だが読む能力・聴く能力になると受験者に何かを読ませたり聴かせたりするだけでは不十分で、読んで（あるいは聴いて）内容が理解できたことを示してもらわねばならない。テストする側は、そういう証拠を引き出すための方法を工夫して作らねばならないが、その際、その引き出し方が理解活動自体の邪魔にならないように気をつける必要がある。どのような方法でこれが可能かは第11・12章で論ずる。おもしろいことに、言語テストを論ずる場合、通常信頼性（の低さ）を理由に、産出的能力を測るほうが受容的能力を測るよりむずかしいとされることが多い。第9・10章を読めばわかるように、実際はこの信頼性の問題は決して克服できないものではない。

直接テスティングには数々の魅力がある。第1に、何を測りたいかがはっきりしていれば、適切な判断をくだす根拠になるような状況を作り出すのは比較的たやすい。第2に、少なくとも産出能力の場合には、生徒のパフォーマンスを評価・解釈するのもまた、ある意味で非常に単純である。さらにそういうテストに備えての準備ではわれわれが伸ばしてやりたいようなスキルを受験者が練習することになるので、言語習得に役立つ波及効果が生まれよう。

間接テスティング（indirect testing）とは、本当に興味があるスキルを下から支える能力を測ろうとすることである。例えばTOEFLのセクションの中にはライティング能力を間接的に測定するために開発されたものがあった。そこで用いられたアイテムタイプは、下線部のうち標準英語の正用法としては誤りまたは不適当なものを受験者に選ばせる、というもので、例えば以下のような形をとった。

At first the old woman seemed unwilling to accept anything that was offered her by my friend and I.

このようなアイテムに応答する能力と作文を書く能力の間には、（大して強くはないが）統計的に有意な関連があることが示されはしたが、かといってこの2つの能力が同一であることからは程遠い。間接テスティングのもう1つの例は、Lado (1961) が提唱した、韻を踏む単語ペアを選ばせる形式の、紙と鉛筆による発音テストである。

間接テスティングが人気がある主な理由はおそらく、無限のバリエーション

として表面には現れるうるパフォーマンスの測定を、その底にある有限個の能力の代表的サンプルを測定することで済ませられる可能性があるように思えるからだろう。例えば文法項目の代表的サンプルをとれば、文法運用力が必要となるすべての状況に関係あるサンプルをとったと主張するのも可能である。これに対してスピーキングやライティングの直接テスティングというのは、使用されるタスクの数が必然的にかなり少ないので、必要となる文法項目も限られており、それだけでは偏ったサンプルになってしまう。この主張でいくと、得られた結果をより一般化できるという点で、間接テスティングのほうが直接テスティングよりも優れていることになる。

　間接テストの主たる問題点は、そのようなテストでのパフォーマンス(つまり得点)と、われわれが通常はより興味があるはずの技能を実際に使わせてみた場合のパフォーマンスの関係が、かなり弱くまたその実体がよくわからないということである。われわれは言語能力を構成する要素についてまだよくわかっているとは言えない。例えば、作文の下位技能(であるとわれわれが信じているもの)を測るテストの得点から作文能力を正確に予測するのは、現在のわれわれの知見では無理である。文法、語彙、談話標識、手書き文字のきれいさ、句読法の運用、などなどを測るテストをたくさん作ったとする。しかしそれでもそれらの得点を組み合わせて本当の作文テストでの出来不出来を正確に予測するのは無理なのだ。(基準となる作文得点の妥当性を保証するためにいくつもの作文を書かせ、それを妥当で信頼性の非常に高い方法で採点したとしても、である。)

　われわれの知見がその程度のものである現在、少なくとも熟達度テストおよび最終到達度テストにおいては、主として直接テスティングによるほうが望ましいと私には思われる。かなり広くサンプルをとる(例えば、最低2つの作文を、別々のトピックで別々の文章スタイルで書かせる、など)という条件でなら、本当に関心のある能力を、間接テスティングによるより正確に推定できるはずである。総じて作成がよりたやすいという点を考え合わせても、学内テストに関しては直接テスティングが望ましいという結論がより強固なものになる。また生徒に与える波及効果がより良いという点も強みである。

　ただし多くのテスト専門家は100%直接テスティングによろうとはなかなかせず、間接的な方法による部分をかならず含めるであろう、という事実は認識しておいたほうがよい。もちろん、ある特定の文法事項が使えるか、といった

下位能力に関する診断的情報を得るためであれば、間接テスティングにもまったく問題はないだろう。

最後に、**準直接的** (semi-direct) と呼ばれるテストもあるということを指摘しておく。典型は、予め録音された音声刺激に対する受験者の応答を録音し後で採点する、といったスピーキングテストである。このような形式は直接的ではないが、直接テスティングに順ずる状況を擬似的に作り出すという意味において、準直接的である。

個別項目テスティングと統合的テスティング

個別項目テスティング (discrete point testing) とは、個々の要素を一度に1つずつ、1アイテムで1つずつテストすることである。例えば一連のアイテムがそれぞれ特定の文法項目をテストするというような形である。これに対して**統合的**テスティング (integrative testing) のほうは、受験者が多くの言語要素を組み合わせて1つのタスクをやり遂げることを求める。まとまった文章を書く、講義を聞きながらメモをとる、しゃべるのを聞いて書き取る、クローズ形式の文章の空欄を埋める、などだ。こうしてみると明らかに、個別項目/統合の区分は間接/直接の区分と無縁でない。個別項目テストはほぼ必ず間接的であり、統合的テストは直接的である傾向がある。しかしながら、統合的テスト法の一部（クローズ法など）は間接的だ。本章ですでに触れた類の文法の診断テストは個別項目的である傾向がある。

集団参照的テスティングと基準参照的テスティング

ある生徒がリーディングのテストを受けた。結果はどうだったかという質問に対して、2通りの答えが考えられる。1つめは、「同じテストをこれまで受けた受験者全員の中でこの生徒は上位10%（あるいは下位5%）に入るくらいの成績であった」とか「全員の中の60%よりもこの生徒のほうが優れていた」というような答えである。このような種類の情報を得るためにデザインされるテストを**集団参照的** (norm-referenced) と呼ぶ。1人の受験者の得点を他の受験者の得点に照らしてみるのだ。このやり方だと、この生徒がその言語を用いてどんなことができるかについての情報は直接には得られない。

2つめの答がどんなものかは例をあげることで説明しよう。以下はILR (Interagency Language Roundtable：米国の外国語教育に関する省庁官の連絡機関)のリーディング用の言語能力レベル定義からとったものである。

> 身近な範囲内のトピックに関する、通常の印刷あるいはタイプで打たれた、簡単な、母語話者対象の題材を読んで十分理解できる。複雑でない、なじみのある、事実に関する文章はいくらかの誤解を伴いながらも読むことはできるが、文章の言語的側面のみから直接推論を働かせて、書かれていないことまで推し量るには、まだこの言語での経験が不足している。一般読者を対象に書かれたものを読んでメインアイデアおよび細部がどこにあるかを見つけ、それを理解できる。(中略)複雑ではないが母語話者対象に書かれた散文(よく知っている話題が予測可能な順序で通常は提示され、読者の理解が助けられるもの)を読む能力がある。テクストの種類としては、頻繁に行われる行事を描写したニュース記事、簡単な個人背景データ、社会的な告知文、定型的なビジネスレター、一般向けに書かれた簡単な技術的情報、等の描写文や叙述文などである。概して、読めるのは、単純な、使用頻度の高いセンテンスパタンが目立つ散文である。すぐ意味がわかる語彙の数は多くない(中略)が文脈からのおよび現実世界の情報をてがかりにテクストを理解することができる。

同様に、the Berkshire Certificate of Proficiency in German Level 1 (バークシャー州ドイツ語能力証明試験レベル1) に合格するには「以下の状況で簡単な言葉を用いて話し、相手の言ったことに反応する」ことが必要とされている。

- 他人に挨拶し、言葉を交わし、別れの挨拶をする。個人的なバックグラウンド、家庭、学校生活、興味のある事柄等について情報を交換する。
- 選択、決定、計画について話し合い、それらを決める。意見を表明し、依頼および提案を行う。情報の提供を依頼し、指示を理解する。

以上2つのケースでは当該個人の成績が他の受験者と比べてどうであったかに関してはまったく何もわからない。そうではなくこの受験者がその言語で実際に何ができるのかがわかる。このタイプの情報を直接提供できるためにデザインされたテストを**基準参照的**(criterion-referenced)と言う[注2]。

基準参照的テストの目的は、何らかのタスク(群)を満足すべきレベルで遂行できるか否かにより、受験者を2つに分類することにある。タスクが設定され、パフォーマンスが評価される。すべての受験者がうまく遂行しようが全員が失

敗しようが、原理的にはどうでもよい。タスクが予め設定され、それを満足に遂行するものは「合格」し、しない者は「不合格」となる。こうすると生徒たちは、自分の進歩具合を意味のある基準と比べて測るべし、というメッセージを受け取ることになる。仲間のほとんどより能力が低いから自分は必ず不合格だ、などと思う必要はない。例えばバークシャー州ドイツ語能力証明試験の場合、受験者全員が合格することが理想とされている。したがって、基準参照テストには長所が2つある。(1) 実際に何ができるかに関して意味のある基準を設定し、この基準は受験者集団が変わっても変わらない。(2) 生徒はこの基準をクリアしようと努力する気になる。

　テスト結果が直接理解できなければならないのだから、基準参照的テストの作成過程は集団参照的テストのそれとは、（テスト目的が同一であっても）かなり違ったものになるだろう。受験者の英語力を、英語で授業を行う大学が要求するレベルに照らして評価するのがテストの目的であるとしよう。基準参照的テストの開発は、ほぼ間違いなく、大学で学生が英語で何ができなければならないかについて分析することから始まるだろう。その後、大学で遭遇することになる体験と類似のタスクが設定される。こうしなければテスト結果の直接の解釈は不可能である。

　一方集団参照的テストは、内容は基準参照的テストの場合と似たような分析に基づくかもしれないが、基準参照の場合ほど制限が厳しくない。例えばミシガン英語熟達度テスト (The Michigan Test of English Language Proficiency) には多肢選択の文法、語彙、文章理解のセクションがある。このテストの得点からは、英語で授業が行われる大学で要求される水準と比較して受験者の英語力がどうなのか、についての直接情報は得られない。それを知るためには、ある得点をとった学生がどの程度の勉学負担に耐えうるかの目安を示す換算表を調べなければならない。その表は過去に類似の得点を上げた学生がどうであったかという経験に基づいて作成されたものであって、テストの得点自体の意味に基づいたものではない。同様にして、大学は過去の経験からどのようにTOEFLのスコアを解釈すべきかを学習し、自分の大学で要求する最低ラインを設定している。そのような最低ラインが入学許可のための基準と見なせるのは事実だが、それによってTOEFLが基準参照的テストであることにはならない。

　言語テスティングに関してこれまで書かれた本は、集団参照的テストにより

適切に当てはまるアドバイスを与える傾向があった。その理由の1つは、集団参照的テストの結果の分析手順(特にアイテムの良し悪しの分析や信頼性の推定に関わるもの)は確立しているのに対し、基準参照的テストの場合はそうでないからなのかも知れない。第6章で詳述する本書の見解は「基準参照的テストのほうが望ましいことがしばしばである。その最も重要な理由は学習に対して持つと考えられる影響が有益だからだ」というものである。分析手順が確立していないという理由だけでそのようなテストを考慮外とするのは適当ではない。第5章では基準参照的テストの一貫性(「信頼性」とほぼ等しい概念)を推定する1つの方法を提示する。

「さらに読んでみよう」に挙げたヨーロッパ・カウンシル (the Council of Europe) から公刊されている文献は、基準参照的テストの細目規定を書こうとする場合に大いに役立つ資料である。学習目的が概念と機能という点から非常に詳しく規定されており、そこからすぐに「できることリスト」を書くことができる。そのリストをテスト細目規定に含めることができるのだ。

客観テスティングと主観テスティング

この区別は採点法に関するものであり、それ以外の要素は関係ない。採点者の側になんらの判断も要求されなければその採点は**客観的** (objective) である。正答が紛れもなく1つに決まる多肢選択テストが一例である。採点者の判断が求められるならその採点は**主観的** (subjective) であるという。テスティングにおける主観性の程度はさまざまである。まとまった文章を書かせ、それを印象で採点する方が、文章を読ませ、内容に関する質問に対する短い答を書かせ、それを採点するよりも、主観性の程度が高いだろう。

採点の客観性を追及するテスト専門家は多い。それは客観性自体の価値ではなく、客観性がもたらす信頼性のためである。一般的に言えば採点が客観的であればあるほど、2人の採点者による採点結果(および同じ採点者が時間をおいて2度採点した結果)が一致する度合いが高くなる。しかしながら、信頼性のある主観的採点を行なう方法はいくつも存在する。対象がエッセイであってもだ。これについてはまず第5章で論ずる。

コンピュータ適応型テスティング

　ほとんどのペーパーテストでは、受験者は通常易から難へと配列された全アイテムを提示され、できる限り多くのアイテムに答えることを求められる。これはある人間の能力についての情報を収集するやり方として最も経済的なものではない。能力の高い(当該のテスト全体の難易度に照らして「高い」という意味)受験者は、自分にとって非常にやさしいアイテムに答えてかなりの時間を費やすが、(ほとんど)すべてが正解である。こういう受験者がそのようなアイテムにどう応答するかは、彼らのもっとむずかしいアイテムへの応答結果を見れば予測がつきそうなものだ。

　同様にして、能力の低い受験者の場合には、やさしいアイテムに一貫して誤った応答を出すのを見れば、むずかしいアイテムに対する応答がどうなるかは予測がつくだろう。能力のある受験者がやさしいアイテムに答えてみる必要も、能力の低い受験者がむずかしいアイテムをやってみる必要もほとんどないのだ。

　コンピュータ適応型テスティング(computer adaptive testing)は人々の能力情報を集めるより効率的な方法になり得るものだ。どんな受験者にも最初は難易度が中くらいのアイテムが提示される。これに対する応答が正しければよりむずかしいアイテムが、誤っていればよりやさしいアイテムが提示される。このようにしてアイテムのレベルを上げたり下げたりしながら、コンピュータが個々の受験者に対してそれぞれの能力(それまでに提示したアイテムに対するその人の応答結果から推定されるもの)にふさわしいアイテムを提示し続ける。これは受験者の能力の信頼すべき推定値が得られるまで続く。この信頼すべき推定値は比較的少ない数の応答が集まった時点で普通は得られるのだが、ある種の統計分析(項目応答理論)で計算するものだ。項目応答理論の内容は、ほとんどの先生方は敬遠したくなるようなものではあるが、巻末補遺1で簡単に紹介している。最後に、インタビュー試験は質問も言語レベルも受験者のレベル(と思われるもの)に適応して変わる、一種の適応型試験であることを指摘しておきたい。

コミュニカティブ言語テスティング

　「コミュニカティブ言語テスティング」(communicative language testing)に

ついてはすでに多くの文献がある。主として論じられてきたのは、コミュニケーション行為(これはリーディングとリスニングを含む)に参加する能力を測ることの望ましさ、およびそのための最善の方法である。本書での前提は、通常われわれが測りたいのはコミュニケーション能力である、というものだ。よってコミュニカティブ・テスティング議論の中で最も大事である(と私が思っている)ものは、本書全編を通じて論じている。したがって独立した項目を立てるには及ばないであろう。

■ 自分でやってみよう

自分がよく知っているテストのことを考え、そのそれぞれについて次の質問に答える。
1. このテストの目的は何か。
2. このテストは直接的か間接的か、それとも両者の混合か。
3. アイテムは分離的か統合的か、それとも両者の混合か。
4. どのアイテムが客観的でどれが主観的か。主観的アイテムがあれば、それらを主観性が強い順位に並べられるか。
5. このテストは集団参照的か基準参照的か。
6. このテストはコミュニケーション能力を測るか。それをあなたはコミュニカティブテストと呼ぶか。それはなぜか。
7. 6の答と6以外の答の間にはどんな関係があるか。

■ さらに読んでみよう

さまざまなケンブリッジ熟達度テストのハンドブックがUCLES, Syndicate Buildings, 1 Hills Road, Cambridge, CB1 2EU から入手可能だ。彼らのウェブサイト(www.cambridgeefl.org)にも情報がある。到達度テストの内容細目規定に対する2つのアプローチを論じているものに Pilliner (1968) がある。Nitko (2001) は診断テストに1章をあてている。DIALANG の情報は www.dialang.org で見ることができ、Council of Europe (2001) で DIALANG のフィードバックの詳細がわかる。Fulcher (2000) は言語テストにおけるコンピュータの役割を論じている。Wall 他 (1994) と Fulcher (1997) はレベル分けテストの開発における諸問題を論じている。直接テストのためにはテクストとタスクが可能な限り真正なものである必要があるが、*Language Testing* 2, 1 (1985) は言語テストにおける真正性の特集だ。Lewkowicz (2000) も言語テストの真正性について論じているもの。あるライティングの間接テストの開発過程を Godshalk 他 (1966) が記している。Hudson and Lynch (1984) は早い時期に基準参照言語テストを論じたもので、Brown and Hudson (2002) が基準参照テストに特化して書かれた最初の専門書である。基準参

照と集団参照(言語テストに限らない)についての古典的な小論文に Popham (1978) と Ebel (1978) がある。Popham は基準参照派であり、Ebel は集団参照の優位性を説いている。基準参照を言語テストに適用することに対する疑義を Skehan (1984) が提示している。Hughes (1986) は見解が異なる。基準参照テストの例としては the ACTFL Oral Proficiency Interview (www.actfl.org); the FBI Listening Summary Translation Exam (Scott 他 1996); the Canadian Academic English Language (CAEL) Assessment (Jennings 他 1999)等がある。本章で示したリーディング能力のレベル説明は the Interagency Language Roundtable Language Skill Level Descriptions から引用した。学術的な環境で英語を使う学習者を想定した同様の描写 (4技能別、各技能が複数レベル)を ACTFL (the American Council for the Teaching of Foreign Languages: 全米外国語教育協会)が作成している。ILR および ACTFL の尺度はネット上にある。15言語を対象とした、ヨーロッパの18のテスト機関で使用されている ALTE のレベル説明もインターネット上に見つかる。Carroll (1961) は分離的テストと統合的テストの区別を提唱した。Oller (1979) は統合的テストのテクニックを論じた。Chalhoub-Deville and Deville (1999) はコンピュータ適応型テストを検討している。Chalhoub-Deville (1999) はリーディング能力のコンピュータ適応型テストに関する論文集である。Morrow (1979) はコミュニカティブ言語テストに関する影響力の大きかった論文である。同じテーマはついてのさらなる論考は Canale and Swain (1980), Alderson and Hughes (1981, Part 1), Hughes and Porter (1983) や Davies (1988) などに見られる。Weir (1990) はその名も *Communicative Language Testing* という本である。

注1) もちろん目標が非現実的なものであれば、テスト結果にも目標達成の失敗が表れることになる。このような事態もまた、悪いものではない。目標が達成できなかった原因について意見の対立があるかも知れないが、そうなれば少なくとも必要な議論の出発点に立つことになる。そのような議論はテストがコース目標に基づくからこそありうるとも言える。

注2) 「基準参照的」という用語は人によってやや異なる意味で使う場合がある。しかし定義がはっきりしている限りそれは大した問題ではない。本書では、読者がテスティングで解決すべき問題を分析するときに最も役に立つ、と私が信ずる定義を採用した。

第 4 章
妥 当 性

　テストがその意図の通りのものを正確に測定しているとき「そのテストは妥当だ」と表現することはすでに第2章で述べた。言語テストを作成するのは、「リーディング能力」「スピーキングでの滑らかさ」「文法をうまくつかいこなす能力」などの理論的構成概念を測定するためである。このため近年では**構成概念妥当性**（construct validity）[注1]という用語が、すべての妥当性を包含するものとして使われるようになっている。

　あるテストの構成概念妥当性の存在を単に口で主張するだけでは不十分である。実証的証拠が必要だ。その場合の証拠とは、妥当性の下位概念である**内容妥当性**（content validity）、**基準関連妥当性**（criterion-related validity）などである。以下ではまずこの2つの妥当性をそれぞれ検討し、それが言語テストの問題を解決するのに役立つことを示した後、別の種類の証拠について論ずる。

内容妥当性

　第1の証拠はテストの内容に関わるものである。テストに内容妥当性があるとは、そのテストの内容が、測定しているはずの言語技能・文法事項などの偏りのないサンプルになっているという意味だ。たとえば文法テストなら、文法を使用する能力や文法の知識に関わるアイテムで構成されているのは当たり前だ。しかしこのこと自体は内容妥当性を保証するものではない。内容妥当性を持つためには、必要な文法事項の適正なサンプルがテストに含まれている必要がある。

では、そのテストに含まれるべき事項とは何か。これはもちろん、テストの目的によって異なる。中級学習者用の到達度テストと上級者のそれにまったく同じ文法事項が含まれるはずがない。あるテストに内容妥当性があるか否かを判断するためには、テストがカバーしているはずの技能や文法事項を細かく規定した細目が必要である。そういったテスト細目規定はテスト作成の最も初期段階で書かれるべきものだ。しかしそこに書かれたすべてのものがそのテストに含まれると思ってはならない。1つのテストにすべて盛り込んだらアイテム数が多くなりすぎる。それでも細目規定は、テスト作成者がテストに含むべきアイテムを原則に則って選ぶための基盤を提供してくれる。テストの細目規定とテスト内容を照合するのが、内容妥当性を評価する際の基本である。この評価をするのは、言語の指導とテスティングについては詳しいが当該のテスト作成には直接関わらなかった人たちであるのが理想である。

内容妥当性はなぜ重要なのだろうか。まず内容的に妥当であればあるほど、テストが測っているはずのものを正確に測っている、つまり構成概念妥当性を持つ可能性が高い。テスト細目に明記されている重要な分野が十分に(あるいはまったく)カバーされていないようなテストは有害な波及効果をもたらすだろう。テストされない分野は指導でも学習でも無視されることになろう。何をテストに出すかは、そのものの重要性でなくテストしやすさによって決まってしまうことが往々にしてある。そうならないための最善の策は、きちんとテスト細目を書いたうえで、それに則ったテストを作成することである。よって内容妥当性の確認作業はテスト開発の中途段階で行うべきである。実施後に行ったのでは後の祭りだ。テスト細目の書き方については第7章を参照されたい。

基準関連妥当性

テストの構成概念妥当性を示す証拠の第2は、テストの結果が、受験者の能力に関する別の非常に信頼できるデータと合致する程度に関係する。この別のデータというのが当該のテストを照らし合わせる基準となるわけだ。

基準関連妥当性には大きく分けて**併存妥当性**(concurrent validity)と**予測妥当性**(predictive validity)の2つがある。併存妥当性とは当該テストと基準テストがほぼ同時期に実施される場合の話である。到達度テストを例にして説明する。あるコースの最終到達度テストの一部がスピーキングテストである必

要があるとしよう。コース目標としては、生徒が口頭で遂行すべき多くの「言語機能」が列挙してある。しかし、そのすべてをテストするには1人当たり45分かってしまうとする。これを実際に実施するのは不可能だと判断しても無理はない。スピーキングセクションとしては、1人当たり10分しか当てられないとする。そこで問題は、そんな10分のテストで授業目標に明記されている言語機能に関する能力の推定を十分正確に行えるのか、である。言い換えれば、その10分テストの結果は妥当な指標なのか、ということだ。

内容妥当性の観点から言えば、これはそのスピーキングテストの中でいくつの言語機能がテストされ、目標として列挙されている機能がどの程度満遍なく含まれているか、ということが問題になる。このスピーキングテストをデザインするときには内容妥当性が高くなるように最大限の努力が払われねばならない。しかしそれがクリアされたなら、さらに一歩進む余地がある。テストの併存妥当性を調査するのである。

まず、テストを受ける全生徒の中から一定の人数のサンプル(=グループ)をランダムに抽出する。このグループに、すべての機能をテストするのに必要な45分のフルバージョンテストを受けさせる。このとき評定者信頼性(次章参照)を確保するために評定者を4人動員する。このフルテストの結果が、10分テストの性能を判断する基準となる。つまりこの生徒たちのフルテストでの結果と10分テストでの結果を比べるのだ。10分テストは通常どおりに実施・採点するが、採点の際はフルテストでのパフォーマンスが評定者にはわからない状態で行うことが大切だ。2つの得点を比べてみて一致度が高ければ、短いテストでも長いテストと似たような結果を出すということなのだから、スピーキングテストの短いバージョンは「妥当だ」と見なしてよい。逆に2つの得点がほとんど一致しなければ、短いバージョンは妥当だとは見なせない。つまり、コース目標に規定された機能の到達度を測る信頼できる指標としては使えないことになる。もちろん本当に1人10分しかかけられないのなら、全体的能力を測定する一助として、かつ生徒に与える波及効果を考えて、その短いバージョンを最終到達度テストの一部として実施することもあろう。しかしそれ自体としては当該の言語機能の正確なテストと見なすことはできない。

「一致度が高い」とか「ほとんど一致しない」という表現を見ると、その程度をどうやって測るのか、と疑問に思う読者もいよう。実は二組の得点をその観点から比較する決まった方法があるのである。この方法を使うと**相関係数 (cor-**

relation coefficient)（または、妥当性を検討している場合には**妥当性係数**（validity coefficient））という数値が算出される。この数値は二組の得点が類似している程度を数学的に表したものだ。完璧に一致していれば 1、一致がまったく見られなければ 0 になる。この両極端の間に位置する数値が表す一致度を感覚的につかむためには下の囲みを見て欲しい。

> 　相関係数の数値がどの程度の一致度を表すのかを感覚的につかむためには、その係数を 2 乗するのが一番だ。本文で説明した 2 つのスピーキングテストの相関係数を計算したところ 0.7 だったとしよう。2 乗すると 0.49 で、百分率に直すと 49% である。このデータから言えるのは、短いテストの得点が長いテストの得点の散らばり具合の 49% を予測する、ということだ。大まかに言うと二組の得点の間にはほぼ 50% の一致があるのだ。相関係数が 0.5 なら一致度は 25%、0.8 なら 64% である。ただし「一致度が 50%」と言っても、受けた生徒の 50% が 2 つのテストで同等の得点を得る、という意味ではないことに注意が必要だ。ここで言っているのは受験者全体に関わる一致の程度であって、個々の受験者の話ではない。
> 　妥当性係数の解釈に関する以上の説明は非常に簡単で、当然かなり乱暴である。より理解を深めるためには章末の「**さらに読んでみよう**」を参照してもらいたい。

　ところである一定レベルの一致度が「満足すべき」と見なせるかどうかは、テストの目的と、テスト結果によって下される決定の重要性によって変わってくる。例えばその口頭能力試験が、結果いかんによって高いレベルの外交ポストに就けるかが決まる試験の一部になっているような場合は、絡む利害が極めて大きい。そういう場合は相関係数 0.7 では低すぎて、短いテストですますわけにはいかないと判断されても致し方ない。所要時間が節約できても、当該外国語能力が不十分な人間をその重要外交ポストに就けてしまう、というリスクには代えられないのだ。しかし、同じ 0.7 という相関係数でもクラス分けテスト[注2] の一部であるならまったく問題がない。

　併存妥当性を検証するための基準データは必ずしも定評のある長いテストである必要はない。あるテストの妥当性を教師の評価データに照らして検証することもある。その評価データが信頼できるならという条件つきでだが。既存のあらゆるテストとは違うものを測定するという触れ込みの新テストが開発された、というような場合この検証方法になろう。

基準関連妥当性の2つ目は予測妥当性である。この妥当性は、テストが受験者の将来のパフォーマンスをどの程度予測できるかに関わる。ある熟達度テストの結果から、ある学生がイギリスの大学院の授業についてゆけるかどうかがどの程度わかるか、というような場合である。この場合の基準データは、その大学院で指導教官が判断する彼の英語力とか、履修結果（合格・不合格）などである。何を基準とすべきかを検討すると興味深い問題に突き当たる。評価の専門的訓練を受けていない指導教官の主観的判断に頼るべきだろうか。また、英語力以外のさまざまな要因（例えば当該科目に関する知識、知性、動機付け、健康状態、精神状態など）の複合的産物であるコースの履修結果を基準にすることは、果たしてどれほど役に立つだろうか。コースの履修成績を基準データとした場合、妥当性係数 0.4（というのはつまりたった 16% の一致）が得られれば御の字だろう。このように係数が低いのは、1つにはその他の要因が絡んでいるからであり、1つには、今話題にしている予測テストによって英語力が不十分だと判断された学生は、コースに入学することが普通は許可されないからである。そういう学生はコースに入ること自体がない（つまりデータから除外されている）ので、彼らの英語力の問題点を予測したテストの正確さは、予測妥当性検証の結果に反映されないのだ[注3]。

こういうわけで、この程度の妥当性係数でも一般的には満足すべき数値だとされる。章末の「**さらに読んでみよう**」に挙げた参考文献には、ブリティッシュカウンシルの ELTS（IELTS の前身である）の妥当性検証の結果報告があり、これらの問題が詳しく論じられている。

予測妥当性の例をもう1つあげるなら、レベル分けテストの妥当性を検証するような場合である。レベル分けテストというのは、ある学生に最も適切なクラスを予測することを試みるわけだ。この場合の妥当性検証とは、コースが始まってしばらくたったときに、クラスのレベルと合っていないと感じられるような学生の割合を調べるなどの作業になる。そのデータが判明したら、今度はそのようなレベル分けミスの人数（およびそれが授業と学習に及ぼす影響）と、学生をより正確にレベル分けできるテストを開発・実施するコストとを天秤にかけてみて、さてどちらをとるか、という判断になる。

内容妥当性、併存妥当性、予測妥当性はいずれもテスト開発の過程において重要なものである。一例を挙げると、語学学校で使う英語レベル分けテストの開発に際して、Hughes 他（1996）は、まず当該テストの内容を英国の語学学校でよ

く使用されている3つの教科書の内容と照合した。次にその新しいテストといくつもの語学学校の既存のレベル分けテストの両方を、学生に実際に受けてもらってパフォーマンスを比較した。最後にそのテストによるクラス分けの結果が実際にうまく行ったかを調べた。これらすべての検証(およびその結果に基づいた軽微な修正)が終わって後、初めてこのテストは世に出たのである。

構成概念妥当性のその他の証拠

　テストの内容妥当性と基準関連妥当性を調査すれば、そのテストの全体的妥当性すなわち**構成概念妥当性**(construct validity)に関する証拠が得られる。しかし証拠になるものは他にもある。リーディング力を測定しようとするテストの細目規定にさまざまな下位技能に関する記述があり、その1つが未知語の意味を文脈から推測する能力であったとする。内容妥当性を検討したところ、細目に含まれる下位技能は確かにテストでカバーされていることが判明した。併存妥当性を調べたところ、このテストでの成績と指導教官から見た学生のリーディング能力との間に強い関係が見られたとする。しかしそれでも、このテストのアイテムが細目に挙げた下位技能を「本当に」測定している、という確信はないだろう。

　「構成概念」(construct)とは、言語能力に関する理論の中でその存在を仮定されている、目には見えない能力(もしくは特性)のことである。上に述べた「未知語の意味を文脈から推測する能力」は1つの構成概念である。そのような独立した能力が存在するのか、測定することができるのか、できるとしても当該テストで本当に測定できているのかは、実証的な研究によらなければわからない。そのような研究から得られる証拠を確認せず、その特定能力を測定しようと試みたテストのその部分が構成概念妥当性を有している、とすることはできない。テストの1つ1つのアイテムがそれぞれ何らかの特定能力を測定していると主張しても、確かにそうであるという証拠がなければ、テスト全体の構成概念妥当性が疑問視されることになろう。

　ここまで読んできて、現実のテスト状況においてそこまで厳しい条件を課すのが適切かどうか訝る読者もあるかもしれない。テスト開発における内容妥当性の重要性はすぐに理解できる。そして併存にせよ予測にせよ基準関連妥当性があるならば、そのテストは任務を果たしている。しかしそのテストの部分部

分が、測定していると言っているものを確かに測定していると証明できないからといって、それが大した問題だろうか、と。

　この意見には私はある程度共感するものである。その上、大ざっぱで常識的な、例えば「リーディング能力」とか「ライティング能力」などの構成概念にはあまり問題はない。また例えばライティング能力を直接測定するような場合には大した心配はない。そういう場合は研究を待つまでもなく、そのテストが（かなり一般的であって厳密に定義されてはいないが）独立して存在し意味のある能力を測定していることに大むね自信をもってよい[注4]。ところがそういう能力を間接的に測定しようとしたとたん、もう何をやっているかに確信をもつことができなくなってしまう。ライティング能力を間接的に測定するためにはどのような形式、内容、テクニックが適切なのかについて、ライティング能力に関する理論を調べる必要が出てくる。

　実際にライティング能力の間接テストを作成しようしているとする。そして実用性の観点からアイテムの形式は多肢選択でなければならないとする。現在のライティング理論によれば、ライティング能力は「句読法を正しく使う」「場に応じた表現の丁寧さを調整する」などのいくつもの下位技能から成り立っていることが知られている。これらの下位技能を測定してくれるはずのアイテムを作成し、予備テストとして実施する。ではどうやったらこのテストが本当にライティング能力を測っているとわかるだろうか。まず間違いなく行うのは、受験者が（テスト外で）実際に何かを書いたサンプルを大量に集め、信頼性が保てるような方法で採点することだ。次に予備テストでの得点と、実際に書いたサンプルに与えられた得点を比べてみる。一致の度合い（先に述べたような係数を計算することもできる）が高ければ、そのテストで確かにライティング能力を測っているという証拠になる。

　しかしこれだけでは、ライティング能力の間接テストとして満足すべきものを作成したかもしれないが、ライティングを下から支える能力（例えば句読法の運用力）の実体を証明してはいない。これをするためには、いくつもの特別に作成したテストを実施し、それぞれの構成概念をさまざまな方法で測定する。それに加えてテストを受けた人々が実際に書いた作文を、（句読法の運用力、等々の）存在を仮定している構成概念に関して、それぞれ採点する。こうして受験者1人1人につき、構成概念ごとの得点が複数得られる。こうしておいて、さまざまな得点の組み合わせについて相関係数を計算する。その結果、同じ構成概念

に関わる得点同士の相関が、異なる構成概念間の相関よりも一貫して高ければ、われわれは確かに個々に独立した構成概念を測定しているのだ、という証拠を得たことになるのだ。このようなことがわかると、そのテストを英語力の診断に使おうとする場合特に役立つ。

　テストの構成概念妥当性を示す証拠を手に入れるもう1つの方法は、受験者がアイテムに応答するとき実際にどんな行動をとるかを調べることである。このような情報を集めるのによく使われる2つの手法は、**有声思考法**（think-aloud）と、**回顧法**（retrospection）である。有声思考法では、受験者がアイテムに応答しながら心に浮かぶことを声に出して言う。回顧法では応答したとき考えていたことを後から思い出す。どちらの場合も受験者の言うことは普通録音される。回顧法の場合は質問紙を用いることもある。有声思考法の問題点は、思考を音声化する行為自体が邪魔になり、応答が自然なものでなくなってしまう可能性がある点だ。回顧法の難点は、考えていたことを記憶違いしてしまったり忘れたりすることがある点である。弱点はあるが、このような研究はアイテムがどのように機能するかに関する貴重な示唆を与えてくれる可能性がある。アイテムの実際の働きは作成者の意図とはまったく異なるかもしれないのだ。

　すべてのテスト妥当性検証は、ある程度は研究活動である。内容妥当性、基準関連妥当性の検証を超え、その先の話になると、理論をテストに当てはめてみて、結果によりその理論の正しさを確認、あるいは修正、または廃棄するような作業になる。このような方法により言語テストが今よりさらに確固たる科学的基盤に立つことができるのである。しかしそれは一夜にしてなるものではない。まだまだ道は遠い。その一方で、研究者ではないが言語テストを作成する必要のある人は、言語テスティングにおける最新の知見を取り入れるように努めるべきだ。どうすればよいか迷った場合、（可能なら）当該の能力を直接テストする方法を選択するのを薦める。

採点における妥当性

　テストが妥当性を持つためには、アイテムが妥当なだけでなく応答が採点される方法も妥当でなければならないのを忘れてはいけない。いくらアイテムが素晴らしくとも採点方法が妥当性を欠いては何もならない。リーディングテストの応答として何か短く書かせる場合があるが、その採点に際して綴りや文法

で減点するようなことがあれば妥当性を欠く。(リーディングテストはリーディングのテストでないというなら話は別だが!) 2つ以上の能力を同時に測ることで肝心なほうの能力の測定精度が落ちてしまうのだ。綴りや文法のミスによって、受験者が何を言おうとしていたのかが不明な場合もあろう。しかしその場合、問題は採点法ではなくアイテムのほうにある。そのような応答が出てこないように設問を工夫すべきだったのだ。同様にしてスピーキングもしくはライティング能力の測定に興味があるなら、妥当性のある方法でスピーキングのサンプル、ライティングのサンプルを引き出しただけでは十分とは言えない。採点方法も妥当でなければならないからだ。例えば綴りや句読法といった機械的な点を重視しすぎるとその作文の採点妥当性が損なわれ、結果的にライティングテスト全体の妥当性がなくなることになる。

表面妥当性

あるテストが測定することになっているものを測定しているように見えるとき、そのテストには表面妥当性 (face validity) があると言う。例えば、発音能力を測ると言っておきながら受験者に実際に音声を出させることのないテスト (実際に存在したことがある) は、表面妥当性を欠くと思われてしまうだろう。仮にそのテストの構成概念妥当性、基準関連妥当性が実証されたとしても、やはり表面妥当性は欠落していることになろう。表面妥当性は科学的概念ではないし、それがあったとしても構成概念妥当性の証拠の1つにはならない。が、それでも非常に重要でありうるものだ。表面妥当性がないテストは、受験者、教師、教育関係の委員会や役所、または企業などに受け入れられないかもしれない。そんなテストは使ってもらえないかもしれないし、仮に使ってもらったとしても、受験者がまともに取り組まないので結果的に彼らの真の能力が反映されないかもしれない。従来にない新奇なテクニックを導入する場合には、徐々に、注意深く、説得力のある説明をしながら行う必要がある。間接的に測定する形式の場合は特にこのことが当てはまるから注意しよう。

妥当性を高めるために

結果に重大な利害が絡むようなテストの場合、受験する人たちの生活に甚大

な影響を及ぼすのであるから、開発段階であらゆる角度からの妥当性検証を行い、満足できる結果が出て初めて実際に使用する、というステップを踏むのが義務である。

教師の手作りテストの場合には本格的な妥当性検証作業はおそらく無理であろう。その場合には私は以下の手順を踏むことを薦める。

第1に、測定しようとしている構成概念について現在わかっているすべてのことを考慮に入れたテスト細目規定（第7章参照）を実際に書くこと。この細目の内容をバランスよくカバーするようにテストを作成する。

第2に、可能な限りにおいて常に直接テスティングを使うこと。何らかの理由で間接テストを使うことになってしまったなら、研究書や論文にあたり、そのテクニークを使って確かに目的の構成概念を測ることが可能であることを確認すること。（不可能だ、という結果が出ていることがしばしばである。というわけで、やはり直接テスティングに越したことはないわけだ。）

第3に、テストの信頼性を高めるために可能な手立てをすべて講ずること。信頼性のないテストは妥当ではありえない。信頼性については次章で扱う。

最後に

テスト開発者は個人であれ組織であれ、自分のところで作るテストをできうる限り妥当なものにするためにあらゆる努力を払わねばならない。市販するテストであれば妥当性検証の過程と結果の詳細を明らかにしてあるべきだ。それがなければ購入を検討する側としては、テストが妥当なものか、自分たちの受験者にとってのふさわしいのかどうかの判断ができない。妥当性情報が公表されていないようなテストは、十分注意が必要である。

■ 自分でやってみよう

自分がよく知っているテストのことを考える。本章で紹介したさまざまな種類の妥当性があるだろうか。そのテストが妥当であるという実証的なデータにはどんなものがあるだろうか。もしないならば、どのようにしたら集められるだろうか。

■ さらに読んでみよう

一見すると妥当性は非常に単純な概念のように見える。しかしより細かく検討してゆくと、ほとんど手におえないほど複雑に見えてくるもので、状況によっては信頼性

の概念と区別するのが困難だとする研究者もいるくらいである。本章で私はテスティングの予備知識がない人が読んでわかりやすく、かつテストを作成するにあたって役に立つような形で妥当性というものを提示した。さらに深くこの概念を探求したい読者に薦めるのは以下の文献である。テストの妥当性とその測定法についての概論としては Anastasi and Urbina (1997) が、教育測定の文脈での妥当性に関しては Nitko (2001) がある。Messick (1989) は長大な一章であるが、妥当性のさまざまな側面を詳しく扱っており、言語テストの分野で頻繁に引用されているものだ。彼の 1996 年の論文は妥当性と波及効果の関係を論じている。Bachman and Palmer (1981) は言語テストに妥当性検証を導入した初期の注目すべき試みである。ブリティッシュカウンシルの ELTS テストの妥当性検証(多くの重要な問題が提起されており、ELTS が IELTS にとって代わられた今日でも興味深く読める)を、Criper and Davies (1988) と Hughes, Porter and Weir (1988) が紹介し評価を行っている。より最近の妥当性検証の記述が Wall 他 (1994) と Fulcher (1997) に見られる。Cohen (1984) は有声思考法と回顧法を扱った初期の文献である。Buck (1991) と Wu (1998) には内省法のより最近の例が見られる。Storey (1997) は有声思考法を用いている。Bradshaw (1990) はレベル分けテストの表面妥当性を調べている。Weir 他 (1993) および Weir and Porter (1995) はリーディングの下位技能の存在を示す証拠に関して Alderson (1990a, 1990b) の見解に反論している。Cumming and Berwick (1996) は言語テストにおける妥当性検証に関する論文集だ。Bachman and Cohen (1998) は言語習得研究と言語テスト研究の関係についての論文を集めたもの。「コミュニカティブな」言語テストの妥当性を検証する基準(基準関連妥当性という意味においてのもの)は存在しない、という主張が Morrow (1986) に見られる。(ただしこの見解に私は同意しない。) Bachman (1990) は引用される回数も多く言語テスト界に多大な影響を与えた本だが、妥当性その他の理論的概念を深く考察したものだ。

注1) 「構成概念」という用語が最初に使われたのは、心理テスト、特に性格要因テストに関連してのことであった。当時、心理学的構成概念を測定していると言いながら、その構成概念が測定可能な状態で存在しているという証拠を何ら提示しないテストの多さが大きな懸念を呼んでいた。そういうわけで、テストの妥当性を示す手続きの一部として、構成概念の存在に関する証拠を提出するべきだという要求があったのである。
注2) 特定の受験者集団の偶発的特徴のせいで、相関係数の数値が実体と乖離したものになることがある。例えば、もし極めて能力の高い、あるいは低い受験者が「極端な」点数をとってしまうと、集団全体のとしてはそれほど相関関係が強くないのに、見かけ上は高い数値がでることがある。詳しくは Nitko (2001) を参照のこと。
注3) 能力の低い層が除かれてしまうので、妥当性係数は本当の相関関係の過小評価となる(注2を参照)。
注4) しかしパフォーマンスの評価、例えばライティングの評価に使用する尺度の妥当

性を疑うことは可能だ。そのような尺度は、それが測定する技能の発達や獲得の過程をどの程度反映したものであろうか。この問題は、熟達度テストでは重要なことではないかもしれない。熟達度テストの尺度はある特定の目的（例えば仕事）に必要なスキルレベルに基づいているかもしれないからだ。しかし到達度テストにおいては、スキルの発達過程に合わない尺度は妥当性を欠くことがありうる。

第 5 章
信 頼 性

　100人の生徒がある木曜の午後3時に100のアイテムから成るテストを受けたとしよう。そのテストはめちゃめちゃむずかしくも、ばからしいほどやさしくもなく、全員が0点とか全員が100点とかの事態は起こらないものとする。それでは実はこのテストを受けたのが木曜でなく水曜の3時だったらどうだろうか。1人1人の生徒について、木曜に実際に受けた場合と完全に同一の点数を取ることが期待できるだろうか。答えはノーに違いない。テストの質がよく、実施条件もほとんど同一で、採点に採点者の主観は必要なく、なおかつ完璧な注意深さをもって採点がなされ、その1日の間に受験生は新たなことを学習せず、かつ覚えていたことを忘れない、と仮定したとしても、全受験生が木曜日にとった点とまったく同一の点数を水曜日に取ることは期待できない。人間とはそういうものなのである。周囲の状況が同一に見える場合にも、いつでも同じように行動することはないのだ。

　しかしもしそうだとするならば、どんなテストの点数にも完璧な信頼はおけないということになる。その日でなく前日とか翌日に実施されたなら得点が異なっただろうということがわかっているのだから。この現象は不可避であり、現実として受け入れざるを得ない。われわれがなさねばならないことは、テストをある特定のときに実施して得られる得点が、同じ能力の同じ生徒たちに対して別のときに実施しても非常に似通ったものになるようにテストを作り、実施し、採点することである。その2つの得点が近ければ近いほど、そのテストの**信頼性**（reliability）が高い、という。

　表1(a)の架空データを見てほしい。10人の生徒が100アイテムのテスト（テストA）をある特定の日に受けて実際に得た得点と、別の日に受けたら得ら

れたであろう得点を表している。2つの得点を比べてみよう。(実際にはこんな得点は得られないということはしばらく気にしないで結構。別の日に受けた場合の得点を推定する方法については後で説明する。一番単純なのは、同じテストを2度受けてもらうことだ。)生徒ごとの2得点間の差に着目しよう。

表1(a): テストAでの得点(架空データ)

生徒	得点	翌日なら取るはずの得点
Bill	68	82
Mary	46	28
Ann	19	34
Harry	89	67
Cyril	43	63
Pauline	56	59
Don	43	35
Colin	27	23
Irene	76	62
Sue	62	49

今度は、別の100アイテムのテスト(テストB)についての類似の情報を示す表1(b)を見て欲しい。やはり各生徒の得点の違いに注意してみよう。

表1(b): テストBでの得点(架空データ)

生徒	得点	翌日なら取るはずの得点
Bill	65	69
Mary	48	52
Ann	23	21
Harry	85	90
Cyril	44	39
Pauline	56	59
Don	38	35
Colin	19	16
Irene	67	62
Sue	52	57

どちらのテストがより信頼性が高そうだろうか? 2回実施した場合の得点の揺れはテストBのほうがずっと小さい。ここにある証拠に基づくならテストB

のほうがテストAよりも信頼できそうに見える。(ただしこんな少人数の受験者データに基づいて信頼性に関する主張を行うことは現実にはないが。)

今度は表1(c)を見てほしい。同じ生徒たちが5段階評定によるインタビューテストを受けた結果である。

表1(c): 面接の評点(架空データ)

生徒	評点	翌日なら取るはずの評点
Bill	5	3
Mary	4	5
Ann	2	4
Harry	5	2
Cyril	2	4
Pauline	3	5
Don	3	1
Colin	1	2
Irene	4	5
Sue	3	1

ある意味では2組の評点は非常に似通っていると言える。実際の評点と次の日に受けたら得られるであろう評点の差は最大がたったの3である。しかしもともと最大限の差は4なのだ！ 実際にはこの2組の評点は非常に異なっているのだ。これは、同じ生徒内での2つの評点の差と、異なる生徒間の評点の差を比べるとはっきりわかる。ほとんど同じくらいの変動である。この結果どうなるかは、インタビュー評点の高い者から順に順位をつけてみるとはっきりする。実際の評点に基づく順位は翌日にインタビューがあったと仮定した場合の順位とかなり異なる。このインタビューの信頼性が高いとは、実は全然言えないことがわかる。

信頼性係数

テストの信頼性は**信頼性係数**(reliability coefficient)という形で数値化することが可能である。信頼性係数は妥当性係数(第4章)のようなものだ。この係数によって異なるテストの信頼性を比較することができる。信頼性係数が1のテストというのは実施時期にかかわらず、ある受験者グループに関してぴったり同じ結果を出すテストである。信頼性係数が0のテスト(そんなものは実際に

は存在しないことを願いたいが!)とは、お互いにまったく関係のない結果を出してくるテストである。「関係がない」とは、ある受験者が実際に水曜日にとった得点が、次の日に実施したら取るであろう得点を予測するのにまったく役立たない、という意味である。現実のテストの信頼性係数というのは1と0を両極端として、その間のどこかに位置するものだ。

　言語テストの種類別にどの程度の信頼性係数を目標とすべきかを論じた研究者もいる。たとえば Lado (1961) によると、よい語彙・文法・リーディングテストは .90 から .99 くらいの値を出すが、一方リスニングテストは .80 から .89 くらいであり、スピーキングテストは .70 から .79 程度という。彼はまた、信頼性係数の .85 はスピーキングテストの数値としては高いが、リーディングテストの値としては低い、とも言っている。このような提言からは、言語能力ごとに信頼性の達成がどの程度むずかしいと Lado が考えていたかがうかがえる。実際には、目指すべき信頼性係数は、ほかの考慮事項、特にそのテスト結果に基づいて下される決定の重大さにもよるであろう。それが重大であればあるほど、要求すべき信頼性も高くならねばならない。言語テストの結果によって、例えばある人が留学できなくなるならば、テストの実施時期が1～2日早くても遅くても結果は大きくは異ならなかっただろうとかなりの確信をもって言えなくてはならない。次の項では、信頼性係数を使ってこのような実施時期による差の大きさを推定するためのもう1つの数値(測定の標準誤差という)を導く方法を説明する。その前に、信頼性係数を得る方法について説明しよう。

　まず必要なのは、比較する一組の得点を用意することである。そういうデータを入手する最も単純な方法は、同じテストを2回受けてくれる被験者集団を見つけることだとすぐわかる。これを**再テスト法** (test-retest method) と呼ぶ。しかしこの方法の難点もすぐわかる。2度の実施の間隔が短すぎる場合、被験者は1回目の自分の答えを記憶していて同じ答えをする可能性が高い。こうすると信頼性の値は実際よりも高くなってしまう。間隔が長すぎると今度は受験者が新しいことを学び(あるいは以前覚えていたことを忘れ!)、信頼性係数は不当に低くなってしまう。またどんなに間隔をあけたところで、同じテストを2度受けることを受験者が喜ぶわけもなく、2度目の受験に全力を尽くさないことが考えられる。これも信頼性数値を低めてしまうことになる。このような望ましくない効果は、同じテストの2つのフォームを使用すること(**代替フォーム法** (alternate forms method))である程度抑えられるだろう。といっても代替

フォームなどは存在しないことがしばしばだ。

実は驚くべきことに、必要な二組の点数を手に入れる最も通常の方法は、1つのテストを1回実施することなのである。そういう方法で判明するのは、**内的一貫性の係数**（coefficient of internal consistency）だが、その中で最も基本的な方法は**折半法**（split-half method）である。受験者は普通にテストを受けるが、各受験者に対して2つのスコアが算出される。1つはテスト全体を半分に分けたときの一方の半分の合計点、もう1つは別の半分の合計点だ。この2種類の点数をもとに、あたかも全体のテストを2度受けたかのようにして信頼性係数を算出するのである。この方法がうまく機能するためには、分割のしかたに注意して、テストを本当に等価な2つに分ける必要がある。（アイテムが難易度順に配列されている場合には、奇数番号アイテムと偶数番号アイテムに分けるのが適切だ。）この方法は代替フォーム法とよく似ており、ただ2つの「フォーム」が半分の長さだという点だけが違うとおわかりだろう[注1]。

総じてより経済的であるこちらの手法は、本当の代替フォームを使った場合の係数にかなり近いものが出ることが実証されている。2つの代替フォームが本当に等価である場合の話ではあるが[注2]。

測定の標準誤差と真の得点

信頼性係数があれば複数のテストの信頼性を比べることができるが、個人がそのとき取った得点が別の機会に受けたら取るかもしれない得点にどのくらい近いのかを、信頼性係数は直接教えてはくれない。しかしもう少し計算すれば、個人の現実の得点が「真の得点」（true score）と呼ばれるものにどのくらい近いのかを推定することができる。ある人が同じ言語テストを何度も何度も無限回受けることができ、前に受けたことによって解答行動が影響を受けず、しかもその間に言語能力も変わらないとしよう。そのテストの信頼性が完璧でなく、かつテストがやさし（むずかし）すぎて毎回満点（零点）であるというのでなければ、何度も受けた場合の得点はさまざまに散らばるはずだ。そしてその得点データすべての平均を出すことができる。そしてその平均点こそがその当該テストに関するその受験者の能力を最もよく表している、と考えてもそれほどおかしくはないだろう。こんなスコアを確実性をもって知ることは決してできないのは明らかではあるが、理論的にはこのスコアこそが、その受験者の真の得点と

呼ばれるものだ。

　ある受験者の真の得点(そのテストにおけるその人の能力を最もよく表すもの)が、実際の得点からプラスマイナス何点以内にあるかについて、確率的にいくつかのことが言える。そのためにはまずそのテストの**測定標準誤差**(standard error of measurement)を知る必要がある。測定標準誤差は、信頼性係数と受験者の得点の全体的な散らばり具合に基づいて計算する。(散らばり具合が同じなら、信頼性係数が高いほど測定標準誤差は小さい。)測定標準誤差を用いてどのようなことが言えるのか、具体例を引いてみる。

　あるテストの測定標準誤差が5点で、ある受験者がそのテストで56点を取ったとする。その場合以下のことが言える[注3]。

- 約68%の確率で、その人の真の得点は51〜61点の範囲(つまり実際に取った得点±1×測定標準誤差)にある。
- 約95%の確率で、その人の真の得点は46〜66点の範囲(つまり実際に取った得点±2×測定標準誤差)にある。
- 約99.7%の確率で、その人の真の得点は41〜71点の範囲(つまり実際に取った得点±3×測定標準誤差)にある。

　前に述べたような条件で同じテストを何度も繰り返し受けるのが可能な場合、得られる得点は一定のパタンを示すことが統計的に知られている。例えば全得点の約68%は、平均点±測定標準誤差1つ分の範囲に収まる、などである。そういう知見に基づいてこのようなことが言えるわけだ。実際に1回しかテストを受けなければ、現実の得点が真の得点に比較してどうなのかを、確実性をもって知ることはできない。しかしそれでも上のように確率的に言えることはある[注4]。

　しかし最終的には統計的な根拠は重要でない。重要なのは、テストの結果に基づいてものごとを決定する際、いかに測定標準誤差という情報を使って賢明な判断をするかである。たとえば、ある人の得点が、その人にとっての利益となる決定と不利益となる決定を分かつボーダーライン得点よりも低かったとする。しかしもし測定標準誤差から見て、その人の真の得点がそのボーダーラインと同じもしくはそれより高い可能性が十分ありうるならば、本人にとって重要な不利益となる決定をするには極めて慎重にならねばならない。したがって市販・公刊されているテストは、信頼性係数と測定標準誤差のデータの両方を、

ユーザーに対して必ず明らかにしなければならない。**項目応答理論**（Item Response Theory; IRT）という比較的新しいテストデータ分析の手法を用いれば、個人の得点が真の得点からどの程度離れているかがさらに正確に推定できる。古典的分析では全受験者に共通の1つの値を算出するのに対し、項目応答理論では受験者ごとに個別の推定値を出す。この推定は、テストの1つ1つのアイテムに対するその受験者の応答状況（正か誤かということ）に基づいて可能になる。この推定値（ふつう個人得点の「標準誤差」と呼ぶ）の例は巻末補遺1に掲載してある。

さてこれまで本章で述べてきたことはすべてテストで受験者が取る**得点**（scores）の安定性に関わるものであった。基準参照的テストの場合は、得点よりも設定した基準に受験者が到達したかどうかが興味の中心になる。この場合、われわれが求める安定性は、（「信頼性」というより）「決定一貫性」（decision consistency）という用語で呼ばれる[注5]。

われわれが知りたいのは、受験者が一定の基準に到達したか否かについて、テストが一貫した判断を示すかどうかである。50人の受験者がテストを2度（2つの代替フォームとしよう）受けたとする。基準に到達した受験者は、「マスター」（その技能、あるいはテストされている事項をマスターした者、という意味）、到達しないものは「ノンマスター」と呼ぶ。50人の受験者のうち、

　　18人は、2回ともマスターに、
　　15人は、2回ともノンマスターに、
　　9人は、1回目はマスターだが2回目はノンマスターに、
　　8人は、1回目はノンマスターだが2回目はマスターに、

分類された。つまり50人のうち33人が2回とも同じ範疇に分類されたことになる。50人中の33人という比率は、百分率（66%）でも割合（0.66）でも表せる。この後者0.66は「一致率」（per cent agreement）と呼ばれ、決定一貫性の指標として広く使われている。これ以外の指標（単にマスター、ノンマスターに2分する以外のものもある）に関しては「さらに読んでみよう」を参照されたい。

信頼性の重要性についてはすでに見てきた。テストに信頼性がなければ、多くの受験者の得点が彼らの真の得点とかなり違うだろう。ということは現実の得点がほとんど信用できないということだ。信頼性がかなり高い場合でさえ、

測定標準誤差(もしくは項目応答理論の標準誤差)を見ると、受験者によっては現実の得点と真の得点の間にはどうもかなりの差がある、ということが再認識できる。よってカットオフポイント(合格と不合格の分かれ目)近くの受験者に関して重要な決定を下す際には慎重にならざるを得ない。少なくとも、そのような受験者に関しては、言語能力情報をさらに集められないかどうか検討すべきである。

信頼性の重要性がわかったところで、どのようにしたらテストの信頼性を高めることができるかを章の後半で検討する。しかしその前に、信頼性のもう1つの面について見ることにしよう。

採点者信頼性

本章の最初に挙げた例で多肢選択テストの得点について述べた。1つのテストを2回実施したときすべての受験者がそれぞれまったく同一の得点を得るのはまずありえない、とわれわれは考えた。それは受験者の解答行動の揺れが原因であったわけだが、しかしテストの採点のほうは「完璧である」ことを想定していた。つまり、ある受験者が2度にわたってまったく同じ解答行動をするならば2度ともまったく同じ得点が与えられる、と想定していたということだ。つまり採点者が誰であっても2回の実施にわたって同じ得点を与えるし、その得点は採点者が変わってもまた同一だ、ということである[注6]。

同一採点者が複数回採点した、あるいは異なる採点者が採点した場合の結果の一致度を、**採点者信頼性係数**(scorer reliability coefficient)という形で数値化することが可能である。この数値はテスト信頼性係数に準じて解釈することができる。たった今例にあげた多肢選択テストの場合であれば、採点者信頼性係数は1である。第3章で述べたように、採点に主観が必要なく、原理的にあるいは実際にコンピュータ採点が可能なとき、そのテストは客観的であると言う。客観テストの採点者信頼性が1を下回るのは、不注意ミスによる場合のみである。

しかし、先に面接テストを論じたときは、採点に完璧な一貫性があるという前提には立たなかった。もしそんなことを仮定すれば無理があると思われたであろう。すぐそれとわかる正解が1つだけ存在するようなら採点者が一貫した評点を与えるのは可能であろう。しかし例えば面接でのパフォーマンスを採点す

る場合のように、採点者の側にある程度の主観的判断が要求される場合には、完璧な一貫性は期待できない。そういう主観テストの採点者信頼性係数が1だなどという事態はありえない。実際かつては、採点者の信頼性（およびテスト自体の信頼性）が常に低すぎるので、重要な言語テストに主観的測定法を使うべきではないと考えられていた。しかしこの見解は現在では昔ほど有力ではない。主観テストに客観テスト同様の完璧な採点者信頼性は望むことはできないが、テスト結果が価値あるものになる程度にまで信頼性を高める方策はいろいろある。例えば、作文の採点で0.9を上回る採点者信頼性を得ることも可能である。

　採点者信頼性とテスト信頼性の関係について明確にしておくべきことがある。テストの採点が信頼できるものでなければ、テスト結果もまた信頼できない。テスト信頼性は、採点者信頼性よりも常に低い。不完全な採点に起因する得点の揺れに加え、ほかの要因からくる不安定性が加わるからである。以前遭遇したケースで、作文テストでの採点者信頼性が.92であったとき、テスト得点の信頼性は.84であった。個々の受験者パフォーマンスの変動がこの2つの係数の差となったのだ。

信頼性を高めるために

　他の条件が同じなら、テストのアイテム数が多いほどテストの信頼性も高くなる。これは直観的に理解できよう。ある人のアーチェリーの実力を知りたいなら1回のみ射った結果に頼ろうとは思わないだろう。そのたった1回の結果は、その人の実力とかけ離れたものかもしれない。本当に信頼できる評価結果を得たと確信するには、何度も何度も射てもらう必要がある。

　言語テストにおいても同じことである。アイテム数を増やすことで信頼性が向上するのは実験によって示されている。テストの信頼性を必要なレベルまで向上させるためには、いまあるのと同質のアイテムがあといくつ必要かを推定する公式（スピアマン・ブラウンの公式（the Spearman Brown prophecy formula）という。巻末補遺1参照）まで存在する。しかしこの場合留意すべき点は、新たに加えるアイテムがお互いに、またすでにあるアイテムからも独立している必要があるということだ。リーディングテストで、「泥棒はどこに宝石を隠したか？」という設問があったとする。新たに加える問題が、「その隠し場所について特筆すべき点は何か？」という形であったなら、信頼性は十分向上しな

い。なぜか。それは最初の設問に正しく答えられない受験者が、新たに加えられた設問に正解することはまず考えられないからだ。そのような受験者は事実上新たな設問から排除されているようなものだ。彼らにとっては新しい設問は存在しないも同じなのである。彼らのパフォーマンスの新たなサンプルを得ることができないので、彼らの能力に関するわれわれの推定の信頼性は変わらないのである。

できうる限り、追加するアイテムは1つ1つが受験者に「これまでを御破算で願いましては」とでも言うような「フレッシュなスタート」を切らせるものであるべきだ。こうするとすべての受験者に関して追加情報を得ることができ、そのためテスト結果がより信頼性のあるものになる。ここで「アイテム」という用語を使っているが、短い設問とその答えだけを意味しているわけではない。たとえばいくつかの文書を書かせるようなライティングテストでは、そういう文章の1つ1つがアイテムと見なされる。お互いに独立した文章の数が多くなればなるほど、テストの信頼性は向上する。同様に、話す力をみる面接テストでは、受験者になるべく多くの「フレッシュなスタート」のチャンスを与えるべきだ。パフォーマンス・サンプルが数多く必要であるという件については、個別技能のテストに関する後の章でより詳しく論ずる。

満足すべき信頼性を得られる程度にアイテム数を増やすのは大切だが、おのずと限度がある。テストが長すぎると受験者が退屈したり疲れたりしてしまい、パフォーマンスが実際の能力と離れてしまう。また逆に、必要なだけの長さを確保するのを妨げる圧力が働くこともしばしばだろう。テストをもっと短くすべきだという主張の通常の根拠は、長いと実用上問題が生ずるというものだ。そのような議論に対する本書の回答は、「正確な情報は高くつくのであって、それが必要ならそれなりの対価を払わねばならない」というものである。一般的に言って、テスト結果に基づいてなされる決定が重大であればあるほど、テストは長い必要がある。旧約聖書士師記に登場するエフタ (Jephthah) は、"shibboleth" という語を発音するテストで、その人間が味方のギレアド人なのか敵のエフライム人なのかを判定した。エフライム出身者は sh の発音ができなかったのである。このテストに受からなかったものは処刑された。しかしうっかりそのときだけ発音しそこなった味方もいたはずで、誤って処刑されてしまったギレアド人たちは、判定テストがもっと長く信頼性のあるものなら、と願った...かもしれない。

弁別力の低いアイテムは削除せよ

　受験者に能力があってもなくても正解する度合いが変わらないようなアイテムは、テストの信頼性にほとんど寄与しない。アイテムを統計的に分析(巻末補遺1)すると、どのアイテムの**弁別力**（discrimination）が弱いか明らかになる。弁別力が弱いアイテムには当該の受験者グループにとってむずかし(やさし)すぎるものもあるだろうが、そうでない場合もある。受験者に自信を与え、ストレスを軽減してやるために、テストの最初に敢えて弁別力のないやさしいアイテムをいくつか配するという選択肢もある。

解答範囲を制限せよ

　ある種の言語テストには、設問を複数用意して受験者に自由に選択させ、また答え方にも大幅な自由を認めるものがある。ライティングテストで単にトピックをいくつか提示し、受験者は選んだトピックについて書く、というようなのがこの例である。こういうやり方をするとおそらく信頼性は非常に低くなる。自由度が高ければ高いほど、そのときのパフォーマンスと(たとえば)1日後にもう一度実施したときのパフォーマンスの違いが大きくなるだろう。このような理由から、一般的に言って受験者に選択の余地を与えるべきではないし、解答の範囲も制限するべきである。次の4つのライティングタスクを比べてみよう。

1. 観光旅行について作文を書け。
2. わが国の観光旅行について作文を書け。
3. わが国の観光産業はいかにしたら発展するかについて作文を書け。
4. わが国への外国人観光客を増やすために考えられる以下の手段について論ぜよ。
   (1) 宣伝、情報の増大・質の向上(どこに？　どのような形で？)
   (2) 設備(ホテル、交通手段、通信手段)の改善
   (3) 人員の訓練(ガイド、ホテルのマネージャー等)

番号が大きくなるにつれて、書くべき内容についての制限が厳しくなっている。タスク4の解答として出てくる作文は、タスク1のそれよりも、ライティング能力の指標としてずっと信頼性が高いだろう。受験者の自由を制限すべし、という一般原則については個別技能を論ずる章でまた取り上げる。ただここで言っ

ておきたいことは、制限すべしといっても、テストの応答がわれわれの本来見たいパフォーマンスからかけ離れたものになるほど応答の自由を制限するのはまずい、ということだ。信頼性を追求すると妥当性が犠牲になることがあり、その逆もまたありうるのだが、この悩ましい関係については本章末で論ずる。

二通りに解釈できる表現を避けよ

意味がはっきりしないとか、出題者が意図した以外にも正解があるなどの事態を避けるのは非常に重要である。かつて私はリーディングテストとして次の設問を出題したことがある。英語の方言についての長文を読んで答えるものであった。

> Where does the author direct the reader who is interested in non-standard dialects of English?（訳注：「英語の非標準方言について知りたい読者はどこを見ればよいと著者は書いているか」という意味だが、「英語の非標準方言について知りたい読者に対して著者はどこで指示を与えているか」とも読める。）

意図した正解は「Further reading section」（「さらに読みたい場合の文献」）であったが、かなりの受験者が「3ページ」と答えていた。3ページは「もっと詳しく知りたい読者は Further reading section を見るように」という記述があったページである。幸い採点者が鋭かったので別解が存在することに気づいて適切な対応をとってくれたが、へたをすれば正解が不正解の扱いを受けていたところであった。1人の受験者が複数回受験したとき異なる解釈をする可能性があるようなアイテムは、テストの信頼性に十分寄与していないことになる。

意味が二通りに解釈されないアイテムにする最も良い方法は、草稿を同僚に見せて批判的かつ詳細に検討してもらうことである。その際、点検する側は出題者の意図以外の解釈を無理にでも見つけようと全力をつくすのだ。この作業をいわば「善意のあら探し」として行うことができれば、ほとんどの問題点は実施前に発見できる。たとえこの段階で見つからなかった問題も、本番の受験者と同等レベルのグループで試行（第7章参照）してみれば発見できるだろう。試行の実施が無理なら、欠陥アイテムのシグナルである応答パタンがないか採点時に注意せねばならない。

明確な指示を与えよ

　この注意は筆記・口頭、両方の指示に当てはまる。タスクの内容を誤解する「可能性」があるような指示は、必ずいつか何人かが現実に誤解するだろう。二通りに解釈可能な指示を誤解するのは能力の弱い受験者に限った話では全然ない。むしろ別の解釈ができるのは比較的能力のある受験者なのだ。校内用のテストにありがちな欠陥は、「適当に表現をしても生徒はみんなわかってくれるだろう」という思い込みだ。しかし実際にはテストを受けた生徒に関して「知性が足りない」「馬鹿げた誤解をした」「指示をわざと曲解した」などという不満が教員の口から聞かれることが多い。これはとりもなおさず、上の教員側の考えがしばしば単なる思い込みに過ぎない、ということを示している。テスト作成者は、求めるパフォーマンスを引き出すために生徒のテレパシー能力をあてにしてはならぬ。やはり同僚に頼んで指示の原稿(口頭指示のための原稿も含める)を批判的に見てもらうのが、問題を避ける最良の手段である。口頭指示の場合は混乱を避けるため、必ず原稿をあらかじめ用意しておいてそれを読むべきである。

レイアウトと印字に気を配れ

　学内用のテストはタイプの印字(あるいは手書き文字)が見づらかったり、紙面に文字を詰め込みすぎてあったり、コピーが読みにくいことが非常に多い。その結果、生徒は言語能力以外の部分で余分な労力を使うことになる。そしてその不必要な労力がテストの信頼性を下げるのだ。

テストとアイテムの形式を周知せよ

　テストの中に受験者が慣れていない部分があると、(例えば同等のバージョンを後日)慣れてから受けた場合に比べてパフォーマンスのレベルが低い可能性が高い。したがって、テストで要求されるタスクの種類についてあらゆる手段を講じて全受験者に周知徹底する必要がある。サンプルテスト(あるいは過去の問題)を配布する、あるいは学内テストの場合なら少なくとも練習のための材料を与える、などの手段が考えられる。

均一で集中できる実施環境を整備せよ

　テストごとの実施条件が異なるほど、2度受けた場合のパフォーマンスの差が

広がるだろう。よって均一な受験条件を整えることが肝要だ。さまざまな指示のタイミングを決めておき、それを厳密に守るべきである。リスニングテストの場合の音響条件はほぼ同じでなければならない。試験中の集中をそぐような音や動きなどのない静粛な環境が保障されるために、最大限の注意を払う必要がある。

次にテスト信頼性のための絶対条件である採点者信頼性を得るための方法の話に移る。

できる限り客観的に採点可能なアイテムを用いよ

こう言うと、採点が100%客観的にできる多肢選択アイテムを使えと言っているようだが、そうではない。多肢選択アイテムの使用が適しているテストなどない、とまで言っては誤りだが、多肢選択が非常に不適切である状況が極めて多い、というのは確実に真である。そのうえ優れた多肢選択問題を書くのは悪名高いほどむずかしいし、何度も試行を行う必要がある。第8章のかなりの部分は多肢選択の欠点を論じるのにあてた。

多肢選択以外の1つのオプションは、答が1つに決まる(1語)記述アイテムである。この形式でも採点の客観性は保証されるはずなのだが、意味がはっきりしなくなるような綴りミス(たとえばリスニングテストにおけるもの)があると採点者が主観的に判断する必要が出てくる。受験者に求める応答が長いほどこの種の問題が大きくなる。これに対処する1つの方法は、解答の一部を予め与えて構文を制限してしまうことだ。たとえば、What was different about the results?（結果で変わっていた点は何ですか）という質問で、Success was closely associated with high motivation.（成功が高い動機づけと密接に関連していたこと）という正解を引き出すような場合、採点が面倒になりそうだ。そこで解答形式を次のようにしておけば採点者信頼性は向上するだろう。

＿＿＿＿＿＿ was more closely asssociated with ＿＿＿＿＿＿ .

この種類のアイテムは後の章でくわしく論ずる。

受験者同士を可能な限り直接比較できるようなアイテムを用いよ

これは先に述べた、受験者にアイテムを選ばせず解答の仕方にも制限を加えるべきだ、という指針の再確認である。全員に同一のトピックで書かせるほう

が、(いくつかの有名なテストのように) 6つのトピックから選んで書かせるよりも信頼性の高い採点が可能である。前述の「解答範囲を制限せよ」の項で提示した例のような制限作文であればさらに信頼性は高くなる。

詳細な採点基準を用意せよ

採点基準には、模範解答、部分点を与える応答例とその点数などを明記する。採点者信頼性を高めるためには採点基準とその部分点をできるかぎり細かく作る必要がある。現れる可能性のあるすべての応答を網羅し、かつグループ討議による合意を得たものであるべきだ。(ただし、これは応答を完全正答、部分的正答などと分類できる場合のみの話であって、たとえばまとまった作文を書かせるなどの場合には当てはまらない。)

採点者を訓練せよ

採点が非常に主観的な場合には特にこの点が大切である。たとえばまとまった長さの作文の採点は、そのテストを過去に実施したときの答案サンプルを使った訓練を経て正確に採点できるようになった人間以外には任せてはならない。また実施が1回終了するたびに採点者の採点パタンの分析を行うべきである。採点基準から大きくかつランダムにはずれる採点をする採点者は、二度と使ってはならない。

正答扱いをする応答とその得点は、採点開始時に決めよ

テスト終了後直ちに検討のため適当な数の答案を選ぶ。テストに作文問題があるなら作文のさまざまなレベルの典型を選ぶようにする。すべての採点者がこれらの答案に与えるべき点数に合意したら、そこで初めて本当の採点を開始するべきである。作文の採点に関しては第9章でさらに論ずる。

短答式の設問の場合、採点者が何点を与えたらよいか迷うことがあるかもしれない。あらかじめ作った採点基準ですべての応答可能性を網羅していることはありそうもないからだ。その場合、その部分の採点基準の責任者に相談し、与えるべき点が決まったら、責任者が全採点者に伝達するべきだ。

受験者の名前を伏せて採点せよ

採点者は、個人的に知っている受験者の出来具合いに関してどうしても予断

を抱いてしまう。純粋な客観テストの場合を除き、この予断が採点に影響するだろう。受験者を個人的に知らない場合でも答案に名前(や写真)があると、それによってかなり得点が影響されるという研究もある。たとえば採点者が受験者の名前からわかる性別や国籍から予断を抱き、それが得点に影響するかもしれない。受験者を番号のみで区別しておけばこのようなことは防げる。

採点は独立して複数回行え

どんなテストでも一般的に、そして主観テストの場合には必ず、すべての答案は最低2人の独立した採点者によって採点されるべきである。おたがいにどのような点を与えたかは伏せておく。2人の採点結果を別々の紙に記録したものを、立場がより上の第3の人物が受け取り、2つを比較して相違を検討することとする。

信頼性と妥当性

テストが妥当であるためには、一貫して正確な測定結果を出す必要がある。したがって信頼性がなければならない。しかし信頼できるテストは必ず妥当である、というのは完全に誤りである。たとえばライティングテストとして500語ほどの長さの母語(L1)を学習対象言語(L2)に訳させてみることは可能だ。このテストの信頼性は高いかもしれないが、ライティングの妥当なテストとは言えまい。

テストの信頼性を高めようとするあまり、妥当性を損なうことのないよう気をつけるべきである。作文の試験で受験者の応答を制限することは、タスクの妥当性を減ずることになるかもしれない、と先に述べた。これが実際そうなのかは、そのタスクで何を測定したいのかによって変わってくる部分もある。作文の構成力に興味がある場合なら、信頼性を高めるために構成を与えてしまうという手法は正当化しがたい。結局、パフォーマンスの妥当性を損なわないような方法で応答範囲を制限する、というぎりぎりの線を模索することになる。

信頼性と妥当性の間には、常にある程度の綱引きがあるのだ。片方を優先すればもう片方が犠牲になりがちなので、得失バランスをよく考えねばならない。

■ 自分でやってみよう

1. 公刊されているテストの中でなじみのあるものを選び、冊子などで掲載されているはずの信頼性係数を調べてみる。どの方法で計算されたものか、測定標準誤差はいくつかを確かめる。
2. TOEFLの測定標準誤差は15である。あるアメリカの大学は入学のために600というスコアを要求しているとする。この大学に出願した学生のスコアが605, 600, 595, 590, 575であったとして、それぞれの学生が要求されている水準にあると考えられるか。
3. 自分の学校で実施されたテストをとり、本章で列挙したポイントを参考に、どうしたら信頼性がより向上するかを考えてみる。
4. 信頼性と妥当性の間に「綱引き」があるような状況の例を考えてみる。実在した状況なら、その2つのバランスがよかったかを考えてみる。

■ さらに読んでみよう

信頼性理論一般および信頼性推定法の種類、信頼性に関わるさまざまな要因については Anastasi and Urbina (1997) を読むとよい。教育測定における信頼性については Nitko (2001) と Feldt and Brenna (1989) があるが、後者はかなり専門的である。Brown (1990) には「比較的計算が簡単な」決定一貫性の推定法が紹介されている。基準参照テストにおける一貫性についてのさらにつっこんだ議論については Brown and Hudson (2002) があり、Nitko (2001) も決定一貫性を扱っている。Lado (1961) はタスクがコミュニカティブになると高い信頼性を達成するのがいかに困難かを解いている。ただし私に言わせれば誇張である。Lado がこれを書いたのは40年前だが、いまでもこれと同じ主張は散見される。

注1) テストの長さが短くなる結果、本来の長さだったら得られるはずの係数よりも低くなるので、スピアマン・ブラウンの公式 (the Spearman Brown formula) を用いて統計的に補正しなければならない(巻末補遺1参照)。

注2) 1人か2人でも抜きん出て得点の高い(または低い)受験者がいる場合の信頼性係数は額面どおりには受け取れない。見かけ上だけ非常に係数が高くなってしまうのだ。この原因は、信頼性推定のための統計手法が、異なる受験者間の得点の差と各受験者の2つの得点の差の比較に基づいているからである。受験者間の平均的な得点差が大きくなればなるほど信頼性係数は高くなる。そして受験者間の平均的な得点差というのは、上で述べたような極端に他と能力が違う受験者を含めると、たちまち大きくなる。これが原因となり、不適切な信頼性係数が算出されるのだ。詳しくは Nitko (2002) を参照。

注3) これらは同一受験者が同一テストを(以前に受けた記憶をまったく消し去ったと仮定して)無限回受けた場合に、その無限個の得点の分布状況がどうなるか、についての統計的知見に基づいている。これらの得点は正規分布と言われる分布曲線に近づく。(これに関するより専門的な説明は Woods, Fletcher and Hughes 1986 にある。) この正

規分布の特性について知られている事実に基づいて、何%の得点がどの程度の範囲(例えば68%が真の得点から±1×標準偏差の範囲)に分布すると言える。無限個の得点の68%が真の得点から標準偏差1つ分の範囲にあるわけなので、そのうちのどの1つに着目したときにも、その得点がその範囲にあることに関して68%の確信が持てる、ということになる。

注4) 測定標準誤差の値だけを取り出してそれが許容可能な範囲か否かを論ずることはできない、ということを強調しておく。許容できるか否かの判断の対象にするべきは、ある特定の測定標準誤差をもつある特定の得点に基づいてある特定の決定をする、という行為全体である。

注5) 基準参照テストは非常に一貫したものであっても信頼性係数が非常に低くなることがある。これはテスト結果に基づく受験者の分類は一貫したものであっても、受験者の得点範囲が非常に限られるかもしれないからだ(注2を参照)。この理由により、基準参照テストの信頼性/決定一貫性の推定は、そのために特別に考案された方法によるのがよい。

注6) 1人の人間が同じテストの応答(答案やパフォーマンス)を機会を改めて複数回採点した場合の信頼性を「採点者内信頼性」(intra-scorer reliability)、同じテストを複数の人間が採点した場合の信頼性を「採点者間信頼性」(inter-scorer reliability)と呼ぶ。

第 6 章
有益な波及効果

　波及効果とはテストが学習や指導におよぼす影響のことである。本書の初版が出版されて以来、**波及効果 (backwash)**[注1] に対する関心が以前よりずっと高まり、言語テストにおけるその重要性は現在では一般に受け入れられている。研究が行われ、実証的検証が可能な明示的波及効果モデルが必要だという提言がなされ、*Language Testing* 誌のまるまる一巻が波及効果の特集に当てられた。いまや波及効果は、テストが学習者と授業者、教育システム一般、そして社会全般に及ぼすであろう影響の一部分として考えられている。

　あと数年の間に、波及効果研究がさらに進んでそのメカニズムの理解が進み、異なる変数が異なる状況においてどのような影響を及ぼすのかがさらに解明されることは間違いないだろう。しかしそれでも有益な波及効果を達成するために私が本書の初版で提示した実用的な基本方針は、時を経た現在でも適切さを失っていないと思われる。というわけで、それを以下に再掲する。これらの提言が自分の置かれた状況でどうしたら実行できるのかは、読者自身が決めることである。

伸ばしてやりたい能力をテストせよ

　例えば、話す能力を伸ばす努力をさせたいなら、話す能力[注2]をテストすべきだ。これは至極当たり前のことである。が驚くべきことに、この当たり前のことが非常にしばしば無視されている。テストすべきことをテストするのではなく、テストしやすいことをテストするという傾向が見られる。ある能力をテストしないことの言い訳はさまざまだ。よく聞かれるのは、例えば面接形式での

スピーキングテストのように評価に主観的要素が入ると十分な信頼性が得られない、という主張である。しかしこれはまったく事実と異なる。主観テストの信頼性を高める方法については、これまで行った提案に加え第9章と第10章でさらに詳しく説明する。言い訳として最もよく聞かれるもう1つは、そのようなテストには時間と費用がかかりすぎる、というものだ。この点については本章の最後に論じる。

　ある能力が単にテストされるというだけなく、他の能力との比較において十分配点が高いことも大切だ。今でもよく覚えていることがある。私のフランス語の先生が、あるとき授業で言った。「フランス語の中等教育修了試験（これをわれわれはその年に受けることになっていたのだが）のスピーキングセクションの配点はごく低い。だから、スピーキングの準備なんかするのは時間の無駄だぞ。」この試験の出題委員会の方針は、望ましい波及効果にはつながっていなかったわけである。

広い範囲からランダムに出題せよ

　普通、1つのテストで測れるのはテスト細目に記した能力全体の中の一部だけだ。重要なのはその一部分が、細目に規定した能力のできる限り広い範囲からサンプリングした結果になっていることである。細目で規定した出題範囲の中の限られた分野からのみ出題するのでは、波及効果がその分野に限られることになりがちだ。たとえば「比較・対照」と「図やグラフの描写と解釈」という2種類のタスクしかないライティングテストが何年にもわたって繰り返されたとすれば、予想される波及効果として、受験者側の試験対策がその2種類のタスクに限られるだろう。もっと広い範囲から出題した場合に比べると、波及効果は半減してしまう。

　テストの中身の予想がつくようになってしまえば、必ず指導も学習もその予想可能な部分に焦点が当てられたものになる。だからこそテスト細目（あるいは到達度テストの場合には授業目標を詳しく述べたようなもの）に規定したすべての要素にわたってテストするための努力が必要なのだ。たとえそれが、比較的テストしにくい要素を含むことになるにしても、である。

直接テスティングを用いよ

　第3章で見たように、直接テスティングとは、できる限り現実生活にあるのに近いテクストやタスクを使って、実際に言葉を使って何かを行う能力をテストすることである。伸ばしてやりたい技能を直接テストすれば、そのテスト対策としてそういう技能を練習することになる。まとまった文章が書けるようになって欲しいと思っているならテストでまとまった文章を書かせるべきだ。科学記事が読めるようになることが授業目的ならテストでも同じことをさせるべきだ。間接的な方法でテストをしようとした瞬間、生徒からわれわれの望むような方向での練習・努力を引き出すための誘因が消えてしまうのだ。

テストは基準参照的なものにせよ

　そのテストに合格するためには何がどのくらい上手にできなければならないかが細目規定に明示してあれば生徒には明確な達成目標ができる。そのうえ本人さえ基準をクリアできれば他の生徒の出来にかかわらずテストに合格することがわかる。この2つが生徒の動機づけにつながるのだ。テストがこのような基準参照的なものでないと、能力の絶対レベルにほとんど関係なく一定の(たぶん非常に高い)割合の受験者が合格する、と教師も生徒も思ってしまうことにもなろう。

　いくつかのレベルの到達度や熟達度にかかわる基準参照テストを複数用意しておくこともできる。そして、ほとんどのタスクを満足できるレベルで遂行できて初めて1つのテストに合格したと見なすことにする。生徒は満足なパフォーマンスが期待されるレベルのテストだけを受ける。こうすれば、全体の半分もできない(が、それでも合格することもある)ようなテストを受けてやる気をなくすような体験はしなくてすむ。こういうテスト法なら言語の学習に対して前向きな態度を育成するはずである。英国のGSCE(一般中等教育修了試験)のいくつかはこの方式に基づいている。

到達度テストは目標に基づくものにせよ

　到達度テストは、授業や教科書の具体的な内容でなく、達成すべき目標に基

づいて作ったほうがよい。そのほうが、実際に何が達成できたかがより正確にわかるからだ。そうすれば授業の成否が達成目標に照らして評価されることになろう。その結果、目標を達成せねばならぬというプレッシャーが常にかかることになる。この点は第3章で詳述した。

テストの内容・形式を生徒・教師に周知せよ

　テストの波及効果が潜在的にいかに優れたものであったとしてもそれだけでは十分ではない。テストで要求されるものが生徒や教師にわかっていなければ、せっかくの良い波及効果も十分実現されないからだ。テストの背景理念、細目規定、問題サンプルなどを、テスト対策に関係するすべての人々に公開しておくべきである。このことは、新テストを導入するとき(とりわけ目新しいテスト方法が含まれてくるとき)には、特に大切になってくる。このような情報を公開すべきもう1つの理由は、前章で見たようにそれがテスト信頼性を高めるからだ。こちらも同じくらい重要な理由である。

必要に応じて教師を支援せよ

　新形式のテストを導入することが、受験者を指導する教師たちに対する無理な要求につながる場合がある。例えば、長年慣れ親しんできた全国的な文法・語彙テストに代えて、もっとずっとコミュニカティブな性質の直接テストが導入される場合を考えてみよう。そんなとき多くの教師が自分にはコミュニケーション技能を教える力はないと感じてしまう可能性がある。新テスト導入の1つの重要な理由は、コミュニカティブな授業方法の奨励かもしれない。しかし教師たちにガイダンスと研修の機会が与えられないなら、そのテストは当初意図された効果の代わりに混乱と不満を引き起こすだけかもしれない。授業を変化させるための新しいテストであるのなら、その変化を実現するための支援体制が不可欠である。

コストを計算する

　テスト専門家が望ましいテストについて語るとき、「妥当性」と「信頼性」の

次によく聞かれる用語に「実用性」(practicality) がある。他の条件が同じとき、テストの作成・実施・採点・解釈が、費用をかけずに簡単にできるなら、それは良いことである。テストには時間と費用がかかることは忘れてはならない。(その時間と費用は別の目的に使う道もあるはずなのだから。)

先に述べた望ましい波及効果のための指針のうち、少なくともいくつかは多少の費用がかかるということに、読者はきっと気づいたと思う。個別インタビュー形式である種の能力を直接測るのには膨大な時間がかかる。主観テストを実施したうえで信頼性のある採点しようとする場合も同じである。サンプル問題の作成・配布、教師の研修にもやはり費用がかかる。したがって、そのような方法は実用的ではない、という議論もあるかもしれない。

私の意見では、そのような主張はことの本質を十分理解していないことのしるしである。時間的・経済的コストを理由にして有益な波及効果を促進するテストをあきらめる前に、われわれは自らに問いかけるべきだ。望ましい波及効果をあげ「ない」ことのために支払うコストはどのくらいになるのか、と。良いテストを実施するための時間と労力と、真の目標を達成するには不適切な活動に教師や生徒たちが費やす無駄な時間と労力を比較してみよ。外国語能力を持つ国民を十分養成できないことからくる国家経済上の潜在的損失の重大さと比較してみよ。有益で強力な波及効果をもたらさないようなテストを導入し「ない」ことの時間的経済的コストは大きすぎるという結論にいたらざるを得ないはずだ。

■ 自分でやってみよう

1. 自分の知っているテストを例にとり、その波及効果をもっと良くするためにはどうすれば良いか考える。できる限り具体的に考えること。(これは第1章の活動1の続きである。)
2. 懐疑的な相手に「自分の主張している変化は、起こすだけの価値ある変化なのだ」と納得させる議論を準備してみる。

■ さらに読んでみよう

Alderson and Wall (1993) は波及効果の存在に疑問を投げかけた論文だ。Wall and Alderson (1993) は、彼らが関わっていたスリランカのプロジェクトにおける波及効果を調べ、波及効果のメカニズムは単純ではないこと、波及効果のモデルが必要であることを論じ、さらに研究が必要だと述べている。*Language Testing* 13, 3 (1996) は波及効果の特集号である。Messick が妥当性との関わりで波及効果を論じ

ている。Bailey（1996）は言語テストにおける波及効果の概念を検討しているが、その中には Hughes（1993）が提唱したモデル、Alderson and Wall（1993）の5つの仮説が含まれている。Shohamy 他（1996）はテストが違えば波及効果も違うと報告している。Wall（1996）は波及効果に関する知見を一般教育での新展開と革新理論に求めたものだ。Watanabe（1996）は日本の大学入試の教室での授業法に対する波及効果を調査している。Alderson and Hamp-Lyons（1996）は TOEFL 準備コースとその波及効果についての報告である。Hamp-Lyons（1997a）の論文は波及効果、社会への影響、妥当性との関連で倫理的諸問題を論じたものである。彼女のもう1つの論文（1997b）は TOEFL の受験準備に関わる倫理的問題を論じたが、その主張に対して Wadden and Hilke（1999）は鋭い批判を加えている。Hamp-Lyons（1999）はその批判に応えたもの。Brown and Hudson（1998）は言語教師に利用可能な評価方法を提示し、特定の評価法の採用を決める基準はその潜在的な波及効果であると論じている。

注1）　backwash でなく washback という用語が多く使われた。washback の由来は私にはわからない。わかっているのは辞書に "backwash" はあるが "washback" はないことだ。
注2）　第4章の内容を念頭におくと、パフォーマンスを引き出す方法だけでなくその採点も妥当なものであるのが大切である。

第 7 章 テスト開発の手順

　本章ではまずテスト開発の一般的手順を簡潔に説明し、その後に到達度テストとレベル分けテストの開発具体例を示す。

　簡単に言うと私が推薦する手順は以下のようなものである。

1. テストで解決しようとしている「問題」を詳細かつ明確に述べる。
2. そのテストの詳細な細目規定を書く。
3. 問題を作成し、修正する。
4. ネイティブスピーカーのグループを使って試行し、その結果必要に応じて問題の廃棄・修正を行う。
5. 本番の受験者集団にレベルの近い非母語話者グループで試行する。
6. 試行の結果を分析し、必要な修正を加える。
7. 能力尺度を作成する。
8. 妥当性を確認する。
9. 受験者、利用者および実施係員ための手引きを書く。
10. 必要に応じてスタッフ(面接者、評定者など)を訓練する。

　以上の手順を詳しく説明する前に、テスト開発はチームで取り組む作業と考えたほうがよいということを指摘しておきたい。開発の各段階での案を客観的に見なければならないこと1つとっても、一個人がテストを開発するのは非常にむずかしい。この困難さが最もはっきりするのはアイテムを書く段階である。他人から見れば明らかである欠陥も、書いた本人には見えないということがしばしばある。テストアイテム作成というのは創造的な作業であって、自分で創り出したアイテムはちょっとした芸術作品のように考えがちだ。自分の生んだ

赤ん坊のような気がすることさえある。自分の子供が自分で思っていたほどかわいくない、というのはなかなか認められないものだ。したがって良いアイテム作成者に求められる資質の1つは、自分で書いたアイテムへの正当な批判に対する柔軟な姿勢である。またネイティブスピーカーに近い言語能力、知性、そして（アイテムの文脈を作り出したり、誤解される可能性を見通したりする）想像力も必要だ。最後の3つはアイテム作成者だけでなくテスト開発者一般に当てはまる。

1. 問題の所在を述べる

テスト開発における最も大切な第一歩は、何のために何を知りたいのかを明確にすることだ。これはいくら強調しても足らないくらいである。以下の質問に対する答えをはっきりさせておく必要がある。（これらの事項の重要性はもう明らかなはずだ。）

(1) テストの種類は？ 到達度テスト（コース最終か中途か）、熟達度テスト、診断テスト、レベル分けテストか。
(2) 目的は正確には何か。
(3) 何の能力をテストするのか。
(4) 結果はどの程度細かい必要があるか。
(5) 結果はどの程度正確である必要があるか。
(6) 波及効果はどの程度重視する必要があるか。
(7) 作成・実施・採点のための専門技能・施設・時間などにどのような制約があるか。

問題がいったん明らかになれば、その解決のための手段を講じることが可能になる。本書のような手引を読むことで問題の適切な解決に大きく近づくと望みたいところだ。しかしこのような本を読むことに加え、似たような状況でデザインされたテストについて調べてみることが必要だ。可能ならそういうテストのサンプルを集めるのがよい。他人が作ったテストを検討することは何も恥ずかしいことではない。テスト作成専門の機関がまったく新しい種類のテストを開発するときにする作業がこれなのだから。またこのことは、私の先の「テストの状況は1つ1つ異なるものだ」という主張と相反するものでもない。別

のテストをそのままコピーせよと言っているのではないのだ。すでに開発されているテストを検討することで何らかの可能性が見えてくるし、「車輪を再発明する」ような無駄を避けることもできる。

2. テストの細目規定を書く

そのテストの**細目規定**（specifications）は一番最初の段階で書く必要がある[注1)]。含むべき情報は、内容、構成、時間配分、使用媒体、テクニック、基準点、採点手順などである。

(1) 内　容

内容というのはそのテストの個別バージョンの内容ではなく、すべてのバージョンに共通に含まれる内容である。この内容のサンプルが個々のバージョンに現れることになる。

内容に関する記述が詳細であればあるだけ、個々のバージョンの内容が恣意的でなくなる。ただ反面、非常に詳細に書こうとすると、言語能力がどんな要素で構成されていて要素間の関係がどうなっているか、ということに関する現時点の知見レベルを超えてしまう危険がある。例えば、長い文章をきちんと理解しながら読む能力にはさまざまな下位技能が貢献していると信じられるが、現在のわれわれの力ではそれらの下位技能をすべて特定するのは無理である。それぞれの下位技能の重要さの度合いを査定するのもまた無理である。われわれがテストする「部分」の合計が、われわれが普通最も直接興味があるところの「全体」になるのかどうか、よくわかっていない。にもかかわらず教室では個別下位技能の存在がしばしば当然視され、別々に教えられたりしている。内容の細目には現在かなりの程度その重要性が明らかとされている要素だけを含めるのが安全策のように私には思える。

内容を記述する方法は、内容の性質ごとにさまざまだ。文法テストの内容の記述は出題される文法項目を列挙したものになるかもしれない。これに対して、何らかのスキルのテストの内容は、いくつもの次元に分けて表記されるかもしれない。そのような表記のための、1つの枠組みを以下に提案する。これが唯一の方法だというのではない。別の記述法を好む読者もいるだろう。形式はどうであれ可能な限り具体的に書くのが大切である。

操作(受験者が遂行できなければならないタスク)： リーディングテストであれば、「特定の情報を見つけるためにテクストをスキャニングする」「未知語の意味を文脈から推測する」などが含まれよう。

テクストのタイプ： ライティングテストであれば「手紙」「記入用紙」「長さ3ページを上限とするアカデミックなエッセイ」などとなろう。

テクストの聞き手、読み手： 受験者が書く/話す相手がどのような人であるか、ということ(例えば、「受験者と同年代で同じ社会的立場の母語話者」)。あるいは、リーディング/リスニングの題材が主にどのような読み手/聞き手を想定して作成されているか、ということ(例えば「母語話者の大学生」)。

テクストの長さ： リーディングテストの場合なら読むべき文章の長さ。リスニングテストなら音声スクリプトの長さ。ライティングテストなら受験者が書く文章の長さ。

トピック： トピックは非常におおまかに決めておき、受験者とテストタイプによって選べばよいだろう。

リーダビリティ： リーディングテストの文章の読みやすさの範囲[注2] を特定することもあろう。

文法項目の範囲： これは次のいずれかの形をとるだろう。
　(ア)　テストに含まれるであろう文法項目のリスト
　(イ)　テストには含まれない文法項目のリスト
　(ウ)　含まれるべき文法項目に関する一般的な表記(例えば使用頻度などに関するもの)

語彙範囲： これは大まかに記述する場合と細かく記述する場合があろう。細かい記述の例として、ケンブリッジ児童英語テストでは使用可能な語彙がリストになっている。

使用方言、文体： 受験者に理解/産出を求める方言の種類である。スタイルには「正式」「くだけた」「会話調」などの種類がある。

処理速度： リーディングテストであれば1分間に読むべき語数として記述されるだろう。求めるリーディングの種類によって求めるスピードは変わる。スピーキングテストの場合は話す速度のことで、やはり「〜語/分」を単位とする。リスニングであれば音声スクリプトが読まれるスピードである。

(2) 構成、許容時間、使用媒体、テクニーク

以下の点を押さえるべきである。

テストの構成： いくつのセクションに分かれるか。それぞれで何をテストするか。（「3セクション——文法、綿密読み、迅速読み」など）
アイテム数（セクションごとの、および全体の数）
テクストの数（およびそれぞれに関わるアイテム数）
使用媒体（紙と鉛筆、録音テープ、コンピュータ、面談、電話、など）
制限時間（セクションごとの、および全体の）
テクニーク： どの(下位)技能をテストするのにどのテクニークを使うか。

(3) パフォーマンスの合格基準

　合格と見なすパフォーマンスレベルを規定するべきである。合格に複数段階を認めるならば、パフォーマンスレベルも段階ごとに記述すること。単純な例としては、「全アイテムの80%の正解を合格とする」など。しかしスピーキング・ライティングの場合には合格基準の記述がもっとずっと複雑になるはずだ。例えばCCSE (Cambridge Certificates in Communicative Skills in English：ケンブリッジ英語コミュニケーション技能証明書)[注3]のハンドブックには、「口頭運用力レベル2」が次のように規定されている。

正確さ： 発音には明らかにまだ母語の影響があるが何を言っているかはよく分かる。文法的・語彙的正確さは概して高い。コミュニケーションに支障のない誤りはあっても構わない。
適切さ： 言語使用は機能面で概して適切で、意図は概して明確でなければならない。
表現範囲： かなりの範囲の表現が使えなければならない。単語をさがして沈黙するのは複雑な発話の場合のみでなければならない。
柔軟性： 会話を自分から始め、また相手の言うことに合わせ、また話題や展開の変化に適応できなければならない。
発話の長さ： 必要に応じてある程度の長さの発話で応じられねばならない。相手から時折与えられるきっかけを利用して短い発話を長くしていく能力がなければならない。

(4) 採点の手順

採点はいつでも重要だが、主観が必要な場合は特にそうである。高い採点者信頼性・妥当性を得る手段についてテスト開発者に明確なビジョンがなければならない。どのような採点尺度を用いるのか。1つの答案を何人で採点するのか。同一の答案に関して複数の採点者の意見が分かれた場合にはどうするのか。

3. アイテムを作成し調整する

いったん細目が完成したなら、アイテムの作成を始めることができる。

(1) サンプリングする

「内容」に記したすべての事項がテストの1つのバージョンに盛りこめるはずはないので取捨選択が必要だ。内容妥当性と有益な波及効果のためには、内容の全範囲から満遍なく選ぶことが大切で、テストしやすい要素を中心にテストするのではダメだ。いくつかの一連のバージョンを作成する場合、バージョンごとに全範囲から満遍なく出題要素を選択し、パタンが読み取れないようにしなければならない。もちろん特に重要な要素はどのバージョンにも含めてよいが。

(2) アイテムを書く

アイテムを書く際にはつねにテスト細目を念頭においておくべきだ。「良い」アイテムを書いたとしても、それがテスト細目と合致していなければ何にもならない。アイテムを書くときは受験者の立場にたち、誤読する可能性に常に注意するべきである。その可能性が判明したらもちろん書き直すわけだ。誤解の可能性はない場合にも、(特に知性の優れた)受験者は出題者の意図とは異なる正解を見つける可能性がある。また、アイテムごとの正解を記すのも忘れてはいけない。正解情報のないアイテムは未完成である。

よいアイテムを書くことは至難の業である。(アイテムといっても例えばライティングタスクなども含む、広い意味でのものである。)いつも完璧なアイテムを書くことは誰にもできない。中にはボツにせざるを得ないもの、書き直す必要のあるものも出るだろう。どのアイテムを修正すべきで、どれを廃棄すべき

かを見極めるのは、次の「調整」段階で行うのがよい。

(3) アイテムを調整する

　ここでいう調整とは、提案されたアイテムを(理想的には)2人以上の同僚が徹底的に検討する作業のことである。彼らの任務はそのアイテムの弱点を見つけ、可能な場合には補強して使い物になるようにすることだ。修正が不可能な場合には廃棄するしかない。検討するアイテムのほとんどに欠陥が発見されるなどという事態にはなってほしくないものだ。多くがそのまま使えるのが望ましいのはもちろんである。表1のようなチェックリスト(文法テストの調整のために作成したもの)を使うと便利である。

表1　文法テストの調整

	Yes	No
1. 英語は文法的に正しいか。		
2. 英語は自然で問題ないか。		
3. 英語はテスト細目に合致しているか。		
4. アイテムは、テストしていると謳っているものをテストしているか。		
5. 問題となっている適切な文法知識がなければ(まぐれ当たり以外では)正解できないか。		
6. このアイテムは経済的か。		
7. (ア) 多肢選択の場合……正答は1つだけか。 　(イ) 空所補充の場合……正答はせいぜい2つか。		
8. 多肢選択の場合……すべての錯乱肢は選ばれる可能性がありそうか。		
9. 正解は完成していて、かつ間違いはないか。		

4. ネイティブスピーカーで試行する

　調整段階をへたアイテムはテストの形にまとめ、ある程度の数(20人、できればそれ以上)の母語話者に受けてもらうべきだ。正式なテストの形で行う必要は

なく、「受験者」の都合の良い時間帯にやってもらえばよい。年齢・教育程度などは本番の受験者のそれと同じようなものであるべきだ。言語やテスティングの専門家である必要はまったくなく、そうでないほうがむしろ望ましい。専門家は解答行動が素人受験者と異なるのでむしろ参考にならない。

母語話者がむずかしく感じたアイテムは、まず間違いなく修正か差し替えが必要である。意図したのと別の解答や不適切な解答が出てきたアイテムも同様だ。もちろん母語に関するテストを受けていても注意が途切れることもある。あきらかに不注意によるミスだと判定できるならアイテムのせいにすべきではない。

5. 非母語話者グループで試行する

調整、母語話者による非公式な試行を経て残ったアイテムをまとめ、今度はテスト形式で本番の受験者と類似の集団を対象とした試行をすべきである。[注4] これにより実施上、および採点上の問題が明らかになるはずだ。

現実にはさまざまな理由により、このような試行は残念ながら実施不可能なことが多い。適当な集団がいない場合もある。集団は存在しても、テストの機密保持が問題となることもあろう。こういうわけで、テストの欠陥は本番の受験者を対象に実施した後で初めて判明することがしばしばだ。そのテストのアイテムはすべて使い捨てだというのでなければ、実施・採点上で明らかになった問題は記録しておき、また次に(さらに巻末補遺1でより詳細に)紹介するような統計的分析を後日実施するとよい。

6. 試行結果を分析し、必要な修正を加える

2つの角度から分析を加える必要がある。第1に巻末補遺1に説明してあるような統計的分析である。これにより、テスト全体の(例えば信頼性)、および個々のアイテムの(例えばむずかしさ、力のある受験者とない受験者をどの程度うまく弁別しているか)特性が明らかになる。

第2に質的な分析である。応答を吟味し、何らかの誤解がないか、予期したのとは違うが妥当な応答はないか、その他なんらかの欠陥の存在を示す兆候がないか、を検討するのだ。分析の結果問題点が見つかったアイテムは修正するか削除する必要がある。最終的に必要な数ぎりぎりでなく余裕をもって多くの

アイテムを試行していたならば、これらの分析結果に基づいて最終的にテストに含めるアイテムを選択することができる。

7. 尺度の目盛りづけをする

　スピーキングもしくはライティングテストで評定尺度を用いる場合には、「目盛り付け」(calibration)がなされなければならない。これは要するに用いる尺度の最低レベルから最高レベルまでの範囲をカバーするパフォーマンスのサンプル(例えば作文など)を集めるということだ。サンプルが集まったらそれを「専門家」チームが見て、1つ1つを今回用いる尺度上の点に当てはめる。各点数に当てはめられたサンプルは、今後この尺度で評定する場合には常に基準となる。また評定基準を会得するためのトレーニングの材料にもなる。

8. 妥当性を検証する

　テストの完成版ができたなら妥当性検証(validation)を行うことができる。利害得失の大きい、言い換えれば外部に公開されるテストの場合には、この作業は欠くべからざるものと考えるべきだ。教育機関の内部で使用するための比較的利害の小さなテストの場合にはそこまでする必要はないと思われるかもしれない。それでも一定の期間にわたってそのテストを何度も用いるのならば、非公式の小規模な妥当性検証はやはり行うのが望ましい。

9. 手引きを書く

　受験者・スタッフ・利用者のために以下のような項目を含んだ手引きが必要だ。ただし対象読者によって内容はかなり異なるだろう。
- テストの目的
- テスト開発および妥当性検証の過程
- どんなテストであるかの紹介(ここにテスト細目が含まれるだろう)
- サンプルアイテム(あるいはサンプルテスト)
- 受験準備をする上でのアドバイス
- テスト結果の解釈に関する説明

- 面接者/評定者トレーニングの材料
- 実施要領に詳細

10. スタッフをトレーニングする

ハンドブックおよびその他の材料を利用して、テストに関わるすべてのスタッフをトレーニングする。面接者、採点者、評定者、コンピュータの操作係、および試験監督者などが含まれる。

テスト開発例　その1：　到達度テスト

問題の所在

　社会科学およびビジネス関係分野の学問的文章を読み取る訓練をする入学前コースの最後に、到達度テストを実施する必要がある。当該の学生たちはこのコースの終了後、英語によって教授される大学の大学院に入学する。この大学院（および学生たちのスポンサー）が、3ヶ月コースの間の学生たちの進歩を知りたいと考えている。したがってこのテストはこの比較的短い期間の進歩をも検知できる程度の「感度」がなければならない。個々の受験者に対する診断的情報は要求されていない。しかし受験者グループとしてコース終了段階でどこが最も弱いかが分かれば、将来のコースで力を注ぐべき点がわかるので、便利である。波及効果は重要であると考えられる。このテストは、受験者が将来の大学院での勉学で必要となるようなリーディング技能を磨くことを奨励するようなものであるべきだ。このテストは実は複数のテストからなるセットを構成する1つであり、最大で2時間しかかけられない。受験生の専攻分野に応じた別々のテストをつくるのは不可能である。

細目規定

内容
言語操作：　これはコースの目標に基づき、迅速読みと綿密読みの両方を含む。
　迅速読み：　メインアイデアを求めるスキミング、情報を探すサーチ・リーディング、リスト・索引等から特定のアイテムを探すスキャニング。
　綿密読み：　複雑で論理構成が緻密な文章を解釈する。
　コースで力を入れている下位技能：
　　● 未知語の意味の文脈からの推測。

●代名詞等の指すものの同定。照応の対象とテクスト内の距離がある程度はなれているもの。

テクストのタイプ： テクストは母語話者向きに書かれたもので、学問的なもの。教科書やジャーナル論文の一部等。

想定される読み手： 大学院レベル以上の学問的な読み手。

テクストの長さ： 迅速読み：約3000語　綿密読み　約800語

トピック： 内容は可能な限り「中立的」なもの。学生の専攻は社会科学およびビジネス関係分野(経済学、社会学、経営学)の多岐にわたっているため。

リーダビリティ： 特に指定なし。

使用文法項目の範囲： 制限なし。

使用語彙の範囲： 一般学術的な語。専門的過ぎる語を除く。

方言およびスタイル： 標準米語方言あるいは標準英語方言。形式ばった、学問的スタイル。

処理速度： 迅速読み： 300語/分(すべての語を読むことを想定しない)
　　　　　　綿密読み： 100語/分

構成、時間配分、媒体およびテクニック

テスト構成： 2セクションから成る。迅速読み、綿密読み。

アイテム数： 迅速読み30；綿密読み20。合計50アイテム。

パッセージ数： 迅速読み用に3つ。綿密読み用に2つ。

時間配分： 迅速読み： 1パッセージあたり15分(15分ごとにパッセージを回収)。
　　　　　　綿密読み： 30分(迅速読みアイテムの応答制限時間が終了する開始45分時点で初めてパッセージを配布) 合計75分。

媒体： 紙と鉛筆。パッセージごとに別冊子にする。

テクニック： 両セクションとも短答および空所補充形式。

　アイテム例：
　　文脈からの意味の推測：
　　　以下のそれぞれにあたる意味を文中で表している語を見つけなさい。
　　　注：文中の語は、-ing, -s, などの形で終わっている場合がある。
　　「最も高い地点」(20〜35行目)
　　代名詞の照応の同定：
　　　以下のそれぞれは文中の何を指しているか。具体的に答えよ。
　　　the former (43行目)

パフォーマンスの合格基準

満足すべき水準は「2つのセクションのそれぞれでの80%の正答」と定義す

る。このレベルに到達した学生の数が、コースの目標を達成した学生の数となる。

採点要領
2人の採点者が別々に採点する。採点者が当該能力に無関係な部分での不正確さ(応答の中の非文法的な表現等)は無視するように事前に訓練する。

サンプリング
テクストは、細目規定の条件を満たす可能な限り広い範囲の中から選択する。アイテムの作成を開始するのはテクストの適切性に関して合意が得られた後に限る。

アイテムの作成および推敲
能力のある非専門家であれば当該のテクストからどんな情報を得られるはずか、を考えてアイテム作成する。調整と書き直しのための時間を十分に確保しておく。

非公式の試行
学内の母語話者大学院生20名を対象に行なう。

試行および分析
テストが目標とする大学院のコースの在学生に協力してもらい、最低2バージョンが作成できる量のテクストとアイテムの試行を行なう。結果は本格的な質的・統計的分析にかける。全体的信頼性係数は0.90以上、一致度係数(第5章参照)は0.85以上でなければならない。

妥当性検証
内容妥当性検証は直ちに実施する。
併存妥当性検証は、チューターの評定を基準として行う。
予測妥当性検証は受験者が大学院の勉学を開始して1ヶ月たった時点での指導教官の評定を基準として行う。

手引き
受験する学生、学費を出資している人、および将来の指導教官のための手引書を作成する。内部資料としても別の手引書を作成する。

テスト開発の例 その２： レベル分けテスト

問題の所在

　ある民間英語教育組織(多くの学校が所属している)が新入生を擬似的初心者、中級の下、中級の中、中級の上、上級の5レベルのクラスに振り分けるレベル分けテストを必要としている。授業目標は全レベルを通じてかなり一般的な「コミュニケーション的」用語で表現されており、特に重視されている技能はない。全体的な言語能力に関する情報に加え、口頭の能力に関する情報があれば有益である。いちどコースが始まったらもうクラス替えをする必要はほとんどない程度の分類精度が要求される。波及効果はそれほど考慮する必要はない。数日の間に2000名を超える学生が入学してくる。テストは短いもの(45分以内)で、実施・採点・解釈が手早く、容易にできるものでなければならない。事務職のスタッフによる採点も可能であるべきである。この組織では以前は面接を実施していたが、現在では入学者数の増大によりこれは不可能になっている。

細目規定

内容
言語操作： 削除されている語を復元する能力(「削減剰余性」という概念に基づくもの)。
テクストのタイプ： 2人の対話という設定で創作したテクスト。印刷テクストではあるが、会話形式であるという点で、間接的にではあるが学生の会話能力に関わるタスクになることが期待される。
テクストの長さ： 1人が1回に話す長さ (turn) は最大約20語。
話題： 「日常生活」この組織で使用している教科書に出ているもの。
文法項目の範囲： 教科書に使用されているもののすべて(実際の細目規定ではリストアップするが、ここでは割愛)。
語彙の範囲： 教科書に出ている語彙、プラス日常語彙。
方言およびスタイル： 標準的イギリス英語。ほとんどがくだけたスタイルで、一部形式ばったスタイル。

構成、時間配分、媒体、テクニーク
テストの構成： セクション分けはなし。
アイテム数： 100 (ただしより少ないアイテムで有効であるなら減らす)。
時間配分： 30分(注： これは非常に短いように思えるかもしれないが、能力の高い学生にとっては最初のほうのパッセージは極端に簡単なのでほとんど時

間をとらない。能力の低い学生が後半のパッセージまで行き着かなくとも構わない)。
媒体： 紙と鉛筆。
テクニーク： すべて空所補充。空所に入るのは各1語。短縮形は1語扱い。空所は語彙にも文法にも関わる。(各空所が何をテストしているかは必ずしも明確に区分することはできない。)

アイテム例：
A： Whose book ＿＿＿＿＿＿ that?（あれは誰の本だい？）
B： It's mine.（僕のだ。）

A： How did you learn French?（フランス語はどうやって勉強したの？）
B： I just picked it ＿＿＿＿＿＿ as I went along.（人が話しているのを聞いて、自然に覚えたんだ。）

パフォーマンスの合格基準
テストの成績と、(a)面接で現在の生徒を振り分けた結果、また(b)面接によって振り分けられた結果の適切さについての各クラス担当教師の意見、を比較した後に決定する。

採点方法
解答は解答用紙に記入する。正解のついたテンプレートを作成し、事務職員によってすばやく採点が可能となるようにする。

非公式な試行テスト
母語話者の大学1年生20名を用いる。

試行テストおよび分析
最終的に必要な数よりもずっと多い数のアイテムを作成する。そのすべてのアイテムを、共通アイテムを含む3つの別々のテストフォームに構成し、組織の全レベルの学生に試行する。その過程で実施および採点上の問題があれば記録する。

統計的・質的分析を行った後に、「ベスト」アイテムを選び新たなフォームを1つ構成する。これをまた別の在校生グループに実施する。このテストの個人別の得点を、現在の組織内のクラスレベルと比較し、レベルごとの基準点を決定する。

妥当性検証
テストの最終バージョンは、細目規定に列挙した文法項目リストと照合する。

> しかし正直に言うならばこの段階における内容妥当性の有無は研究上の興味に過ぎない。要はテストが開発意図の通り機能するか否かである。よって最も重要な妥当性検証は基準関連的なものであり、その基準はクラス分け結果の適切性に関するクラス担当の教師および生徒本人の判断である。クラス分けミスの割合が小さければ小さいほどこのテストの妥当性が高いことになる。
>
> ## 手引き
> 組織から各学校に配布するための手引きを作成する。

■ 自分でやってみよう

海外の大学で外国語を用いて何らかの科目を学ぶことを志願している学生の言語の熟達度レベルを測定するためのテストの細目規定を、経験もしくは直観によって書く。自分の書いた細目を、同じ目的ですでに作成されている実際のテストの細目と比べてみる。

■ さらに読んでみよう

すでにある細目規定を検討するのは役に立つ。UCLES のテストの多くの細目は UCLES, 1 Hills Road, Cambridge, CB1, 2EU もしくは彼らのウェブサイトで手に入る。イギリスで大学レベルの教育を受けようとする学生の英語レベルを査定するためにデザインされた the Test of English for Educational Purposes (TEEP) の細目規定が、Weir (1988, 1990) に掲載されている。The ALTE (Association of Language Testers in Europe) のウェブサイトにはさまざまなヨーロッパ語テストの詳細な情報が載っている。Council of Europe (2001), van Ek and Trim (2001a, 2001b, 2001c) は、細目規定の内容セクションを書くときに大いに役立つ。英語のテストを書くのであれば、the British National Corpus と、the COBUILD Corpus（どちらもネット上で見つかる）にはアイテムのもととして利用可能な合計何百万もの発話が見つかる。テスト開発に関して本書とは別のモデルが Alderson 他 (1995) と、Bachman and Palmer (1996) にある。Bachman and Palmer のモデルは非常に詳細で複雑だが、彼らの本にはテスト開発の 10 の具体例が掲載されている。Alderson and Buck (1993) はあるイギリスのテスト機関でのテスト開発手順の報告である。テストのハンドブックにどんな情報を盛り込めばよいかについては、AERA (1999) を参照。Davidson (2000) はこの書評である。

注1) 細目規定を絶対に修正してはならないという意味ではない。試行の結果、例えば制限時間に対してアイテム数が多すぎるとわかるかもしれない。テストを実施する状況が変わるかもしれない。また細目規定を書く時点では知りえない事柄もあるというのも

真実だ。例えば目的に応じたレベルの信頼性・妥当性を得るために必要なアイテム数は、実際に試行してみなければわからないことも多い。

注2) MS-Word には The Flesch Reading Ease Score と The Flesch-Kincaid Grade Level を計算する機能がある。この2つの指標は文の平均の長さと、単語に含まれる平均の音節数に基づく。完全に妥当な指標とは言えないにせよ、少なくとも客観的な数値である。

注3) 1999年に UCLES は CCSE とオクスフォード EFL テストを統合し、今では The Certificates in English Language Skills (CELS) となっている。

注4) 1つのグループが一度に受けるにはアイテムが多すぎるなら、一部のアイテムを共有(これを係留アイテム (anchor items) と呼ぶ)する複数のフォームを作る。この共通アイテム部分の得点をもとに、各フォームに独自のアイテムも含めてすべてを共通の難易度尺度にのせることができる。このようにしないと、もし受験したグループの能力が違っていれば、それぞれが受けたフォームのアイテムの難易度を直接比較することが不可能になる。係留アイテムを用いた場合の結果の統計処理については巻末補遺1を参照。

注5) 削減された余剰性については第14章で考察している。

第 8 章
よく見られるテストテクニック

テストテクニークとは何か[注1]

　簡単に言うとテストテクニークとは、受験者の言語能力に関して情報を与えてくれるような行動を受験者から引き出すための方法である。われわれに必要なのは、

- 興味の対象である能力に関して信頼できかつ妥当な指標である行動を引き出し
- 信頼性のある採点が可能である行動を引き出し
- 時間と労力に関して可能な限り経済的であり、また
- 波及効果が重要な場合には、良い影響を与える

ようなテクニックである。

　第9章から第13章にかけては特定の能力を測定するテクニックを論じ、「全体的能力」をテストすると考えられるテクニックは第14章で扱う。本章ではリーディング、リスニング、文法・語彙などさまざまな能力をテストするのによく用いられるテクニックを紹介する。能力別の第9～13章で同じテクニックに繰り返し触れるのを避けるためだ。まず多肢選択法を検討し、次に受験者が自分で解答を作りだすことを求めるテクニックを見てゆく。

多肢選択アイテム

　多肢選択（multiple-choice）アイテムには多くのパタンがあるが、基本は次

の形式だ。

まず次のようなステム (stem) を与え、

Enid has been here _____ half an hour.

そして1つの正解と**錯乱肢** (distractors：誤った選択肢のことをこう呼ぶ) からなる、いくつかの選択肢を与える。

A. during　　B. for　　C. while　　D. since

正しいもしくは最も適当な選択肢(この場合B)をつきとめるのが受験者に求める作業である。前にも触れたが、多肢選択の最も明らかな利点は採点の信頼性が完璧だということだ。採点はまた速くかつ経済的でもあるはずだ。解答行動は紙にマークをつけるだけなので、他の形式よりも単位時間あたりに実施できるアイテム数が多いというのもかなりの利点である。第5章に述べたようにアイテム数の多さでテスト信頼性が高まる可能性が高い。最後に、受験者に学習対象言語を書か(話さ)せずに受容的能力をテストすることができる。

多肢選択テクニークの利点が過大に評価され、あたかもそれが唯一のテスト法であるかのように考えられていた時代がかつてあった。多肢選択テストで何がわかるのか、とこの形式に対して懐疑的な意見の持ち主も非専門家の中には以前から多かったのだが、テスト専門家の間でこのテクニークの限界が一般的に認められだしたのはかなり最近になってのことである。多肢選択法の難点は以下の通りだ。

受容的能力だけしかテストできない

受容的能力に比較して産出的能力が極端に低い受験者の場合、多肢選択テストの結果は非常に不正確な能力情報となる。例えば多肢選択文法テストでの得点から文法項目を使いこなす力を判断するのはかなり無理がある。そういうアイテムの正答を選べる受験者でも、話したり書いたりするときにはその文法事項を正しく使えないかもしれない。これは1つには構成概念妥当性の問題だ。多肢選択テストで判明する種類の文法「知識」が、果たして文法「運用力」の基盤になっているのか、またはいないのか。仮になっているにしても、何かを「知っていること」とそれを「使えること」の間にはまだギャップが存在する。だからわれわれが知りたいのが「使う力」だとするなら、多肢選択テストの得

点はよくて不完全な情報、悪くするとまったく別の情報かもしれないのだ。

当て推量がかなり影響するだろう（がその程度は不明）

　3肢選択アイテムで偶然に正解する確率は約33%だ。100アイテムのテストをまったくでたらめに解答しても平均33アイテムは正答になる。偶然での正答が33より少ない者も多い者もいるだろう。問題は、どの受験者のどの正答が当て推量の結果なのかが決して知りえないということだ。当て推量の影響を推定しようという試みがなされることがある。まず誤答はすべて当て推量の結果だと仮定し、かつ偶然によって正答した率は全受験者でまったく同一だったと仮定する。この2つの仮定に基づき、当て推量によって得たはずの点数を減ずるのだ。しかしながらどちらの仮定も必ずしも正しくないので、この修正得点が、当て推量なしの場合の得点と同じ（もしくは非常に近い）かどうかは知りえない。

　他のテスト方法でも当て推量による正解の余地はあるかもしれないが、普通その可能性は多肢選択の場合よりずっと低い。多肢選択のように限られた数の解答を提示して、その中の1つが正しいよ、と教えてやるわけではないからだ。

　もし多肢選択法を使うなら、当て推量の余地を少なくするため、最低4つの選択肢が必須である。そして錯乱肢のどれもが、そこで問題になっている知識・能力を持たない受験者なら十分選ぶ可能性があるような、「それらしい」ものであることが大変重要だ。表面上は4つ選択肢があっても、錯乱肢の1つがほとんど選ばれないなら、そのアイテムは事実上3肢選択である。

テストできる能力が非常に限られている

　根本的な問題は、われわれが問いたいポイントに対して常に錯乱肢が作れるとは限らないことだ。文法事項に関しては、「それらしい」錯乱肢を3つも4つも作り出すのはむずかしい場合がある。その結果、重要な文法能力であっても錯乱肢が作れないからテストで問わない、という事態にしばしば陥る。一例を挙げるなら英語の過去時制と現在完了の区別である。能力があるレベルに達している受験者にとって、ある種の文脈においては、過去形と現在完了のほかに「それらしい」錯乱肢になる動詞形は存在しない。「過去と現在完了の区別のテストは多肢選択以外の方法でもむずかしい」という主張は通らない。選択肢を与えない方法なら受験者が普段使う形を引き出せるであろうし、受験者が当て推量に走ることもないからだ。

良いアイテムを書くのが至難の業である

　多肢選択のもう1つの問題点は、選択肢を書くのが可能な場合にも、良い選択肢を書くのは極めてむずかしいということである。プロのテストライターは多肢選択テストの場合には実際に必要な数よりもずっと多くのアイテムを書く。小規模な試行を実施し、各アイテムの性能を統計的に分析した後で初めてどれが使えるかが判明すると知っているからだ。私の経験では、教育機関の内部用の多肢選択テストはしばしば欠陥だらけである。よくあるのは、正解が複数ある、正解がない、選択肢だけ見てどれが正解かわかる（例えば、正答選択肢だけ他と長さが違う）、誰も選ばないような選択肢がある、などなど。

　よい多肢選択アイテムの作成にはあまりに多大な労力と熟練を必要とするので、他の難点を差し引いたとしても校内の（繰り返し使用を考えない）到達度テストの問題形式としてお勧めとは言いがたい。確かに実施と採点の段階では時間節約になるのだが、その前にアイテムを作り出すための時間と労力のほうが大きいのである。アイテムバンクを開発しそこに登録したアイテムを使ってその都度さまざまなバージョンのテストを作るような利用法であれば、アイテム作成の労力は（使い捨ての場合よりは）意味のあるものになる。しかし時間と熟練を要するのに変わりはない。

波及効果が有害である可能性がある

　生徒にとって重要なテストが多肢選択であれば、テスト準備が指導や授業に有害な影響を与える危険性があるのは言うまでもない。多肢選択アイテムを練習問題として使うのは、普通、言語運用能力を高めるための最良の方法ではない。アイテムの内容を検討するのに加え、どれが正解かに関するヒントを見つけるのに注意を払うような場合は特にそうである。

不正行為が容易である

　多肢選択テストでの応答は単純な記号なので、言葉を使わず解答情報をやりとりすることが簡単だ。これを防ぐには、最低2バージョンを作成し、各アイテム内の選択肢の順番だけを変えておくというのも1つの方法である。

　以上を総合すると、多肢選択テクニークは大人数の受験者を対象とする比較

的実施頻度の低いテストに最も適していると言える。かといって校内の定期テストに多肢選択アイテムがあってはならないと言っているのではない。例えばリーディングテストで、本文中に錯乱肢になりそうな部分が明らかにあり、ちょうどうまく多肢選択形式になるタスクもあろう。実生活の中にも本質的に多肢選択であるタスクも存在する。例えば、顧客が4つのドレスのうちどれを指しているのかを店員が判断するような場合だ。そういう状況をテストタスクとして模擬的に作り出すのは大いに適切なことだ。読者に避けて欲しいのは、このテクニックを使いすぎること、状況にかかわらず使うこと、害を与えかねないような使い方をすることである。後で、多肢選択アイテムを書く際の指針を論ずる。

真偽判定アイテム

受験者がイエス／ノーあるいは真／偽を選べばよいアイテムは、本質的には2つしか選択肢がない「多」肢選択アイテムといえる。この形式の明らかな弱点は、偶然による正解確率が50％あることだ。私の考えでは、フォーマルなテストにおいてはこのようなアイテムの使い道はない。しかし多少の精度の荒さは構わないようなアセスメントにおいては十分使えるだろう。時に真偽判定アイテムをひとひねりして、そう判断する理由まで書かせる場合があるが、これは問題だろう。第1に、ライティングを測るつもりではないのに書かせるのは良くない。受験者によっては書くこと自体がむずかしい場合もあるのだ（妥当性の問題）。第2に、理由はしばしば採点がむずかしい（信頼性および妥当性の問題）。

短答アイテム

短い答えを受験者に書かせるアイテムは、特にリスニング・リーディングテストによくある。

例：
(1) What does *it* in the last sentence refer to?（最後の文の it は何を指すか？）
(2) How old was Hannibal when he started eating human beings?

（ハンニバルが最初に人間を食べたのは何歳のときか？）
  (3) Why did Hannibal enjoy eating brain so much?（ハンニバルはなぜそれほど脳を食べるのが好きだったか？）

この形式が多肢選択よりも優れているのは以下の点だ。

- テスト得点の中の当て推量による部分が小さい
- 選択肢の作りやすさによって問題が左右されない（とは言っても、正解以外のそれらしい答えがないと困るが）
- カンニングがよりむずかしいと思われる
- 非常に注意深く考える必要があるにせよ、多肢選択よりは作成が容易である

劣っているのは以下の点だ。

- 応答にかかる時間がより長いので、テスト全体のアイテム数が減る
- 応答のために受験者が言語を用いねばならない
- 採点に判断が必要な場合には、妥当性あるいは信頼性の問題が生ずる
- 採点の時間がより長い

　欠点の最初の2つは、書かせる応答が本当に短いなら大した問題ではないかもしれない。それに少なくとも多肢選択の場合のように、4つの選択肢を読んで3つに惑わされながらそれぞれの適切さを検討する必要はないわけである。あとの2つを解決するには、別解がないような部分を問い、本文中の語句をそのまま書けば正解になるようにすればよい。自分の表現を使うにしても非常に短い表現ですむなら大丈夫だろう。上記の例を見ると、本文は読まなくとも、(1)の正解は文中にあって別解はなさそうだとわかる。(2)についてもそうだろう。(3)は問題があるかもしれないが、それは次に論ずる空所補充形式にすれば解決する。
　このような短答アイテムは、結果の正確さが要求される重要なテストでも十分役に立つと私は信ずる。採点時間の関係で適さないのは、受験者の数が非常に大規模である場合のみである。記号でなく言語で書いた応答でも信頼性を保ちつつすばやく採点できるコンピュータテスト（例えばTOEFL）が増えている。その場合には非常に規模が大きいテストでも短答形式を採用しない理由はない。

空所補充アイテム

受験者が空所に入るべき語を答える形式のアイテムもまたよく見られる。例えば

> Hannibal particularly liked to eat brains because of their _____ and their _____ . (ハンニバルが脳を食べるのが特に好きだったのは脳の_____と_____のためである)

この例から、空所を補充する語(ここでは texture (歯ごたえ) と colour (色))が本文中にあるなら、短答アイテムが抱えていた3番目の問題は解決すると分かる。リーディング・リスニングテストでの空所補充アイテムは、正解の語がテクスト内にあるか、誰でも知っているような簡単な語の場合に最もうまく機能する。そのような語であれば綴りミスの問題が生じないからだ。

空所補充アイテムは文法・語法テストでもうまく機能する。例えば

> He asked me for money, _____ though he knows I earn a lot less than him. (彼は僕のほうが稼ぎが悪いと知っていながら僕に金を無心した。正解: even)

> Our son just failed another exam. He really needs to pull his _____ up. (うちの息子はまた試験に落ちた。本当に気持ちを入れ替えないとダメだ。正解: socks)

しかしテストしたい文法要素が2語以上にわたり、空所が2つ以上必要になってしまうとうまくいかない。例えば過去進行形で適切に空所を埋められるかを知りたい場合、以下の空所補充ではいずれもうまくいかない。

(1) While they _____ watching television, there was a sudden bang outside.
(2) While they were _____ television, there was a sudden bang outside.
(3) While they _____ _____ television, there was a sudden bang outside.

最初の2つでは、〜ing 形あるいは be 動詞が与えられているため、これらが

なければ受験者が使うかもしれない形(単純過去など)が排除されてしまう。3つめも同じである。例外は受験者が副詞を挿入して quietly watched と書くような場合だが、これはほとんどなさそうだ。3つとも正解についてヒントがありすぎるのだ。

また次の例のように、意味上の微妙な違いに関わるような文法・語法アイテムも空所補充形式ではうまくテストできない。

(1) A: What will he do?
    B: I think he _____ resign.

これではさまざまな法助動詞(will, may, might, could など)が正解になる。文脈を与えれば少しは改善する。

(2) A: I wonder who that is.
    B: It _____ be the doctor.

これでは上記のアイテムと同じ問題があるが、もうひとせりふ、

A: How can you be so certain?

と付け加えれば、空所は確信の法助動詞 must で埋めなければならなくなる。しかしこの文脈を補ったとしても、will でも可能かもしれない。

空所補充の場合、1つの空所には1語しか入らないことを受験者にきちんと伝えておくことが極めて大切である。また短縮形を1語と見なすのかどうかもはっきりさせておくべきだ。(私の経験では短縮形は1語と数えたほうがアイテムを作成しやすい。)

空所補充は価値あるテクニックである。短答形式の利点を保ちつつ受験者の解答をより大幅に制限するので、それほどの産出能力を必要としない。個々の採点者の主観的判断が必要ないように詳しい採点基準を用意すれば、空所補充アイテムの採点者信頼性は高くなるはずである。

本章ではよく使われるいくつかのテクニックのさわりだけを紹介した。詳細は、技能別の測定に使うテクニックとともに、後の章で取り上げる。

■ やってみよう

1. 次の各アイテムを吟味する。問題があるとするならそれは何か？ テクニークの種類は変えずに問題がなくなるように修正できるだろうか？

    (1) When she asked for an extension, they agreed _____ let her have another month to finish the report.
       a. at b. to c. over d. of   （正解： b）

    (2) A： Why are you doing the work yourself?
      A： When I asked Bill, he said he _____ do it.
              （正解： couldn't）

    (3) A： It's too easy for young people to make money these days.
      B： I _____ agree more. （正解： couldn't）

2. (1)〜(3)がそれぞれ別のテクニークになるよう書き換える。その結果何がわかるか。

3. 任意のテストの中からアイテムを10選び検討する。問題のあるアイテムが見つかった場合、テクニークのタイプは変えずに改善できるか？ 別のテクニークを使って10のうち、いくつがうまく書き直せるか？

■ さらに読んでみよう

Heaton (1975) はさまざまなアイテムタイプについて論じ、読者が分析してみるための例を数多く挙げている。

注1） テストテクニークはよくテスト「形式」(formats) とも呼ばれる。私はアイテムに関しては「テクニーク」を使い、「形式」という用語はテストのより一般的諸側面(例えば面接形式、等)を指すのに取っておくほうが好きだ。

第 9 章
ライティングのテスト

　本章では、書く能力をテストする最良の方法は実際に書かせてみることである、という前提を設けることとする注1)。この前提は非合理的なものではない。ライティング能力を正確に測れる「間接」テストを作ることは専門のテスト機関にさえできないのだ(「**さらに読んでみよう**」の Godshalk 他を参照)。また仮に正確な測定が可能であったにしても、間接テストの波及効果の悪さと作成のむずかしさを考え合わせると、学内でのライティングテストはやはり直接的方法で行うほうがよいということになろう。

　ライティング能力を直接的方法で測ると決めたなら、次はライティングのテストで解決すべき問題を次のように3つの部分に分けて一般的な形で述べることになる。

1. われわれが期待するすべてのタスクを適切に代表するようなライティングタスク群を設定しなければならない。
2. そのタスクはライティングの妥当なサンプル(つまり生徒の能力を本当に代表するような作文)を引きだすようなものであるべきである。
3. そのライティングサンプルが妥当性と信頼性を保って採点できることが不可欠である。

　これからこの3つを1つ1つ検討し、アドバイスおよび例を挙げてゆく。

代表的なタスクを設定せよ

ありうるすべての内容を規定せよ

　テスト用に設定するタスクが、われわれが学生にできて欲しいと考えているすべてのタスクの代表的なものかどうかを判断する必要がある。そのためには、学生が遂行できるべきタスクにはどのようなものがあるかを最初の段階で明確にし、それをテスト細目規定に明記すべきである。第7章で説明した内容の細目規定の枠組みのうち、次の要素が該当する：　言語操作、テクストタイプ、想定される読み手、テクストの長さ、トピック、方言とスタイル。

　CCSE（Cambridge Certificates in Communicative Skills in English：ケンブリッジ英語コミュニケーション技能試験）のハンドブックを見てみよう。ライティングレベル1の説明内容は以下のようにまとめることができる。これで細目規定のすべてではないが、ライティングテストの細目規定のイメージがある程度はつかめる。

言語操作[注2]
　　表現する：　　感謝、要求、意見、コメント、態度、確認、謝罪、欲求/必要、情報、苦情、理由、説明
　　指示を出す：　命令、指示、説得、忠告、警告
　　描写する：　　行為、出来事、物、人々、過程
　　引き出す：　　情報、指示、サービス、説明、助け、許可
　　語る：　　　　一連の出来事
　　報告する：　　描写、コメント、決定

テクストのタイプ
　　用紙への記入、書簡(個人的なもの、商用のもの)、メッセージ、ファクス、伝言メモ、掲示、ハガキ、レシピ、報告書、一連の指示。

テクストの読み手
　　特定されていない。ただし「それぞれの文章等で想定されている読み手は受験者には明らかにする」となっている。

トピック
　　特定されていない。ただテストフォームによっては、すべてのタスクが共通

のテーマに関係しているものもある。
方言と**テクストの長さ**も特定されていない。

　このライティングテスト細目規定には、コミュニケーション能力を養うための一般的な語学コースで学ぶ学生が遂行できるべきライティングタスクのかなりの部分がカバーされていると言ってよいだろう。したがってこれは、似たような語学コースのライティングテスト作成の任にあたる読者の役に立つはずだ。それぞれの項目に関して自分の学校に当てはまる要素を見つければよい。もっと詳しい記述が必要な部分もあるだろうし、新たに要素を付け加えたいところもあるだろう。細目規定を書く際に、本書で提案した枠組み、あるいは項目内容に縛られる必要はまったくない。しかしこういう細目規定は自分のニーズに特化したものを作成するための良いたたき台になることが多いはずだ。よって後の章においても細目規定の例は挙げてゆく。

　次の例は内容がもっとずっと特化したもので、私が作成に関わった学問研究を目的とする英語能力を測るテストのライティング部門のものである。テストの目的は、学生の書く英語がある特定の外国の大学で学ぶのに十分かどうかを判定することであった。ニーズ分析を行ったところ、この大学で英語を書く活動として最も重要なのは、講義メモをとることと、2パラグラフ程度の試験答案を作成することだと分かった。講義メモはリスニングセクションでカバーすることになったので、残るは試験での答案作成であった。試験問題を分析したところ、学生に求められるのは、描写・説明・比較・対照を行う、ある立場に賛成・反対の主張を行う、などの活動だと判明した。この大学での学部第1年次の授業は非常に一般的な内容（全学生が芸術、自然科学、社会科学関係の科目を履修する）なので、トピックはある程度学術的なものであればどんなものでもよさそうだった。学生の書いたものを読むのは大学教員で、英語の母語話者も非母語話者もいた。本書で提案している枠組みを使うと、この場合に必要なタスクを非常に簡潔に書き表すことができる。

言語操作
　描写する、説明する、比較・対照する、ある立場に賛成・反対の主張を行う。
テクストタイプ
　試験の答案。長さは2パラグラフまで。

読み手

母語話者および非母語話者の大学教員。

トピック

学術的に扱えるものなら何でも可。ただし専門的でないもの。受験生の分野に関係するもの。

方言およびスタイル

標準的変種(例：アメリカ標準英語、イギリス標準英語)のどれか、あるいはそれらが混ざったもの。

スタイルは正式。

テクストの長さ

約1ページ。

規定内容の代表的サンプルを含めよ

内容妥当性の観点から見た理想的なテストは、潜在的に必要となるライティング作業のすべてをテストの中で行わせるようなテストである。そのテストでの総得点(さまざまなタスクでの得点の総計)が、われわれの得られる限りにおいて最も正確な受験者能力の評価となる。あらゆるタスクをテストに含めるようなことが実際に可能であったとして、たとえ採点が完璧な信頼性をもって行われても、1人の受験者がすべてのタスクで同一の得点を得るということはありえない。タスクによって出来、不出来があるのが人間というものなのだ。だからあらゆるタスクをテストに含めることが不可能な場合(そして当然、こちらが現実である)、たまたま出題されたタスクに関する受験者の向き、不向きによって結果は非常に違ってくるだろう。だからこそ代表的なタスク群を選ぶ必要があるのだ。タスクの数が(常識的な範囲内で)多ければ多いほど、受験者が書いたサンプルの総体がその受験者の能力を適切に反映している程度(= 妥当性)が高い。また細目規定の内容の中から満遍なく出題していれば、有用な波及効果を生む可能性が高くなる、ということも忘れてはならない。

次の例を見てみよう。2000年5月/6月のCCSEのレベル1として出題されたものである。

第9章 ライティングのテスト　93

This Test of Writing is about working in a Summer Camp for Children in America. Look carefully at the information on this page. Then turn to the next page.

AMERICAN SUMMER CAMPS FOR CHILDREN
VOLUNTEERS WANTED FOR AUGUST 2000

We are looking for people to work as Helpers in our Summer Camp in Florida. You will be responsible for organising games and activities for groups of children.

There is no salary, but travel and living expenses will be paid.

Write to us for more information and an application form:

American Summer Camps for Children
450 Sunny Dale Avenue
Florida 70401
USA

Fax: 1-836-704-9732

TASK 1

You saw the advertisement for Helpers. You write a letter to American Summer Camps at the address in the advertisement.

In your letter:
- find out about
  - the start and finish dates
  - the hours of work
  - the type of accommodation
- ask for an application form.

Write your LETTER on the next page.

TASK 2

American Summer Camps for Children sent you an application form. Fill in the APPLICATION FORM below

---

AMERICAN SUMMER CAMPS FOR CHILDREN

SECTION A: Please use CAPITALS for this section.

FAMILY NAME: (Mr/Mrs/Ms) _____

FIRST NAME(S): _____

AGE: _____ DATE OF BIRTH: _____

NATIONALITY: _____

SECTION B

TICK (✓) the age group of children you would most like to work with.
(NB: Choose only ONE group)

    9–10 ☐   11–13 ☐   14–16 ☐

Why did you choose this particular age group?

_____

_____

SECTION C

In about 30 words, say why you think you would be especially good at organising games and activities for children.

_____

_____

_____

Signature: _____ Date: _____

TASK 3
You are now working in the American Summer Camps for Children in Florida. You write a postcard to an English-speaking friend.

On your postcard tell your friend:
- where you are
- why you are there
- two things you like about the Summer Camp.

Write your POSTCARD here.

POSTCARD

Ms Jane Collins
23 High Street
Everytown, Cambs,
England

TASK 4
You have arranged to go out tonight with Gerry and Carrie, two other Helpers at the Summer Camp in Florida. You have to change your plans suddenly, and cannot meet them. You leave them a note.

In your note:
- apologise and explain why you cannot meet them
- suggest a different day to go out.

Write your NOTE here.

以上の問題から明らかに、出題者たちはタスクの代表的サンプルを選ぼうと真剣に努力したことが分かる。(テストの問題と細目規定を照合してみるとよい。)もう1つわかるのは、「潜在的に可能な」タスクの数があれほど多いのに対して実際にテストに出題できるアイテムが比較的少ないのだから、テストの内容妥当性が問題にならざるを得ない、ということだ。潜在的に可能な多様なタスクを単一のテストによって本当に満遍なくカバーすることは不可能である。これは容易には答えの出ない問題だ。数少ないタスクを組み合わせてテストを構成する場合、共通のタスクがないように組み合わせ内容を変えた複数のテストでも同じような得点につながるのかに関しては、実証研究をしてみないとわからない。

　先に触れた学部入学のためのテストの場合、代表的なライティングタスクを選ぶのはずっとたやすい。もっと範囲の広い CCSE テストに比べ、内容妥当性はあまりやっかいな問題ではない。種類が多様になる可能性があるのは「言語操作」の部分だけなので、学生に4つの答案を書かせるだけで必要なすべてのタスク範囲をカバーできる。もちろん書かせるトピックの違いはあまり問題にならないという前提でだが。実際には、テストの各バージョンには2つのライティングタスクがあり、全タスクの50%が各バージョンに含まれている、という形である。トピックに関してはすべての学生がよく知っていると思われるものを選び、答案に含めるべき情報や意見は与えておいた(p. 101 の例を参照)。

　もちろん、タスクを幅広く選ぶのが望ましいといっても実用上の限度がある。潜在的にありうるすべてのタスク(あるいは少なくともそのかなりの部分)をテストに含めようと無理な試みを続けることはない。しかしながら、ある人のライティング能力について正確で意味のある情報が必要ならば、その情報に対してそれなりの対価を払う覚悟が必要だということは覚えておくべきだ。どういうテストにするかは、そこから得られる情報精度の必要水準により、かなりの部分が決まる。そして情報精度の必要水準は、それに関わる利害の重大さによって決まる。単なる学内のレベル分けのように、後からより適切なクラスに移動させるのがたやすいような状況なら、テストの正確さはそれほど重要ではない。しかし結果が受験者の人生を左右するような状況では1つのサンプルだけで判断してはならないのは確実だ。さもないと重大な不当処置につながりかねない。留学できるか否かを決定する試験などがこの例である。

ライティング能力の妥当なサンプルを引き出せ

独立タスクを可能な限り数多く設定せよ

　これは、細目に規定された内容の代表的サンプルが必要であることと密接に関連する事柄である。第5章で見たように、人間のパフォーマンスというのは同一タスクを2度試みたとしても完璧に同一の結果は得られない。タスクが違えばなおのことである。よって少ない数のタスクしかなければ結果が偶然の影響を受けやすい。したがって数多くのタスクを設定し、その1つ1つで受験者に「フレッシュなスタート」を切らせる必要があるのだ。こうすることで信頼性が高まり、それによってまた妥当性が高まるのだ。ただし再度指摘しておくが、このタスクの数に関しても理想と現実のバランスをとる必要がある。

ライティング能力以外のものを測るな

　このアドバイスは、われわれが測りたいのは受験者のライティング能力のみであるという前提に立ってのものである。言語のテストをする場合、受験者の創造性、想像力、知性、一般常識、個人的意見の根拠、等々には通常われわれの関心はない。だから妥当性を維持するためには、このような無関係要素を測るタスクを設定すべきではないのだ。以下のタスクを見てもらいたい。これらは架空のものではあるが、有名なテストに実際に出題されたタスクに基づいている。

1. あなたは友人と休日を一緒に過ごすことにしている。それを話題にして友人と交わす会話を書きなさい。
2. あなたは1年間外国で過ごす。その間、その国の若者のグループを対象に、あなたの国の生活について話をして欲しいと頼まれる。あなたがする話の原稿を書きなさい。
3. 「ねたみとは、本人を最も害する罪である。」この格言について論じなさい。
4. 裕福な家庭に生まれることの利点と欠点について論じなさい。

　最初のタスクは創造性、想像力、さらに脚色能力まで要求すると思われる。2つ目のタスクをうまくこなせるかは、話のうまさに少なくともある程度影響されるだろう。このどちらのタスクも、注意深く細目規定を作成してそれに基づ

いて設定されたとはとても考えられない。3つ目と4つ目は、どんなトピックに関しても理路整然とした意見を持っている受験者、もしくは頭の中でそれを瞬間的に組み立てられる受験者が明らかに有利である。こういうタスクで言語能力以外のものがテストされている証拠に、(私を含めて)教育のある多くのネイティブスピーカーでも、このテストを受けて採点者を完璧に満足させる自信はなかろう。フランシス・ベーコンあたりなら上手な答案が書けたであろう。もし彼の答案があまりにも簡潔すぎると判断されなければ、だが。

　ライティング能力の正確な測定をときに邪魔するもう1つの能力は、リーディング能力である。ライティングタスクの簡単な指示を、学習対象言語で書くのはまったく構わない。ただしそのタスク自体に対する答案は十分書けるレベルの能力を持った受験生なら誰でも理解できるような指示文である必要がある。また長すぎる指示文もよくない。次のアイテムのパート (b) は、今述べた欠陥の両方が当てはまると言えよう。

> Answer **ONE** of the following questions in **about** 250 **words**:
>
> **Either** (**a**) you've been asked to contribute an article to an international magazine, which is running a series called "A Good Read". Write, for the magazine, a review of a book you like.
>
> **Or** (**b**) You have recently heard that each year the Axtel Corporation offers the opportunity for a small number of people to spend between three and six months working in one of their offices in Australia, New Zealand, the United States, or Britain. The aim of the scheme is to promote international understanding, and to foster an awareness of different working methods.
>
> Candidates for the sheme are asked to write an initial letter of application, briefly outlining their general background and, more importantly, giving the reasons why they feel they would benefit from the scheme. In addition, they should indicate in which country they would like to work. On the basis of this letter they may be invited for interview and offered a post.
>
> Write the letter of application.

　受験者のリーディング能力の影響を少なくする1つの方法は図解の使用である。次のタスクは査定資格連合 (the Assessment and Qualifications Alliance;

第 9 章 ライティングのテスト　99

AQA. GCSE、GCE などを実施している英国のテスト組織)の作成したテストからとった、主に理系の学生向きのものだ。

The diagram below shows three types of bee. (以下の図はミツバチの 3 つのタイプを示している)

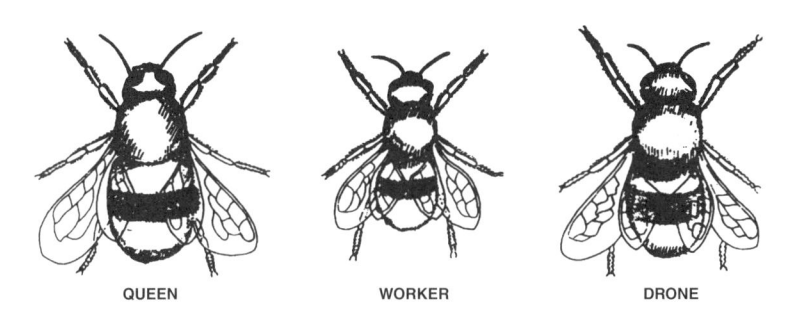

QUEEN　　　　　WORKER　　　　　DRONE

Compare and contrast the three bees. Write about three-quarters of a page. (3 つを比較・対照し、4 分の 3 ページ程度の文章を書きなさい)

一続きになっている絵を使って出来事を描写する文章を書かせることもできる。

Look at these pictures and then tell the story. Begin, 'Something very exciting happened to my mother yesterday.' (絵を見て、起こった出来事を説明しなさい。'Something very exciting happened to my mother yesterday.' で書き始めること。)

グラフの情報を読み取って文章化するという、極めて現実的なタスクの形もとれる。

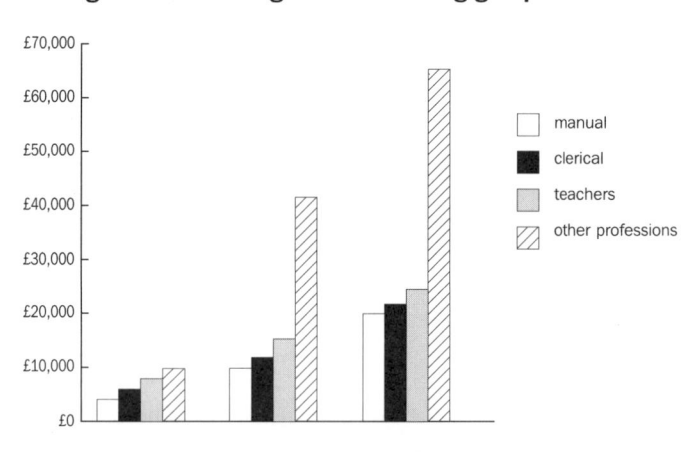

Average annual earnings of four working groups: 1980–2000

凡例:
- manual
- clerical
- teachers
- other professions

Using the data in the above chart, write a paragraph in which you discuss the relative annual incomes of the four groups over the period 1980–2000.（上図のデータを使い、1980～2000 の 4 グループの年間収入を比較して論ずるパラグラフを書きなさい。）

応答に制限を加えよ

このアドバイスは第 5 章で述べたポイントと関連する。例えば先のねたみに関する設問 (p. 97) は、同じ人が 2 度別々の機会に答案を書いたとしてもまったく別の内容になる可能性がある。この設問に対する解答の書き方はあまりにも多様に存在するのだ。ライティングのためのタスクは明確なものでなければならない。何を要求されているのかが受験者にはっきりわからなければならないし、あまりにも好き勝手に書くのを許してはならない。1 つの有効なやり方は、メモとか前ページのように絵の形で情報を与えることだ。

次の例は先にも触れた、私が関わったテストで使ったものをわずかに修正したものである。

Compare the benefits of a university education in English with that of one in Arabic. Use all the points given below and come to a conclusion. You should write about one page.（大学教育を英語で受ける場合とアラビア語で受ける場合を比較しなさい。与えられた論点をすべて使い、結論にいたること。約1ページ書きなさい。）

a）Arabic（アラビア語）
1. Easier for students（学生にとってよりたやすい）
2. Easier for most teachers（ほとんどの教員にとってよりたやすい）
3. Saves a year in most cases（英語力を伸ばすための1年がないためほとんどの場合、1年節約になる）

b）English（英語）
1. Books and scientific sources mostly in English（書籍や科学的データ：ほとんど英語）
2. English international language — more and better job opportunities（英語は国際語——仕事：より多い・より良い）
3. Learning second language part of education / culture（第2言語学習は教育・文化の一部）

解答に含めるべき情報を箇条書きで与える際、必要な表現を与えすぎないように気を配った。フルセンテンスは通常避けるべきである。そのままあるいはほんの少し変えただけで答案の作文の一部として使えるようなものは特にまずい。

最後に、タスクは細目規定に一致しているだけでなく、可能な限り現実生活にあるようなものにすべきである。タスクの現実性を考える場合、受験者の特徴、および彼らが書く作文の想定読者と彼らの関係を考慮することが大切だ。ある受験者集団にとって現実的であるタスクでも、別の受験者集団にとってはまったくそうでないことがある。例えば、英語の教師が自分の監督責任者（校長など）にアドバイスを求める手紙を書く、というのは状況によってはまったく普通のことだが、そんなことは考えられない状況もある。

採点の妥当性と信頼性を確保せよ

信頼性の高い採点が可能なタスクを設定せよ

　代表的なパフォーマンスを引き出すためのアドバイスの多くは、信頼性の高い採点を容易にするためにも有効である。
可能な限りタスクの数を多く
　1人の受験者あたりの得点の数(= タスクの数)が多ければ多いほど、その受験者の総得点の信頼性が高くなる。
応答範囲を制限せよ
　応答に対する制限が厳しいほど、異なる受験者のパフォーマンス間のより直接的な比較が可能になる。
タスクを選択させるな
　全受験者に全タスクを遂行させることも、やはり受験者間の比較をより容易にすることにつながる。
一定以上の量を書かせよ
　タスクによって引き出すライティングサンプルには、それに基づいて信頼性のある判断が下せるだけの長さが必要である。診断的な情報が求められている場合は特にこのことが大切だ。例えば、構成力に関する信頼できる情報を得るためには、構成が問題になる程度に長い文章を書かせなければならない。テスト時間を一定にした場合、サンプルの長さと数の間には必然的に綱引きが生ずる。

適切な採点尺度を作成せよ

　パフォーマンスの評定に使う尺度は細目規定の中の「パフォーマンスの合格基準」の項に記述されているはずだ。採点には、「総合的」と「分析的」の2つの基本的アプローチが存在する。

総合的採点法
　総合的採点法 (holistic scoring) はときに「印象による」採点法と呼ばれるが、作文の全体的な印象に基づいて、単一の得点を与えるものだ。この方法には採点が非常に早いという利点がある。経験を積んだ採点者なら1ページの作

文をほんの1〜2分かそれ以下で採点できる。(TOEFL の Test of Written English の採点者は1つの作文を1回採点するのに1分半しかないようだ。)ということは、1つの作文を複数回採点することが可能になる。そしてこれは幸運なことだ。複数回採点は必須だからである。Harris (1968) が言及している研究では、各受験者が1つの作文を20分かけて書き、1回だけ採点したところ、信頼性係数はたったの0.25だったという。綿密に計画し組織的に実施すれば、訓練を経た4人の採点者が1つの作文を採点する方式の総合的採点法なら、高い信頼性を出すことも可能だ。この「4」という数字には特別なマジックはないのだが、作文を4回採点すると十分高い採点者信頼性が得られるという研究結果が事実として繰り返し出ているのである。

　総合的採点法の成功に関して、「綿密に計画すれば」という条件をつけた。すべての採点基準があらゆる状況において同様の妥当性と信頼性のある採点につながるとは限らないのだ。採点基準はその特定の受験者に照らして、かつテストの目的に照らして適当でなければならない。以下は、すでに本章で何度か引き合いに出している大学で留学生受け入れ用テストで使われている評定尺度である。

NS	母語話者レベル
NS-	母語話者レベルに近い
MA	明らかに十分以上の能力がある
MA-	十分以上の能力があるかもしれない
A	**本学で勉学するに十分**
D	疑わしい
NA	明ら0かに不十分
FBA	ずっと下のレベル

この尺度は、当該状況においては完璧に機能した。テストのライティングセクションの目的は学生のライティング能力がその大学の勉学をするのに十分かどうかを判定することだった。学部在学生の書いたものを吟味し、彼らの英語が十分な水準にあるかどうかを授業担当教員が判断したものに基づいて合格基準が設定された。受験者は作文を2つ書き、上の尺度を使ってそれぞれを2度ずつ、独立して採点した結果、採点者信頼性は0.9であった。0.9というのは、実

用性が無視できる実験や研究以外の状況において可能な、事実上ほぼ最高の値だと思ってよい。この尺度は特定の目的のために作成されたものであって、その他のほとんどの状況においては使いみちがないに等しいだろう。テスト作成者は、既成の尺度をアレンジして自分自身の目的に合うように作り変える必要がある。今度は次の尺度を見てみよう。Educational Testing Service が作成した TOEFL の1セクションである。

TEST OF WRITTEN ENGLISH
採点ガイド

採点者は以下の基準に従って作文に得点を与える。受験者には特定のトピックについて書くよう求めているが、トピックに暗示されていることを含めても構わない。採点にあたっては受験者がよく書けている部分を見るよう努めること。

[6] ところどころ誤りはあるかもしれないが、文章全体としての効果的な構成という面でも、各文の文法的正確さという面でも、明確なライティング能力が示されている。
このレベルの答案は、
● トピックに対して効果的にアプローチし、
● 構成もよく論の進め方も適切で、
● 主題や論の根拠として明らかに適切な理由や例を挙げ、
● 語法面でも終始一貫こなれている感じで、
● 構文もバラエティに富み、適切な語彙を用いている。

[5] ところどころ誤りはあるが、文章全体としての効果的な構成という面でも、各文の文法的正確さという面でも、ライティング能力が示されている。
このレベルの答案は、
● トピック全体に対して効果的にアプローチしているとは言い切れないが、
● 構成も概してよく論の進めかたも概して適切で、
● 主題や論の根拠として理由や例を挙げており、
● 語法面でもこなれている感じで、
● 構文はある程度バラエティがあり、ある程度の範囲の語彙を使っている。

[4] 文章全体としての効果的な構成という面でも、各文の文法的正確さという面でも、ごく限られたライティング能力が示されている。
このレベルの答案は、
● 指示されたトピックを適切に扱っているが、部分的に不適切な扱いをするこ

ともあり、
- 構成や論の進め方は適切であり、
- 主題や論の根拠として理由や例をいくつか挙げており、
- 文法・語法は全体としては適切だが、項目によってはぎこちなさも見られ、
- 意味がよくわからなくなるような誤りがところどころあるかもしれない。

[3] ライティング能力が発達しつつある兆候はあるが、文章全体としての効果的な構成という面と、各文の文法的正確さという面のどちらかあるいは両方において、その能力には欠陥がある。
このレベルの答案には、以下の欠点が1つまたは複数見られる。
- 不適切な構成または論の展開
- 論を支持する根拠や例の不適切または不十分
- 目立って不適切な語や語形の選択
- 文法・語法面での大量の誤り

[2] ライティング能力はないように思われる。
このレベルの答案はきわめて重大な欠陥があり、以下の欠点が1つまたは複数見られる。
- 極めて不適切な構成や論の展開不足
- 例や理由の欠落。あったとしても論と無関係である
- 文法語法面の誤りが深刻で頻繁である
- 焦点がまったく定まらない

[1] ライティング能力は明らかにない。
このレベルの答案は以下の点が当てはまる。
- 構成がめちゃめちゃである
- 書く量がまったく足らない
- 深刻で頻繁な誤りを含んでいる

　最初に例示した尺度と類似はしているが、この尺度は2つの点で異なっている。まず、Test of Written English のスコアは、特定の1つの学校でなく多くの教育機関で必要とされるので、各レベルの表現がより一般的なものになっている。第2に、この尺度には、6つのレベルのそれぞれにおける作文の言語的特徴に関するある程度の解説が見られる。これは採点する側にもスコアを解釈する側にも役に立つ。

しかしこのような言語的特徴の解説が詳しくなりすぎると困ったことが起きてくる。次の尺度を見て欲しい。全米英語教育協議会（American Council for the Teaching of Foreign Languages; ACTFL）のライティングのレベル表示の一部である。各種の学校や大学での外国語学習者のレベルを評価できるような外部基準を作ろう、としたものだ[注3]。ここにはすべては掲載していないが、実際には「初心者の下」から「優等」まで全部で10レベルある。（訳注： 原著には他に「中級の下」も掲載されているが紙幅の関係で割愛する。）

上級の下——上級の下レベルのライターは仕事上や学問上で書く必要のある基本的タスクをこなし、日常的な通信文を書き、自分のよく知っているトピックについての叙述文、事実に関する描写文を書き、一貫性のある要約を書くことができる。このレベルのライティングは文を組み合わせてパラグラフの長さと構成をもった文章にすることができるのが特徴である。説明文は適切ではあるが、十分な内容がない場合もある。限られた数のつなぎ言葉を使い、同じ表現を何度も繰り返して余剰性の過剰な文章になることもある。従属節も使い、文法的には結束性が存在するが、母語のパタンの影響がしばしば見られる。母語で話しているときのパタンと類似している場合もある。しばしば、語彙、文法、スタイルは本質的にはくだけたスタイルの特徴を示す。簡単な文型は常に使えるが、より複雑な文型の使用は限られている。「優等」レベルの機能を遂行しようと試みると、目に見えて質が悪くなる。このレベルのライティングは、非母語話者が書いたものに慣れていない母語話者にも理解される。

中級の上——中級の上にいるライターは、よく知っている事柄についてのかなり詳しいメモを書く、複雑でない手紙・要約を書く、仕事・学校での経験・現在の一般的な話題についてのエッセイを書く、などの実用的なあらゆるライティングをこなすことができる。日常的な話題あるいは時間設定が現在でない状況について1パラグラフ程度の長さの説明文や叙述文を書くことができるが、多少の不適切さや一貫性の欠如は見られる。基本的な結束性言語材料によって文をパラグラフに連結するが、上級レベルのライターが使いこなせるようにはうまく連結できない。言い換えや補足説明の使用はうまくゆくことが多い。時制と相を表すのに動詞形によるような言語では、いつも正しい形が使えるわけではない。このレベルの語彙・文法・スタイルは本質的に話し言葉のようである。このレベルのライターが書いたものは、数多くのしかし重要でない誤りはあるが、非母語話者の書いたものに慣れていない母語話者にも一般的に理解可能である。

> **中級の中**——中級の中のライターは、数多くの実用的なライティングをこなすことができる。短い簡単な手紙、エッセイ、個人の嗜好、日常的な作業、よくある行事などの自分の体験や身近な環境に関係するようなトピックに関する描写的な文章を書くことができる。文章の構成は明確なものではない。書くのはほとんど現在のことがらについてであり、ときどき過去あるいは未来のことがらに触れるのみである。目的語としての代名詞、関係代名詞、時の副詞、等位接続詞、従位接続詞等の、文法的・修辞的な結束性を高める言語材料を使う兆しがほんの少しだけ見える。文体は話しことばの文法・語彙を反映している。このレベルのライターは複雑でない文での統語法や、語形変化や活用などの基本的な動詞形は使えるという証拠がある。書いた文章は意識的に構成している証拠がほとんど見られないので、単なるばらばらの文の寄せ集めというのが最も当たっている。このレベルのライターが書いたものは、非母語話者に慣れている母語話者であれば、たやすく理解できる。

　これらのレベル表現からは、「すべての言語学習者には共通する発達パタンがある」という前提を感じ取ることができる。ある特定のレベルの文法能力がある学習者なら必ず特定のレベルの語彙能力がある、ということを前提にしているのだ。この前提は、控えめに言って、極めて疑わしいものであるし、このACTFLの尺度に対しては、さまざまな言語要素の獲得順序に関する研究に基づいたものではない、という批判がある。尺度を用いて学習者の到達度を測ろうとするならば、この批判は当を得ていると私は考える。レベル別の表現をしていても、それが学習者のパフォーマンスの経年変化研究に基づいたものでないならば、そんな尺度を用いても到達度の妥当な測定には結びつきそうにない。
　こう言ったからと言ってすべての尺度が言語学習に関する知見に基づく必要があるという意味ではない。ILR レベルは、ACTFL 尺度とさまざまな点で共通している。違いは、ILR レベルは個人が特定の仕事をするのに十分な外国語能力があるかを判定するのを目的にデザインされたという点だ。目的は純粋に熟達度の測定であって、それがどのように到達されたかには関知しない。スピーキングの ILR レベルは次章に掲載した。
　ACTFL や ILR のような尺度を使う際に生ずる 1 つの問題は、部分的にはあるレベルに当てはまるが部分的には別のレベルに当てはまるような個人をどう評価するか、というものである。そのような場合、1 つには評価の目的によってどうするかを決めなければならない。例えば、ある個人がある外交関係のポス

トを占めるのに十分な言語能力の持ち主か否かを判定するのが目的ならば、その人の能力が側面別に複数レベルにまたがっている場合、安全策としてその中の最低レベルに分類するだろう。単なる到達度の測定が目的なら、ある側面での進歩と別の側面での遅れを総合的に勘案して評価したいと思う可能性が大きいだろう。

分析的採点法

1つのタスクの複数側面のそれぞれに対して別個の得点を与えるような採点方法は**分析的**（analytic）であると言う。次の尺度は John Anderson が編み出したものだが、Harris（1968）のスピーキング能力尺度をもとにしている。

文法
6. 文法や語順の目立った誤りはほとんど、あるいはまったく、ない。
5. 文法や語順の誤りが多少あるが理解には支障がない。
4. 文法や語順の誤りがよくあり、ときどき読み返さないと完全に理解できない。
3. 文法や語順の誤りが頻繁で、読む側に意味解釈の努力が要求される。
2. 文法や語順の誤りが非常に頻繁で、読者はしばしば独自の解釈に頼らざるを得ない。
1. 文法や語順の誤りがひどく、意味の理解はほとんど不可能である。

語彙
6. 語彙とイディオムの使用に関して教育のある母語話者の書くものとほとんど、あるいはまったく、区別できない。
5. 時折、不適切な語を使う、あるいは回りくどい表現に頼るが、内容の伝達にはほとんど支障にならない。
4. よく、誤ったもしくは不適切な語を使い、そのため伝達できる内容は限られたものになる。
3. 限られた語彙と頻繁な誤りのせいで、内容の伝達があきらかに阻害される。
2. 語彙があまりに少なく、あまりにしばしば誤用され、読者はしばしば独自の解釈に頼らざるを得ない。
1. 語彙が極端に少ないので、理解はほとんど不可能である。

機械的側面
6. 句読法やスペリングで目立ったミスはほとんど、あるいはまったく、ない。
5. 句読法やスペリングのミスが時折あるが、理解の妨げにはならない。
4. 句読法やスペリングのミスがよくあり、ときどき読み返さないと完全に理解

できない。
3. 句読法やスペリングのミスが頻繁で、意味の不明瞭な場合がある。
2. 句読法やスペリングのミスがあまりに頻繁で、読者はしばしば独自の解釈に頼らざるを得ない。
1. 句読法やスペリングのミスがあまりにひどく、理解はほとんど不可能である。

流暢さ（文体および意志伝達の容易さ）
6. 構文・語彙の選択が、教育のある母語話者のように、一定して適切である。
5. 構文・語彙の選択が時折適切でないが、全体としては楽に表現している。
4. いくつかの構文・語彙が目立って不適切である。
3. 構文・語彙が時に不適切なだけでなく誤用され、楽に表現しているという印象はほとんどない。
2. まったく不適切または誤った構文・語彙のせいで内容理解がしばしば阻害される。
1. うろ覚えの構文・語彙を寄せ集めて、しかも誤用しているので、内容理解はほとんど不可能である。

形式（構成）
6. 明確な構成がある。有機的に関連づけられた論を順序立てて展開しており、教育のある母語話者のようである。
5. よく構成されている。細部と細部のつながりはときに改善の余地があるが、内容の理解に支障はない。
4. 構成がいくらか不十分である。内容の理解のために時折読み返す必要がある。
3. 文と文を関連付けようという意志がほとんど、あるいはまったく感じ取れない。しかし何らかのつながりを読み取れないことはない。
2. 各文に書いてあることは明白だが、それらの間の関連を見出すのは困難である。
1. 構成の欠落がひどく、内容理解に重大な支障がある。

得点：
文法 ＿＿＿＿ ＋ 語彙 ＿＿＿＿ ＋ 機械 ＿＿＿＿ ＋ 流暢 ＿＿＿＿ ＋ 形式 ＿＿＿＿ ＝ ＿＿＿＿（合計）

　分析的採点法にはいくつもの利点がある。第1に、下位技能ごとに発達レベルが異なる学習者の存在が問題にならない。第2に、この尺度がなければ無視しかねない側面に採点者が目を向けざるを得なくなる。第3に、単一の作文に

対していくつもの点を与えねばならないという事実自体が、合計得点のより高い信頼性につながる傾向がある。「ハロー効果」(halo effect)と呼ばれる現象があり、採点者が側面側面をそれぞれ独立して判断できるかどうかは疑わしいのだが、ある学生のパフォーマンスの評価を(この場合は)5回出してみる、ということだけでも信頼性が高まるはずである。

　Andersonのシステムでは、各部門の配点は等しい。他のシステム(次ページに掲げたJacobs他1981など)では、実証的根拠の有無にかかわらず、テスト研究者が感じる各部門の相対的重要性が配点に反映される。例えば文法的正確さはスペリングの正確さよりも配点が大きくなろう。受験者の得点は、配点を変えた各部門の得点の合計である。

　分析的採点法の主たる欠点は、所要時間の長さである。練習を積んでも総合的採点法より時間がかかる。一定レベルの採点者信頼性が必要な場合、それを達成するのに分析的、総合的のどちららの採点法がより効率的かは、その特定状況によって決まってくるであろう。

　第2の欠点は、いろいろ異なる側面に注意を集中するあまり、作文の全体としての質から注意がそれてしまう可能性があることだ。全体は部分の総和よりもしばしば大きいものである。部分点を合計した得点は、信頼性はあっても妥当性を欠いている可能性がある。どんな分析的採点法システムも、その作成者が最も好きな言語パフォーマンス理論に基づいて、下位側面を設定しているのだろう。しかし実際にはそれらの諸側面だけではすべてを尽くしていない可能性もある。この点を補うため、各作文の印象にもとづく得点も出す場合がある。この場合、総合印象点と、分析的合計得点にはかなり差があることもある。

　ここでAndersonの尺度が内包する潜在的な問題を指摘しておきたい。それは誤りの頻度と、誤りが意味の伝達に及ぼす影響を合体させていることから発生するものだ。この2つは必ずしも高い相関関係にはない。数少ないある種の文法的誤りのほうが、数多い別の種類の文法的誤りよりも、意味の伝達に対して深刻な影響を及ぼすことはありうる。もちろんこの問題は分析的な採点基準に限ったことではなく、より総合的な採点基準においても同様にむずかしい問題である。この問題をさらに追求するには、誤り分析の研究、特に誤りの深刻さの度合いの研究がヒントになるだろう。

　北米の大学レベルで広く用いられている分析的尺度にp. 111に掲げてあるJacobs他(1981)のものがある。見てのとおり5つの構成要素があり、「内容」

ESL COMPOSITION PROFILE

STUDENT　　　　　　　　DATE　　　　　　　TOPIC

SCORE	LEVEL	CRITERIA	COMMENTS
CONTENT	30-27	EXCELLENT TO VERY GOOD: knowledgeable • substantive • thorough development of thesis • relevant to assigned topic	
	26-22	GOOD TO AVERAGE: some knowledge of subject • adequate range • limited development of thesis • mostly relevant to topic, but lacks detail	
	21-17	FAIR TO POOR: limited knowledge of subject • little substance • inadequate development of topic	
	16-13	VERY POOR: does not show knowledge of subject • non-substantive • not pertinent • OR not enough to evaluate	
ORGANIZATION	20-18	EXCELLENT TO VERY GOOD: fluent expression • ideas clearly stated/supported • succinct • well-organized • logical sequencing • cohesive	
	17-14	GOOD TO AVERAGE: somewhat choppy • loosely organized but main ideas stand out • limited support • logical but incomplete sequencing	
	13-10	FAIR TO POOR: non-fluent • ideas confused or disconnected • lacks logical sequencing and development	
	9-7	VERY POOR: does not communicate • no organization • OR not enough to evaluate	
VOCABULARY	20-18	EXCELLENT TO VERY GOOD: sophisticated range • effective word/idiom choice and usage • word form mastery • appropriate register	
	17-14	GOOD TO AVERAGE: adequate range • occasional errors of word/idiom form, choice, usage *but meaning not obscured*	
	13-10	FAIR TO POOR: limited range • frequent errors of word/idiom form, choice, usage • *meaning confused or obscured*	
	9-7	VERY POOR: essentially translation • little knowledge of English vocabulary, idioms, word form • OR not enough to evaluate	
LANGUAGE USE	25-22	EXCELLENT TO VERY GOOD: effective complex constructions • few errors of agreement, tense, number, word order/function, articles, pronouns, prepositions	
	21-18	GOOD TO AVERAGE: effective but simple constructions • minor problems in complex constructions • several errors of agreement, tense, number, word order/function, articles, pronouns, prepositions *but meaning seldom obscured*	
	17-11	FAIR TO POOR: major problems in simple/complex constructions • frequent errors of negation, agreement, tense, number, word order/function, articles, pronouns, prepositions and/or fragments, run-ons, deletions • *meaning confused or obscured*	
	10-5	VERY POOR: virtually no mastery of sentence construction rules • dominated by errors • does not communicate • OR not enough to evaluate	
MECHANICS	5	EXCELLENT TO VERY GOOD: demonstrates mastery of conventions • few errors of spelling, punctuation, capitalization, paragraphing	
	4	GOOD TO AVERAGE: occasional errors of spelling, punctuation, capitalization, paragraphing *but meaning not obscured*	
	3	FAIR TO POOR: frequent errors of spelling. punctuation, capitalization, paragraphing • poor handwriting • *meaning confused or obscured*	
	2	VERY POOR: no mastery of conventions • dominated by errors of spelling, punctuation, capitalization, paragraphing • handwriting illegible • OR not enough to evaluate	

TOTAL SCORE　　　READER　　　COMMENTS

（Jacob 他 1981）

が最も配点が高く、「機械的技能」が最も低い。この傾斜配点は、大学レベルのライティングを構成する諸要素の相対的重要性に関する一般的認識の反映である。機械的技能の重要性がもっと高いような、より初歩的なレベルでのライティングテストには必ずしも適切とは言えないだろう。さらに注意すべきは、「機械的技能」を除いて、各レベルに与えられる得点には一定の幅があることだ。こうすれば作文がレベル規定に適合している度合いにより、得点を採点者が微調整することができる。

　総合的採点法と分析的採点法のどちらを取るかは、1つにはテストの目的による。得点から診断的情報を直接読み取ることが必要な場合には、分析的採点法でなければならない[注4]。

　また採点の環境によってもどちらが良いかは変わってくる。緊密な連携をとりあう少人数のグループが一箇所に集まって採点する状況ならば、時間的にも効率がよい総合的採点法こそ適切だろう。しかし採点者の質が多様で訓練もそれほど受けていないとか、数多くの会場で採点するとかの状況であれば、おそらく分析的採点が必要になる。どちらの方法をとるにせよ、高いレベルの正確さが要求されるのなら、1つの答案を複数回採点するのが望ましい。

評定尺度構築の手順

　妥当な評定尺度を構築するのはたやすいことではない。以下はそのための実用的なガイドであるが、大規模な実証研究を行ったり複雑な統計手法を用いたりするのは不可能だという前提に基づいたものだ。スピーキングの評定尺度の構築にも同じ手順が使える。

1.　自問せよ。
- このテストの目的は何か。
- 能力を何段階に分ける必要があるか。
- 「得点」はどのように報告するか。
- 測定したい能力はどのような構成要素から成り立っているか。
- 受験者にフィードバックを与えるつもりか。もし与えるならどの程度詳しい必要があるか。

2.　以上の質問に対する答えに基づき、以下のことを決めよ。
- 採点は分析的か、総合的か、あるいは併用するか。
- 尺度はいくつの構成要素を含むものにするか。

- 尺度はいくつのレベルを持つものにするか。
3. 自分で必要な尺度と類似のもの、あるいは自作の参考になるものがすでにないか探してみよ。
4. 見つかった尺度を自分の目的に合うように修正せよ。
5. 自作した尺度を使って採点を試行してみて必要な修正を加えよ。各レベルに当てはまる作文例を決定する前に、可能ならもう一度試行してみよ。

　総合的/分析的の別を問わず、用いる尺度はすべてそのテスト固有の目的および最終的な得点形式を反映すべきだ。妥当な尺度の作成は容易ではないのだから、まず既存の尺度をいろいろ調べて自分のニーズに一番近いものを選ぶのは大いに合理的なやり方である。ただ言うまでもないが、そうして選んだ尺度を実際に使う状況に合わせて改変する必要があるのはほぼ確実である。
　最後に、尺度の持つ波及効果について指摘しておきたい。採点用の尺度は受験者に対して「これがあなたたちを評価する基準である」と事実上宣言しているようなものだ。だから、波及効果を生む潜在力はかなりのものである。受験生の意識をそちらに向ければ、という条件つきではあるが。

使用する尺度の目盛り付けをせよ

　どんな尺度でも使う前には「目盛り付け」をせねばならない。前の章で説明したが、まず当該尺度の最低レベルから最高レベルまでをカバーする、テスト形式で収集されたパフォーマンスのサンプルを集める。その上でテストチームのメンバー(あるいは別の専門家グループ)が、そのサンプルを検討し、それぞれに当該尺度上での点を与える。(分析的尺度の場合には複数の点を与えることになる。)こうして尺度上の得点に当てはめられたサンプルは、将来にわたりその尺度を用いる際の基準例として、また不可欠な採点訓練材料として機能するのだ。

採点者を訓練せよ

　トレーニングを経たとしても誰でも同じようにライティングの採点に熟達できるわけではない。理想的には採点者はテスト対象言語の母語話者(もしくはそれに近い者)がよい。言葉に関して鋭敏で、ライティングを教えた経験もしくは

採点した経験があるべきだ。テスティングの訓練を受けていればそれも役立つ。
　採点者トレーニングは3段階に分け、別々の日に実施するのが良いと思う。可能なら3日間連続して行うべきだ。トレーニングの概略の例を次に挙げる。

トレーニング　第1段階　背景と概観
- 背景情報を与え訓練の意味の説明をする。
- ライティングテストの手引きを渡し、全員で内容を確認してゆく。
- ライティングのサンプルを各レベル1つずつ配布する。それらのサンプルと基準レベルの説明を照合させる。各サンプルをどう採点すべきか討議させる。討議後、各サンプルの模範採点シートを見せる。
- トレーニングのすべての段階を通じ、サンプルはすべて同一のトピックに関するものであるべし。
- かなり内容が異なっているが同一のレベルと判定されているようなサンプルがすくなくとも1組はあるべきだ。例えば片方は文法・語彙はかなり良いが構成はあまり良くないもので、もう片方は構成は良く首尾一貫しているが文法的ミスが他方よりかなり多い、といった組み合わせである。
- 第2段階の前に自分でハンドブックをよく読み、作文サンプルをよく見ておくように指示する。

トレーニング　第2段階
- 手引きを読んで感じた疑問に関して質問させる。
- あらかじめレベルの割り当てが済んでいる作文のセットを、レベルを伏せた状態で配布する。（尺度の各レベルに対して最低1つのサンプルが必要。真中あたりのレベルのサンプル数はやや余分に。）互いに相談せず各サンプルを評定するよう指示する。
- すべてのサンプルの評定が終わったら、それについて討議させる。その後、合議をへて確定した各サンプルの模範評定シートを見せる。この確定評定についての異議は受け付けない。
- 受講者が評定を記入した評定シートを回収し、参加者の成績の記録として保管する。

トレーニング　第3段階　参加者の評価
- 第2段階と同様にまたサンプルの配布し、独立採点を行わせる。ただし討議

はしない。
- 受講者を採点者として採用するのは、所定のレベルの正確さを達成した場合に限る。それができないものは採用しない。

望ましい採点手順を踏め

　採点者はすでにトレーニングを終えているものとする。テストが終了したら、各タスクに関してキーとなるレベルに当てはまる典型的なベンチマーク（基準）作文を探す。（先の大学の例であれば、キーとなるのは「十分である」と「十分でない」の2レベルである。状況によっては全レベルに関してベンチマーク作文が必要かも知れない。ベンチマーク作文をコピーし、採点者がそれぞれ採点してみる。結果が一致した場合のみ、実際の採点に入る。本番の採点では各受験者の各作文を、2人以上の採点者（人数は可能な限り多いほうがよい）が別々に採点し、別々の用紙に得点を記録する。採点チーム内での地位がより高い第3の人物が得点を集計し、同一の答案に与えられた得点の違いを調べる。差が小さい場合は平均を取り、差が大きい場合はチームの責任ある立場のメンバーが得点を決定する。同一個人の異なるタスクでの得点が非常に異なるような場合にも目を光らせておく価値がある。得点の高低が受験者のパフォーマンスを忠実に反映している場合もあるだろうが、不正確な採点の結果である場合もあるからだ。

　静粛で照明が十分な環境で採点が行なわれるのは大切なことだ。採点者があまり疲れるまで作業させてはならない。総合的採点は非常に早く行うのが可能だが、集中を維持すると極めてきつい作業である。

　採点者信頼性は、複数採点をすることで保証されるはずだ。すべての採点者が完全に同一の基準を使っているとは限らないとしても、である。しかしそれでも採点が完了したなら簡単な統計分析を行い、基準からあまりにも逸脱した採点をしている者がいないかをチェックしてみるのは有用である。例えば、他の採点者より一貫して高い（あるいは低い）点をつけている者が見つかるかもしれない。そのような場合は本人にその事実を告げるとよい。平均して高い、あるいは低いのではなく、著しく一貫性を欠く点を与える採点者がいれば、それ以降は採点業務を依頼しないほうが賢明であろう。

フィードバック

受験者に本人の成績を知らせてやるのが有用な場合は多いだろう。フィードバックの定型の暫定的な内容は、尺度の目盛り付けの段階で決めておくことができる。以下は最近私が参加した目盛り付け会議の中で、フィードバックに含めると良いと合意された要素を列挙したものだ。

言語的特徴(例えば、文法・語彙が限られている、あるいは不適切に使用されている、等)に加え、以下の要素はフィードバックの定型に含めるべきである。

ライティング固有でないもの:
- 以下の点で完全でないパフォーマンス
    1. トピック：（指定されたトピックのすべてを含んでいない、非常に皮相的にしか扱っていない、等）
    2. 要求されている操作：（比較、対照せよ、という指示に従っていない、等）
- 無意味に同じ表現を繰り返している

ライティング固有のもの:
- 引用符の誤った使用
- 下線の不適切な使用
- 大文字の使いかたのミス
- スタイルに関する慣用法に違反している
- 長すぎるセンテンスを区切っていない
- センテンスの破片を不適切に使用している
- 文字が汚い・判読しづらい

■ 自分でやってみよう

1. 本章で紹介した指針に従って、自分のよく知っている生徒集団に適したライティングタスクを2つ考案する。できたらまず自分でやってみる。可能なら生徒にもやらせてみる。出題の意図とかなりずれたものを書いた生徒がいるだろうか？ いるなら、なぜそうなったのか？ タスクの修正が必要だろうか？
2. これは同僚と共同でやってみるのが最も良い。以下は旅行客を増やすことをテーマにした3つの作文である。これを本章で提示した尺度のすべてを用いて採点する。どの尺度が使いやすく感じるだろうか。そしてそれはなぜか。同僚がつける得

点とどの程度一致しているだろうか。もし大きく異なっているのがある場合には、その原因は説明がつくだろうか。尺度が違っても、作文の得点順位は変わらないだろうか。もし変わっているならその原因がわかるだろうか。どういう場合にどちらの尺度を使うのが良いと思われるか。

1. Nowadays a lot of countries tend to develop their tourism's incomes, and therefore trourism called the factory without chemny. Turkey, which undoubtedly needs forign money, trys to increase the number of foreign tourists coming to Turkey. What are likely to do in order to increase this number.
At first, much more and better advertising should do in foreign countries and the information offices should open to inform the people to decide to come Turkey. Secondly, improve facilities, which are hotels, transportation and communecation. Increase the number of hotels, similarly the number of public transportation which, improve the lines of communication. Thirdly which is important as two others is training of personnel. This is also a basic need of tourism, because the tourist will want to see in front of him a skilled guides or a skilled hotel managers. The new school will open in order to train skilled personnel and as well as theoric knowledges, practice must be given them.
The countries which are made available these three basic need for tourists have already improved their tourism's incomes. Spain is a case in point or Greec. Although Turkey needs this income; it didn't do any real attempts to achive it. In fact all of them should have already been done, till today. However it is late, it can be begin without loosing any time.

2. A nation can't make improvements, if it doesn't let the minds of their people breathe and expand to understand more about life than what is at the end of the street, this improvement can be made by means of tourism.
There are several ways to attract more people to our country. First of all, advertisements and information take an important place. These advertisements and information should be based on the qualities of that place without exaggeration. The more time passes and the more information tourists gather about one country, the more assured they can be that it will be a good experience. People travel one place to another in order to spend their holiday, to see different cultures or to attend conferences. All of these necessitate facilities. It is impor-

tant to make some points clear. Hotel, transportation and communication facilities are a case in point. To some extent, we can minimize the diffeculties by means of money. Furthermore, this situation does not only depend on the financial situation, but also behaviors towards the tourists. Especially, a developing country should kept in mind the challenge of the future rather than the mistakes of the past, in order to achive this, the ways of training of personnel may be found. The most important problem faced by many of countries is whether the decisions that must be made are within the capabilities of their education system. Educating guides and hotel managers are becoming more and more important.

As a result, it should once more be said that, we may increase the number of foreign tourists coming to Turkey by taking some measures. Advertisement, information, improving facilities and training personnel may be effective, but also all people should be encouraged to contribute this event.

3. Tourism is now becoming a major industry troughout the world. For many countries their tourist trade is an essential source of their revenue.

All countries have their aim particular atractions for tourists and this must be kept in mind when advertising Turkey abroad. For example Turkey, which wants to increase the number of foreign tourists coming must advertise its culture and sunshine.

Improving facilities like hotels, transportation and communication play important role on this matter more Hotels can be built and avaliable ones can be kept clean and tidy. New and modern transportation systems must be given to foreign tourists and one more, the communication system must work regularly to please these people.

Tourists don't want to be led around like sheep. They want to explore for themselves and avoid the places which are pact out with many other tourist. Because of that there must be their trained guides on their towns through anywhere and on the other hand hotel managers must be well trained. They must keep being kind to foreign tourist and must know English as well.

If we make tourists feel comfortable im these facts, tourism will increase and we will benefit from it.

(Hughes 他 1987: 145–7)

3. これも同僚とやってみるのが良い。先に念頭においていた生徒集団に適用するのにちょうどよいライティング能力の全体的尺度と分析的尺度を各1つ作成する。可能なら、タスク1で生徒が書いた作文を、作成した2つの尺度を用いて採点する。タスク2でやったように、採点者間での異同、尺度間の異同を吟味する。尺度にどのような修正が必要だろうか。自分の目的にはどちらの尺度がより有用だろうか。

■ さらに読んでみよう

　ライティングの評価を詳しく扱っている Weigle (2002) は、ポートフォリオ評価、今後のライティング評価(コンピュータによる自動採点など)にそれぞれ独立した章を当てている。Jacobs 他 (1981) は本章で紹介した尺度の出典だ。Hamp-Lyons (1991) はアカデミックライティング関連の論文集である。Jennings 他 (1999) は受験者にトピックを選択させても得点は変化しなかったと報告している。(しかしこの結論を一般化するのには慎重であるべし。) Hamp-Lyons (1995) は総合的採点法の問題点を指摘している。North and Schnelder (1998) は言語熟達度尺度の開発の報告だ。Council of Europe (2001) にはライティングに限らずさまざまな尺度が掲載されており、尺度を構築する必要のある者にとっては大変参考になるし、言語熟達度の尺度構築分野の解説つき文献リストも役立つ。Weigle (1994) は ESL (第2言語としての英語)作文での採点者トレーニングの効果の報告だ。Greenberg (1986) は TOEFL ライティングテストの開発過程を報告している。この原稿を書いている時点で、TOEFL ウェブサイトにはダウンロード可能な TWE 用のトピックが100件載っている。ACTFL と ILR の尺度の全文はインターネット上に見つかる(本書のサイトを参照)。誤りの頻度と意味伝達に及ぼす重大性の関係についての議論については James (1998) を参照。Godshalk 他 (1966) はライティング能力の間接テストの開発過程を描写している。

注1)　また、初歩レベルのライティングテストはしないという前提も設ける。どのような技能を求めるにせよ、そのレベルであれば非公式な評価で十分なはずだ。例えば個々のアルファベットを書くテストとか、簡単な文を書き取るテストなどを正式に行ってもほとんど意味がないように思われる。
注2)　手引きでは「機能」(functions)という用語を使っている。
注3)　インターネット上で見つかる ACTFL 尺度には複数のバージョンがある。
注4)　全体的採点をする場合、細かい長所や短所を記入するためのチェックリストを使うことがある(p. 116 の囲みを参照)。

第 10 章
口頭能力のテスト

　本章では、言語コースで口頭能力を教える目標はその言語でうまく人と話ができる能力を養うことであり、またそのためには自分で話すことだけでなく相手に言われたことを理解することも関係してくる、という前提に立って論を進める。さらに、言語学習のごく初期の段階ではこの能力を測定する正式のテストは必要なく、非公式な観察によって必要な診断的情報は得られる、ということも前提とする。

　口頭能力をテストする際の基本的な問題は書く能力のテストの場合と本質的に同じである。

1. 受験者にできて欲しいと思われる口頭タスクのすべてを代表するようなタスク群を設定する必要がある。
2. それらのタスク群は受験者の真の能力を反映するパフォーマンスを引き出すものであるべきである。
3. 引き出されたパフォーマンスサンプルは妥当性、信頼性をもって採点する必要があるし、またそれは可能である。

　前章のパタンを踏襲して、この3点を1つずつ検討する。

代表的なタスクを設定せよ

ありうるすべての内容を規定せよ

　まず CCSE の口頭能力テストの細目に規定されている内容を見てみよう。こ

れは4つのレベルで共通のものだ。

言語操作[注1)]
　表明する：　好き嫌い、嗜好、同意、不同意、要求、意見、コメント、態度、確認、不平、理由、根拠、比較
　誘導する：　指示する、説得する、忠告する、優先順位をつける
　描写する：　行動、出来事、物体、人々、過程
　引き出す：　情報、指示、確認、手助け
　叙述する：　一連の出来事
　報告する：　描写、コメント、決定と選択
テクストのタイプ　討論
参加者　対話者役(=受験者が在籍する学校の教員)ともう1人の受験者
トピック　指定なし
方言、アクセント、スタイル　これも指定なし

　内容はライティングテストのそれと似ているとわかる。これと私が関係したテストのものを比べてみよう。言語操作(ここでは「スキル」という表現をしているが)の項目立ては Bygate (1987) に基づいている。

スキル
主に情報の内容に関わるスキル
- 個人的な情報を提供する
- 個人的でない情報を提供する
- 一連の出来事を叙述する
- 指示を与える
- 比較する
- 説明する
- 主張を述べる
- 求められた情報を提供する
- 何が必要か述べる
- 何を要求するか述べる
- 助けを求める
- 許可を求める

- 謝罪する
- 考えをさらに詳しく述べる
- 意見を表明する
- 自分の意見がなぜ正しいかを述べる
- 不平を言う
- 熟考する
- 分析する
- 言い訳をする
- 言い換える
- 前言をまとめる
- 提案を行う
- どちらを好むか述べる
- 結論を出す
- コメントする
- 態度を表明する

主に情報のやりとりに関わるスキル
- 目的を述べる
- 他の話し手の目的を理解する
- 同意を表明する
- 不同意を表明する
- 意見を聞き出す
- 情報を聞き出す
- 他の人が断定したことに疑義を呈する
- 述べたことを修正する
- 他者の陳述・意見が正しい理由を述べる／支持する
- 説得を試みる
- うまくいかなくなったやり取りを修復する
- 自分が正しく理解している／されているのを確認する
- 同意できる点を見つけ出す
- 確認のための説明を引き出す
- 確認のための説明を求められて応ずる

- 自分／他人の言ったことを訂正する
- 理解している／いないということを示す
- 完全には理解していないということを示す

主に相手との関係に関わるスキル
- 会話を自分から開始する
- 会話の話題を変える
- 会話の進展に貢献する
- 会話の展開の中で間合いを計って発言する
- 会話の展開の中で他の話し手に発言の機会を与える
- 何らかの決定に至る
- 会話を終了する

テクストのタイプ
- 発表(モノローグ)
- 討論
- 会話
- 店頭／各種窓口でのやりとり
- インタビュー

他の話し手／話の聞き手
- 対等な立場／社会的により上の立場
- 知り合い／知り合い以外

トピック　受験者になじみがあり興味を引くもの
方言　標準イギリス英語あるいは標準アメリカ英語
アクセント　容認発音 (RP) あるいは標準アメリカアクセント
スタイル　正式なスタイル、およびくだけたスタイル
使用語彙の範囲　事前に準備した発表の場合を除き、非専門的
話の速度　タスクによって変化する

　こちらの内容細目は前の CCSE のものよりかなり詳しいことがわかる。さらに、このようにスキルを情報内容、情報のやりとり、および相手との関係の3つのカテゴリーに分けることで、それぞれの代表的なサンプルを引き出すようなタスクを作りやすくなっている。私の意見では、内容細目が詳細であればあ

るほどテストの妥当性が高くなる可能性が大きい。読者は上記の2つの細目規定から自分の目的にかなった要素を選べばよいだろう。

規定内容の代表的サンプルを含めよ

どんな口頭テストでも、規定した細目の全範囲の中からサンプリングしてタスク設定をするべきである。理由は前章で述べたことと同様だ。最近実施されたCCSEのレベル4で使われた題材を見てみよう。このテストは2つのセク

Section I

1. You have 5 minutes to read the task and **think** about what you want to say.
2. If there is anything which you don't understand, please ask the teacher who is with you.
3. You can make a few notes if you want to. The examiner will not look at them.
4. After this 5 minute preparation time, you will go into the exam room and talk about the subject with a teacher. The examiner will listen.

TASK 3

What makes a good friend?

You are going to talk to the teacher about what you value in your friends.
Look at the suggestions below:

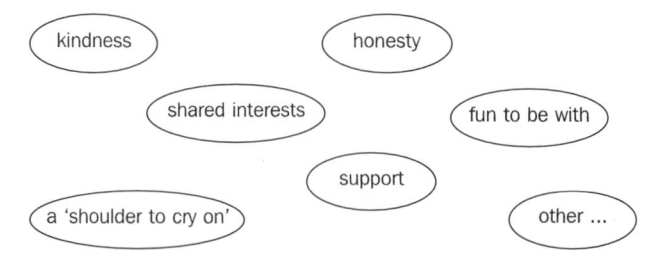

- kindness
- honesty
- shared interests
- fun to be with
- support
- a 'shoulder to cry on'
- other ...

Do you think it's better to have one or two really close friends, or a wider circle of less close friends?
What are the qualities in yourself that you think your friends value?
There is an English saying, "Blood is thicker than water", meaning that family relationships are more important/reliable than relationships with friends.
Do you agree with this?

ションからなる。セクション I (p. 124) では受験者は自分が通っている学校の教員と話す。セクション II では別の受験者と話し、しばらくしてから先ほどの教員が討論に加わる[注2]。

このようなタスクによって細目規定に列挙された機能のどれが引き出されるかを予測してみるとおもしろい。読み進む前に自分で実際にやってみたらよい

Section II

1. You have 5 minutes to read the task and **think** about what you want to say.
2. If there is anything which you don't understand, please ask the teacher who is with you. **DON'T start talking with your partner yet.**
3. You can make a few notes if you want to. The examiner will not look at them.
4. After this 5 minute preparation time, you will go into the exam room with your partner.
5. The teacher will start your discussion with you and will then leave the room. He or she will join your conversation later for a further 5 minutes. The examiner will listen.

TASK 1

Whether you have a mobile phone or not, many people have opinions about them.

Look at the statements below. Tick (✓) the ones <u>you</u> agree with.

☐ "I hate it when phones ring at the theatre or cinema."

☐ "If you have a mobile phone you never feel alone."

☐ "It's really dangerous to drive and phone at the same time."

☐ "I feel safer with a mobile phone."

☐ "I hate them – people look stupid walking around talking on the phone!"

Exchange your ideas about mobile phones with your partner. Talk about the reasons why people have them. What advantages do they have over conventional phones? Are there any disadvantages?

When the teacher returns, tell him/her about your discussion. S/he will then ask you what limits (if any) should be put on when and where mobile phones can be used.

In what ways, for better or worse, is technology changing how we communicate with each other? What about future developments?

だろう。私自身の予想は、受験者は意見、好き嫌い、嗜好、理由を表明し、正当性の主張をするというものだった。さらに意見や好みの根拠の説明の種類によっては、描写、叙述、および報告も行うかもしれないとも考えた。だからこのテストの講評を読み、最初のタスクの目的は「描写、説明、および正当性の主張」を引き出すことで、次のタスクは「意見の交換および正当性の主張」のためである、と知ったときには驚いてしまった。

　この食い違いに関連して2つのことが言える。第1に、タスクの制限が極めてきつい場合を除き（そして CCSE の制限はきつくない）、対話形式の口頭テストで実際になされる言語操作タイプのすべてを予測するのは無理である。第2に、今のようにかなり明確なタスクが設定された場合でさえ、会話の相手役によって口頭テストの中身はかなり変わってくるということである。したがって面接官は十分訓練を積み、細目に列挙された言語操作を代表するようなサンプルを引き出す必要性を、常に意識していなければならない。

口頭能力の妥当なサンプルを引き出せ

適切なテクニークを選べ

　インタビュー、受験者同士での対話、録画・録音された題材に応答させる、という3つの一般的形式を紹介する。

フォーマット1　インタビュー

　会話テストのおそらく最も一般的な形式はインタビューだろう。しかしその伝統的な形式には、潜在的に重大な欠点が少なくとも1つ存在する。それは普通受験者は面接者に対して目上の相手に対するように接し、自分で会話をリードしようとしないことだ。その結果、受験者から引き出される発言は相手の問いかけに応ずるものだけで、多くの機能（例えば情報をくれるように頼む、など）が受験者のパフォーマンスに含まれないことになる。しかしこの問題は、以下のようなさまざまな応答引き出しテクニークをインタビューに導入することで回避することが可能である。

質問し、情報を求める
受験者がウォームアップをしているインタビューのほんの最初の段階を除いては、Yes / No 疑問文は原則として避けたほうがよい。先の2つの細目規定に含まれていたような多様な言語操作が次のような疑問文で引き出せる。
　　Can you explain to me how / why . . . ?
　　Can you tell me what you think of . . . ?
さらに説明してくれるよう頼む：　What exactly do you mean? / Can you explain that in a little more detail? / What would be a good example of that? Tell me more.
理解できないという態度をとる：　このテクニークは面接者が受験者の言っていることが本当によくわからない場合に最も適切だが、相手に誤解されてしまった場合に受験者が対応できるかどうかを単に試してみるのにも使うことができる。面接者は例えば I'm sorry, but I don't quite follow you. と言う。
質問をしてくれるように言う：　Is there anything you'd like to ask me?
受験者の発言を遮る：　これに受験者がどう対応するか見る。
突然話題を変える：　これに受験者がどう対応するか見る。

絵の使用
1枚で完結している絵は描写を引き出すのに特に役立つ。続き物になっている絵(例えば、p.99の絵のようなもの)あるいはビデオに基づいてナレーションをさせるのは非常に自然である。

ロールプレイ
受験者に特定の状況でのある役割を演じさせ、他の言語機能をうまく引き出すことができる。状況設定はごく短いやりとりを引き出すものでもよい。
　　A friend invites you to a party on an evening when you want to stay at home and watch the last episode of a television serial. Thank the friend (played by the tester) and refuse politely. (テレビ番組の最終回を見ようと思っていたある晩に友人からパーティに誘われる。友人(これは面接者が演ずる)に礼を言ったうえで丁重に断りなさい。)
あるいはまた、もっと長いやりとりになるものでもよい。
　　You want your mother (played by the tester) to increase your pocket money. She is resistant to the idea. Try to make her change her mind.

(あなたは母親(=面接者が演ずる)に小遣いの額を上げてもらいたい。母親はそうしたくない。それを何とか説得してみなさい。)

You want to fly from London to Paris on 13 March, returning a week later. Get all the information that you need in order to choose your flights from the travel agent (played by the tester). (あなたは3月13日に飛行機でロンドンからパリに行き、1週間後に帰って来たいと思っている。便を選ぶのに必要なすべての情報を旅行業者(=面接者が演ずる)から聞き出しなさい。)

しかし1つだけ難点がある。一般に口頭テストでは、「テストされている」ということを少なくともある程度受験者に忘れさせ、「自然な」発話を引き出そうとするものだが、経験から言ってロールプレイだとその幻想が吹き飛ぶ。私の体験では、与えられた状況に対して即興で反応するのでなく、もともとは丸暗記していたのが今やうろ覚えになっている会話用の台詞の断片を言う、といった受験者もいた。

通 訳

受験者に対して通訳技能を求めるべきだと言うつもりはない。(もちろん通訳のテストなら別だが。)しかし簡単な通訳タスクを使えば産出と理解の両方を統制した方法でテストすることが可能だ。面接者が2人いるなら、1人が受験者の母語しか話さない人の役を、もう1人はテストの対象言語しか話さない人の役を演ずる。次のような設定が可能だ。

The native language speaker wants to invite a foreign visitor to his or her home for a meal. The candidate has to convey the invitation and act as an interpreter for the subsequent exchange. (あなたの母語しか話さないある人が、外国からの訪問客を自宅での夕食に招きたいと思っている。あなたはその旨を客に伝え、あとに続く会話の通訳をしなさい。)

受験者が「客」の言うことを母語に訳すのを聞けばリスニング力の査定ができる。何かこういう仕掛けでも使わない限り、スピーキングテストの中で受験者のリスニング力に関する情報を十分得ることは困難だ。受験者が母語話者の言うことを外国の客に伝える部分ではスピーキング力がテストできる。

事前準備をしたモノローグ

本書の初版で私は、受験者の口頭能力を査定する手段として事前準備をした

モノローグは薦めない、と書いた。これはそのような手法の乱用を見聞きしていたからである。より正確な表現をすると、事前準備をしたモノローグは、その種のプレゼンテーション能力を受験者がその後必要とするような場合に限って用いるべきだ、ということである。したがってそのようなテストは、ティーチングアシスタントを選ぶ熟達度テストとか、プレゼンテーション能力の養成が1つの目標であるコースの到達度テストには適切だと言える。

音 読

これも初版では使わないほうが良いと書いたテクニークだ。ネイティブスピーカーでもうまく音読できる人とそうでない人がいるし、また読む能力と話す能力が必然的に相互干渉する、というのが初版で挙げた理由である。しかし音読する能力が必要であるとか、音読能力養成がコース目標にあったなどの場合なら、音読テストも悪くないかもしれない。

フォーマット2　受験者同士での会話

受験者同士で会話させる利点は、立場が平等な者同士でのやり取りにふさわしい言語表現が引き出せるはずだということである。そのようなやり取りは当然、細目規定に含まれてよい。さらに、自分より立場が上で万能者のごとき面接者を相手に話す場合よりリラックスできるので、結果的に高いパフォーマンスが引き出せるかもしれない。

しかし問題もある。それは片方の受験者のパフォーマンスがもう1人の受験者のパフォーマンスに影響される可能性が強いことだ。例えば自己主張が強くずうずうしい受験者がしゃべりすぎ、もう1人は言えるはずのことも言えなくなってしまう場合があろう。受験者同士で会話するテクニークを採用する場合は、可能な限りペアを注意深く選ぶべきだ。原則として3人以上を組み合わせるのはやめたほうがよいと思われる。人数が多ければそれだけ内気な受験者が十分話せなくなる可能性が大きくなるからだ。

次のようなテクニークが可能である。

ディスカッション

すぐ思いつくのは、前述のCCSEテストのように、2人の受験者間で討論が必要になるようなタスクを設定することだ。討論させるにとどまらず、さらになにか、例えばある決定を下すなどを要求する場合もあろう。

ロールプレイ

2人の受験者にロールプレイをさせて面接者は観察するという手法が可能だ。役割設定によっては、面接者がロールプレイの相手をするよりこの形式のほうが自然である。例えば面接者を「友人」に見立てて演技をしろというのはちょっと厳しい。それでも上述のロールプレイに対する疑念はこの受験者同士のフォーマットの場合にも当てはまると思う。

フォーマット3　録音・録画の使用

全受験者にコンピュータもしくは録音・録画テープに記録した刺激を提示することにより、パフォーマンスを引き出す手順を完全に公平なものとすることができる。（その刺激に対して受験者はマイクロフォンに向って応答することになる。）この手法はしばしば「準直接的」と形容されるが、信頼性が高いはずである。LLがあれば大人数の受験者を同時にテストできるので効率的でもある。しかし欠点は当然、柔軟性の欠如である。受験者の応答に対応して刺激を変えてゆくことは不可能だ。

英国認定英語学校連盟（Association of Recognized English Language Schools; ARELS）の口頭テストでは以下のようなテクニックを用いており、よい参考になる。

状況を描写する

例：　You are walking through town one day and you meet two friends who you were sure had gone to live in the USA. What do you say?（ある日街を歩いていると、確かアメリカに移住したはずと思っていた友人2人に会いました。あなたは何と言いますか。）

独立した発話に対して応答させる

例：　受験者は次のような音声を聞く。'I'm afraid I haven't managed to fix that cassette player of yours yet. Sorry.'（あいにくあのカセットプレーヤーはまだ直せていないのです。すみません。）あるいは 'There's a good film on TV tonight.'（今夜テレビでいい映画をやるよ。）

模擬会話

例：　受験者にある芝居に関する情報が与えられる。受験者はこの芝居を観

たいと思っているが1人では行きたくない。受験者は友人の Ann に電話をかけ、一緒に劇場に行ってくれるよう頼み、また彼女の質問に答える。聞こえてくる音声は以下の通り。

Ann: Hold on a moment. What's that name of the play?

Ann: Never heard of it. When's it on exactly?

Ann: Sorry to mention it, but I hope it isn't too expensive.

Ann: Well, which night do you want to go to, and how much would you like to pay?

Ann: OK. That's all right. It'll make a nice evening out. 'Bye.

Ann の台詞は書いた原稿を読んでいるものだが、この状況にふさわしくくだけた調子であることに注目して欲しい。発話ごとの応答に対して時間制限(例えば約10秒)がある。またもしチケットに複数の値段がある点に受験者が触れないと、会話の最後のほうで話が混乱するという点に気づきたい。当然これは避けるべきことである。

ETSで開発した口頭英語テスト（The Test of Spoken English; TSE）では、応答を引き出すのにインタビューで用いるのと同じテクニックを使う。標準キットのサンプルテストには次のようなタスクがある。

- 受験者は町の略図を見て、(a) 訪問先として推薦する場所とその理由、(b) 映画館への行き方、そして (c) お気に入りの映画のあらすじとそれが好きな理由を話す。
- 受験者は、男が公園のペンキ塗りたてのベンチに座ることになる一連の絵を見て、(a) その話を描写し、(b) どうやったらそのアクシデントが防げたかを述べ、(c) そのアクシデントが自分自身に起こったと仮定して、クリーニング業者をその日のうちにクリーニングしてくれるよう説得し、(d) ニュースを得る媒体としてテレビと新聞の利点と欠点を述べる。(絵の中の男は公園のベンチで新聞を読んでいるのだ！)
- 受験者は、動物を動物園で飼っておくことがなぜ望ましいことか、あるいはなぜ望ましくないかを話し、自分の専攻分野での重要な用語を1つ定義し、グラフから読み取れる情報を描写し、その意味するところを論ずる。

- 受験者にある旅行の要項が書いてある紙を渡されるが、その要項には手書きで訂正が加えられている。受験者は旅行の参加者に訂正事項を説明する。
- 受験者にある情報を書いた紙が渡され、内容を一定時間以内に読み取り、それについて一定時間話す。

ARELSテストもTSEも、録音媒体使用のスピーキングテストを開発するには参考になるモデルである。ただTSEは、相手とやりとりする技能はほとんど無視していることに注意したい。

注意深く計画、構成せよ

1. 実用的に可能な限り時間を長くせよ。時間が15分に満たないテストでは信頼できる情報はたいして得られそうにないが、30分あれば通常の目的のために必要な情報はすべて得られる。しかしレベル分けテストで、ある程度の精度でよいなら5～10分の面接でも十分なはずだ。
2. テストは注意深く立案せよ。個人別面接テストの利点は、受験者の応答に応じて進行を調整できることだが、基本的なパタンはある程度決めておくべきだ。例えば、やりとりの展開について明確な見通しを持たずに面接を始めてしまうのは誤りである。次ページのような簡単な面接計画を作り、面接の最中にさりげなく見てもよい。
3. 受験者に与える「フレッシュなスタート」の機会を可能な限り増やせ。そのためにやることはいくつもある。第1にもし可能でかつ適切ならば、フォームは1つではなく複数あるべきである。第2に、これもまた可能ならばだが、1人の受験者は複数の面接者とやりとりをするのが望ましい。第3に、1つのフォーマットの中には可能な限りたくさんの別々の「アイテム」があるべきである。特に受験者が応答に詰まってしまったなら、その機能や話題はある程度で切り上げて次に移るべきだ。それと同時に、受験者がそのとき言えなかったことを後から（たぶん別の表現で）言い直そうとしたなら、邪魔すべきではない。
4. 第2の面接者が横に控えているべし。面接を行いながら受験者の応答を観察・記録するのはむずかしいので、面接者がもう1人いると非常に役立つ。受験者のパフォーマンスに第1面接者よりも多くの注意を払うことができるだけでなく、第1面接者の質問を補うことで、より信頼性のある判断につな

> **INTRO:** Name, etc.
> How did you get here today? traffic problems?
>
> **School:** position, class sizes, children
> Typical school day; school holidays
> 3 pieces of advice to new teachers
> Examinations and tests
> Tell me about typical errors in English
> How do you teach ... present perfect v. past tense
> 　　　　　future time reference
> 　　　　　conditionals
>
> **What if...** you hadn't become a teacher
> 　　　　　... you were offered promotion
>
> **INTERPRETING:** How do I get onto the Internet?
> 　　　　　How do I find out about the cheapest flights to Europe?
>
> **NEWSPAPER:** (look at the headlines)
>
> **EXPLAIN IDIOMS:** For example, 'Once in a blue moon' or 'See the light'

　げることもできる。前述の通訳タスクを行うには第2面接者が必須である。
5. 設定するタスクや話題は、母語でなら受験者が楽にこなせるようなものでなければならない。
6. 面接室は静かで声が良く聞こえる環境であるべし。
7. 実力が出せるように受験者をリラックスさせるべし。個別の面接テストというのはどんな場合も受験者にとって大きなストレスである。最初から最後まで気持ちよい、相手を安心させるような態度で接し、受験者が言うことには言葉・しぐさ・表情で興味を示すのが大切である。特に重要なのは面接の最初の段階での質問をむずかしくしないことだ。能力がある程度ある受験者だったらまったく困難を感じない程度のものにとどめるのがよい。例えば最初は受験者個人についての(しかし個人的過ぎない)簡単な質問をしたり、その日の天候について言及する、などが考えられる。

　自分は査定されているのだ、と受験者に始終意識させるのは避けるべきだ。特に面接や他の活動の最中に、受験者のパフォーマンスに関する記録をとっているのを見せるのは良くない。同じ理由から、話題から話題への転換、1つのテクニークから別のテクニークへの転換は、可能な限り自然なものであるべきだ。

面接終了直前のやりとりは、受験者が明らかに楽々こなせるレベルのものにして、達成感をもって終わらせてやるのがよい。

8. 必要なレベルでの情報を十分集めよ。ある決まったレベルでのパフォーマンスをこなせるかどうかを見極めるのがテストの目的なら、最初の簡単な導入がすんだら、即そのレベルでのテストに移るべきである。その結果明らかに能力が不十分で基準レベルに達する見込みがゼロならば、さりげなく徐々に面接を終了に導くべきだ。それ以上長引かせて受験者を苦しめても何も得られない。これに対し、受験者がどのくらいのレベルにいるかを見定めるのがテストの目的ならば、最初の応答から受験者のおよそのレベルを推測することから始める必要がある。見当がついたらそのレベルでのやりとりに移行する。すると確かにそのレベルにいるという確証を得る場合と、最初の判断の誤りに気づく場合とがある。後の場合なら、受験者のレベルが判明するまでレベルを上げる/下げる。第2面接者の主な役割は受験者のパフォーマンスを評価することだが、もし第1面接者の判断が間違っているように感じたなら、第1面接者とは別のレベルでの応答を引き出してみることもできる。

9. しゃべりすぎてはならない。残念ながら面接者はしゃべりすぎる傾向があり、受験者が話す時間が不十分になってしまう。受験者が何かを誤解したときは、つい長々と説明を繰り返したくなってしまうが、その誘惑に負けてはならない。

10. 面接担当者を注意深く選び、訓練すべし。うまく面接をするのは簡単なことではなく、だれもが非常な才能の持ち主とは限らない。面接者は相手に共感できる柔軟な人柄で、かつ当該言語の運用能力に優れていなければならない。しかし最高の才能の持ち主でも訓練が必要だ。前述のように受験者1・面接者2の体制で行う場合の、4段階トレーニングプログラムの例の概要を以下に示す。

トレーニング　第1段階　背景と概要

- 面接テストの背景の説明をする。
- テストの手引きのコピーを配り、内容を確認する。
- 面接の内容・手順を説明する。
- 典型的な面接のビデオを見せる。
- 第2段階の前に手引きをよく読んでおくように指示する。

トレーニング　第2段階　受験者をレベル分けする
- 手引きを読んで感じた疑問に関して質問させる。
- すでにレベル分けしてある受験者ビデオを(レベルを伏せて)見せる。
- 1つのビデオを見終わるたびに、レベル説明と分析的尺度に従ってビデオの受験者を自分なりに評定させ、そのタスクに関する質問紙に答えさせる。その後、討議を行わせる。
- この段階で受講者が記入した用紙はすべて彼らの成績として保管する。

トレーニング　第3段階　面接練習を行う
- 受講者がペアになり面接を行わせる。これはビデオ録画する。
- 他の受講者は別室でモニタを見る。
- 面接が終わるごとに、全受講者に受験者を評定させ、質問紙に答えさせる。その後、これについて討議を行わせる。
- 各受講者とも、6つの面接を行う。

トレーニング　第4段階　トレーニング効果の査定
- 手順は第3ステージと同様だが、受講者同士で面接練習を観察しあうことはない。また面接が終わるごとの討議も行わない。

採点の妥当性と信頼性を確保せよ

適切な評定尺度を作成せよ

　前章でライティングテストに関して述べたように、評定尺度には総合的尺度と分析的尺度がある。2つのアプローチの利点・欠点は前章ですでに論じた。ここでは最初に、CCSE口頭テストのレベル3で要求される技能レベルを検討してみる。この尺度を先に提示したタスクを行っている受験者に当てはめるわけである。

正確さ：　発音は母語の影響が多少残っているとしても何を言っているかは明らかである。コミュニケーションに支障をきたさない文法ミスはあるが、文法的・語彙的正確さはかなり高い。

適切性：　言語使用は機能と文脈の点で概して適切であり、話者の意図は明確で

あいまいさがない。
範　囲：広い範囲の表現を駆使し、困難を感じる表現に出会っても直ちに言い換えや回避で対応できる。
柔軟さ：会話の流れの中で自分が話す順番を適切に確保する能力、新しい話題や流れの変化についていく能力を終始一貫示す。
サイズ：必要ならば複雑な事柄について長く話す能力がある。話相手がほんの少しのきっかけを与えるだけで、話の内容を発展させることができる。

　このレベル説明の中のいくつかの要素（例えば「自分が話す順番を確保する能力」など）は、細目規定の内容の項に入れてもよいように思える。しかしこのCCSEテストでそうであるように、このような要素がタスク構成の際に考慮されるなら、どの項目の下に分類するかは大した問題ではない。CCSEが次のILRのレベル説明と異なるのは、前者では機能を独立して規定していることだ。
　ILRのスピーキングレベルは0（能力ゼロ）から5（母語話者レベル）までで、プラス記号がつくと中間的なレベルを表す。レベル2は以下の通りだ。（訳注：原著には他にレベル2+、レベル3の説明も掲載されているが紙幅の関係で割愛する。）

スピーキングレベル2（限定的実用能力）

　日常の社交で必要なやりとりと限られた職業的やりとりをこなすことができる。範囲の限られた仕事関係の日常的やりとりがこなせる。より複雑な仕事関係のタスクになると、母語話者には耳障りな言語使用になる。通常の、頻繁に起こる社交的対話のほとんどは自信をもってこなせるが、楽にこなせるわけではない。この例は、時事的話題、仕事、家族、個人的背景等についての長時間にわたる、しかしくだけた調子での会話等である。ほとんどの日常会話は聞いて概要が理解できるが、専門的もしくは複雑な知識を要するような母語話者の会話の理解には多少困難が生ずる。談話の結束性はほとんどない。使用する構文は普通あまり複雑でなく、完璧に使いこなせてもいないので、誤りは頻繁にある。頻繁に使う表現に限っては語彙使用は適切だが、それ以外の場面では普通使わないような語彙や不正確な語彙を使う。
例：個人差は大きいが、典型的には職場での決まりきった応答をし、部下に簡単な指示を与えることはできる。これに加えて、個人的やりとりおよび宿泊予約タイプの詳しいやりとりは楽にこなせる。つまり旅行や宿泊施設の予約手続きに関しては、複雑、詳細で長い指示を与え、理解し、また定型的でない変更を行う

ことができる。簡単な構文や基本的な文法事項はだいたい使いこなせるが不得意な分野もある。普通に教授対象になっている言語の場合には、複数形のような簡単な指標、冠詞、つなぎことば、否定、時制と相の使用法のようなより複雑な事項、格形態素、受動態、語順、埋め込み文等である。

　総合的尺度と分析的尺度はお互いにお互いをチェックするために使える、と前に述べた。スピーキングテスト分野での1つの例は米国の FSI (Foreign Service Institute : 全米外交官研究所。アメリカ国務省の付属機関)のインタビュー手順[注3] である。このテストでは2人の評定者が各受験者について、まず総合的評定を出し、さらにアクセント・文法・語彙・流暢さ・聴解力の各観点での分析的評定を6段階でつける。この分析的評定を観点ごとの重みを調整した上で合計した数値を、分析的評定から総合的評定への換算表に代入する。この結果が、最初につけた総合的評価と同じレベルになければならない。もし一致しない場合は、最初につけた総合的評定の妥当性を再検討することになる。

　観点別の重み付けと総合↔分析の換算表は、研究結果に基づいて総合的評定と分析的評定の間の相関が高くなるように設定されたものだ。私は銀行員のテストにこのシステムを実際に使ってみたが、確かに有効な方法であった。読者の便宜のためにそのとき私が使った評定尺度と重み付け表を紹介しておく。しかしこの2つはある特定の目的のために開発されたもので、かなり異なる状況では修正を加えない限り同様にうまく機能する保証はないことは銘記してもらいたい。さらに、受験者のパフォーマンスの判断に母語話者レベルを基準とすることに対し、最近テスト研究者の一部から批判がある、ということは知っておいてよいだろう。

熟達度判定ガイドライン

発音・アクセント
1. 発音のため頻繁に意味が不明になる。
2. 重大なミスが頻繁であまりにも訛りが強いため、意味伝達が困難でしばしば繰り返す必要が生ずる。
3. 訛りがあるため集中して聞く必要があり、発音ミスのためにときおり誤解につながったり、文法・語彙が誤っているように聞こえる。

4. 明らかに外国人的訛りがありときおり発音ミスがあるが、意味伝達には支障をきたさない。
5. 目立った発音ミスはないが、母語話者でないことがわかる。
6. 外国人なまりはまったくなく、母語話者なみの発音である。

文法
1. 決り文句を除く発話においては文法がほぼ常に不適切である。
2. 絶え間なく誤りをおかすので、ほんの少数の基本パタンだけしか習得していないことがわかり、かつ頻繁に意味伝達に支障をきたす。
3. 頻繁に誤りをおかすので、基本パタンの中で習得していないものがあることがわかり、かつときおり聞きづらく誤解を招く。
4. ときおり誤りをおかすのでパタンの中で習得していないものがあることがわかるが、誤解を招くような弱点はない。
5. 誤りはほとんどなく、習得していないパタンもない。
6. インタビューの間、誤りは1箇所あるいは2箇所であった。

語彙
1. 最も簡単な会話のための語彙も不足している。
2. 個人的な最低限の必要に関する語彙(時間、食べ物、交通手段、家族、等)しか有していない。
3. 用いる語彙がときどき不適切である。語彙不足のせいで専門分野の、また社交上のありふれた話題にも参加できない。
4. 専門分野の語彙は自分の興味のある話題に関するものは十分である。一般分野の語彙は、技術的でない話題であれば多少の回りくどい表現を交えながらどんなものでも表現できるものを有する。
5. 専門分野の語彙は広くかつ正確である。一般分野の語彙は複雑で実用的な問題に対処し、多様な社交的状況に対応できるものを有する。
6. 正確さと範囲において、教育ある母語話者の語彙と比較して遜色は見られない。

流暢さ
1. 話してもあまりにも中断が多く断片的なので会話は事実上不可能である。
2. 短い文や決まり文句を除き、話す速度は非常に遅く、また均一でない。
3. しばしば言いよどんだり、ぎくしゃくする。文を言いかけて完結できないこともある。
4. ときおり言いよどみ、言い直したり適切な語を探したりするのでやや速度の均一性に欠ける。

5. 楽になめらかに話す。しかし速度およびその均一性からみて母語話者でないとわかる。
6. どんな専門分野・一般分野の話題においても母語話者と同じように楽になめらかに話す。

聴解
1. 最も簡単な会話でもほとんど理解できない。
2. ありふれた社交上の話題や旅行者的な話題に関する、ゆっくりした非常に簡単な会話のみを理解する。常に繰り返す、あるいは言い換えてやる必要がある。
3. 会話に参加していると、注意深く、また時には単純な表現を用いて話された発話は理解するが、かなりの繰り返し、あるいは言い換えが必要になる。
4. 会話に参加していると、教育のある発音の普通の発話は非常によく理解するが、ときおり繰り返し、あるいは言い換えが必要になる。
5. 非常に口語的または出現頻度の低い事項、またはあまりにも速いまたは不明瞭な発音の場合を除き、教育のある発音の普通の発話はすべて理解する。
6. 教育ある母語話者が言うであろうことは、正式な表現のものでもくだけた表現のものでもすべて理解する。

重み付け表

	1	2	3	4	5	6	
発 音	0	1	2	2	3	4	_____
文 法	6	12	18	24	30	36	_____
語 彙	4	8	12	16	20	24	_____
流暢さ	2	4	6	8	10	12	_____
聴 解	4	8	12	15	19	23	_____
						合計	_____

要素によって重み付けが異なることに留意されたい。合計点を算出したら下の表の該当部分を見て、0から4+までの総合的評定に換算する。

換算表

合計	16–25	26–32	33–42	43–52	53–62	63–72	73–82	83–92	93–99
評定	0+	1	1+	2	2+	3	3+	4	4+

(Adams and Frith 1979: 35–38)

このような分析的尺度を総合的尺度と併用せず単独で使ってしまうと、（ライティングテストの場合と同様）各受験者に着目したときに観点ごとにどのような評点パタンを得れば合格と見なしてよいのかが決めがたくなる。これは先に述べた受験者の能力パタンが総合的尺度のレベル説明とぴったり一致しない問題と、根は同じである。（こちらのほうが問題に気づきやすいが。）これもやはり、どの観点なら点が悪くても容認可能なのかについて試験者の側で経験に基づいて意見をまとめておく必要がある。

前章に記した評定尺度作成上の留意点は口頭テストの場合にも当てはまる。

使用する尺度の目盛り付けをせよ

ライティング能力尺度に関して説明したのと同じ手順がスピーキング能力の尺度でもあてはまる。もちろん作文のかわりにビデオを使う。

評定者を訓練せよ

面接で質問を受けもつ者の訓練はすでに説明した。質問はせずに評定のみ行う評定者を使う場合、あるいは録音/録画刺激に対する応答を評定する場合には、作文の評定者訓練と同じ方法が使える。

望ましい採点手順をふめ

採点手順の留意点に関しても前章とほとんど共通する。スピーキングに関して付け加えるべき唯一の点は、言語能力の査定に関係のない受験者の個人的特徴を無視するように細心の注意が必要だということだろう。今でもよく覚えているが、髪をブロンドに染めていた若い女性受験者の評価が不当にかなり低くなったことがあった。スピーキングテストでは、感じのよさ、容姿の良さ、ドレスの長さなどの特徴を本人の言語能力と区別するのはむずかしいことがあり得るのは確かだ...が、そう努力する義務はある！

おわりに

口頭能力を正確に測定するのはたやすいことではない。妥当で信頼できる結果を得るには訓練を含めてかなりの時間と努力が必要だ。しかしそのテストの結果に重大な利害がからんでいるならば、または波及効果が重要な意味を持つ

ならば、そのような時間と労力の投資は必要なものと見なされねばならぬ。最後に、スピーキングテストの内容の適切性、評定尺度レベルの適切性、応答を引き出すテクニークの適切性は、個々の教育機関・組織が何を必要としているかによって変わってくることをもういちど強調したい。

■ 自分でやってみよう

以下の活動は友人・同僚と行なうのがベストだ。
1. よく知っている生徒のグループを対象に、彼らの能力範囲に合うような5段階の総合的尺度を作成する。自分の知識に基づき、生徒を尺度上に配置する。
2. 応答誘出方法を3つ(例えばロールプレイ、グループ討議、インタビュー)決め、各方法を5〜10分間ずつ使うようなテストをデザインする。
3. 最初に心に描いた生徒グループに対してこのテストを実施する。
4. 実施上・採点上の問題点を特定し、どう回避するかを考える。
5. 受験者ごとに、種類の異なる3つのタスクでの得点を比較する。得点の違いはその生徒のタスクごとの真の能力差を表しているだろうか。またその得点は最初の総合的評定と比較してどうであろうか。

■ さらに読んでみよう

Luoma (2004) と Underhill (1987) はスピーキングのテストと査定について書かれた本だ。Fulcher (1996a) はグループテストとの関係においてタスクデザインを検討している。Chalhoub-Deville (1995) と Fulcher (1996b) は評定尺度構築の問題を扱っている。Fulcher のほうは流暢さにも特に触れている。Kormos (1999) はロールプレイがテストテクニークとして(相手とのやりとりをうまく運ぶ能力を査定したいときに特に)有用だという証拠を示している。Lazaraton (1996) は面接テストでの会話の相手役が受験者に与える言語表現の上での、またやりとりを行う上でのサポートの種類について調べている。Douglas (1994) は口頭テストにおいて質的に異なるパフォーマンスに対して同一の評定が与えられてしまう様子を報告している。McNamara (1995) は口頭テストでの評定者のバイアスに関する研究の報告だ。Wigglesworth (1993) はいかにして評定者のバイアスを検知することができ、またバイアスの存在を評定者本人に気づかせることでいかに評定が改善されるかを報告している。Shohamy 他 (1986) は測定心理学的な特性も望ましく、波及効果も良いように見える新しい全国的口頭テストの開発についての報告である。Bachman and Savignon (1986) は ACTFL 口頭インタビューに対する 80 年代の批判であり、それに対して応じたのが Lowe (1986) である。Salaberry (2000) も ACTFL には批判的で、修正を提案している。Shohamy (1994) は直接口頭テストと間接口頭テストの妥当性を論じている。Powers 他 (1999) は TSE の妥当性検証の報告だ。Luoma

(2001) は TSE を批評したものである。ケンブリッジの CCSE ハンドブックと過去問題はタスクを考える上で参考になる(住所は p. 78)。最近の「コミュニカティブ」と銘打った教科書もタスクを考案する参考になる。ARELES 試験に関する情報(および録音つき過去問題)は、ARELES Examinations Trust, 113 Banbury Road, Oxford, OX2, 6JX から入手できる。

注1) 手引きでは「機能」という用語が使われている。
注2) 各セクションには3つのタスクが提示されているが、生徒がやるのはそのうちの1つである。各生徒にどのタスクが最もふさわしいかは当該教育機関が決める。見てわかるように、セクションごとに1つのタスクしかここでは掲載していない。
注3) 私の理解では FSI で現在採用している方法は昔のものと異なる。しかし FSI の「テストキット」に説明されていた方法、総合的・分析的評価などは、職業上必要な言語能力をテストするさまざまな状況で非常に役立つと思われる。

第 11 章
リーディングのテスト

本章ではまず受験者に期待する能力をいかに規定するかを考察した後、適切なテストタスクを設定する上でのアドバイスを与える。

受験者に求める能力を規定する

言語操作

　リーディング能力をテストするのは、例えばスピーキング能力のテストと比べて一見非常に単純である。パッセージを選び、それについていくつか質問する。これだけだ。しかしリーディングテストを非常に手早く作るのは可能は可能だが、それはあまり良いテストではないかもしれないし、測りたいものを測るものではないかもしれない。

　基本的な問題は、受容的技能というものは、それを駆使しているときも、外から見えるような明らかな行動に必ずしも、というか普通は、現れないことだ。誰かが書いたり話したりしているのを第3者が見ることができるが、読んだり聞いたりしているときは、しばしば何も目に見える変化は起こらない。言語テスト作成者に課される難題は、受験者にリーディング(あるいはリスニング)技能を駆使させるだけでなく、その技能を用いて理解に成功したことを示す行動につながるようなタスクを設定することだ。この難題には2つの要素がある。第1に、リーディングに関わっており、かつ(さまざまな理由から)言語テスト作成者が測定したいと考えている諸技能の正体が何であるかについて確定的な答えがないこと。仮説としていくつもの技能が提案されてきているが、その存在

が疑問の余地なく証明されたものはほとんどない。第2に、ある特定の技能の存在を信じたとしても、あるアイテムがその技能をうまく測定できているか否かの判定が困難であることだ。

　この問題の適切な解決策は、「われわれが存在を信じている諸技能が実際に存在していることが確認されるまでの間、冒頭に記したような単純なアプローチでリーディングテストを作る方向に走る」ことではない。われわれがそのような技能の存在を信ずるのは、自分たち自身が何かを読んでいるとき、それらの技能のうち少なくともいくつかの存在が意識できるからである。例えば読みの目的やテクストの種類によって読み方がなり変わるということをわれわれは知っている。ゆっくりと注意深く1語1語読み進むことがある。例えば哲学的な議論の展開をたどるようなときだ。またあるときはあらすじをつかむために、1つのページにはほんの数秒程度しか目を落とさずにページを繰るかも知れない。また別のときは情報が縦に列挙されているテクスト(例えば電話帳や住所録)に目を走らせ、ある特定の情報のみを探すこともあろう。熟達した読み手なら目的とテクストの種類によって読み方を調整するのに長けているのはほぼ疑いがない。そうであるのだから、テストの細目規定にこのような異なった種類のリーディングを含めることには私は何ら問題を感じない。

　自分たち自身の読みについて内省してみると、他の技能にも気づく。一生のうちに目にするすべての単語を知っている者はほとんどいないだろうが、文脈から未知語の意味を推測することがしばしば可能である。同様に、何かを読んでいるときわれわれは人・物・出来事についてひっきりなしに推測を働かせている。例えば、誰かが夕刻パブにいてその後よたよたしながら家に帰った、と読めば、その人がよたよたしたのは飲んだものが原因であろう、と推測するだろう。(試合でくるぶしを蹴られた後パブに行ってレモネードを飲んだ罪のないサッカー選手という可能性もある。だがわれわれの推測のすべてが正しいと私はもともと言っていない。)

　われわれが持っていることがわかっている読みの技能の例はこれくらいでよいだろう。要はそういう諸技能の存在をわれわれは知っているということだ。それらのすべてがその存在を学問研究によって裏付けられてはいないからといって、われわれの作成するテスト細目規定から、またその結果テストから排除する理由にはならない。問題は、それらの技能をわれわれのテストに含めることが有用か否か、である。これに対する答えは少なくとも部分的にはテストの目

的によると思われる。学習者のリーディング能力のうち十分な点と不十分な点の詳細を特定しようとする診断テストであれば、間違いなく答えはイエスだ。これらの技能の伸長を目標に含むコースの到達度テストでならば、やはり答えはイエスである。読みの能力の大雑把な簡単に得られる指標で十分なレベル分けテストなら、または読みの能力の「全体的な」指標で十分な熟達度テストなら、答えはノーだと思うかもしれない。

しかし上の問いにノーと答えるなら、さらに新しい問題が生ずる。それは、もしこれらの諸技能をテストするのでなければ、いったい何をテストするというのか、というものだ。冒頭に触れたような種類のテストでも「何か」をテストしているに違いない。全体的技能のテストにおいてわれわれの作るアイテムが確実に妥当性のある「何か」をテストするためには、リーディングに関わっていてかつ目的にかなう全技能の代表サンプルをテストしようと試みなければならない。私が薦めるのはこれだ。

もちろんたった今述べた文の中の「目的にかなう」は玉虫色の表現だ。初学者の場合、診断テストの中に文字(例えばbとd)を区別する能力をテストするアイテムを含めるべきだという主張があるかもしれない。しかし通常これはより高次のアイテムの中で間接的にテストされるだろう。

文法・語彙についても同じことが言える。どんなリーディングテストでも文法・語彙は間接的にテストはされるが、文法アイテム・語彙アイテムを出題すべきは文法テスト・語彙テストにおいてであろう。この理由により、文法・語彙アイテムについては本章ではこれ以上触れない。

本書での細目規定の一般的枠組みに合わせて、テクストを読むときに読み手が用いる諸技能のことを「言語操作」と呼ぶことにする。次のボックスに、すべてを網羅したつもりはないが読者の役に立つと思われるチェックリストを挙げた。目的の違いによる迅速な(=すばやくかつ効率のよい)読みと綿密な(ゆっくりとした注意深い)読みの区別に注目してほしい。従来、迅速な読みはテストの中で十分には扱われてこなかった傾向がある。その波及効果として、多くの生徒がすばやく効率的に読む訓練を受けてこなかった。例えば生徒が留学し、非常に限られた時間で大量に読むことを期待されるような状況では、そのような技能がないことは大きなマイナスである。ここにも有害な波及効果の例があった!

迅速な読みの言語操作

スキミング
- メインアイディアとトピックを素早くかつ効率的につかむ
- テクストの構成を素早く見抜く
- テクスト(の一部)の内容が、自分に必要なものかを見極める

サーチ・リーディング
- あらかじめ決めたトピックに関する情報を素早く見つける

スキャニング
- 特定の語や語句を素早く見つける
- 数値を素早く見つける
- 索引内の特定項目を素早く見つける
- 参考文献・引用文献リスト内の特定の名を素早く見つける

迅速な読みを本気でテストしようと思うなら、時間を厳しく制限してアイテムに解答させる必要があることに注意したい。

綿密な読みの言語操作

- 代名詞の指すものを特定する
- 談話標識を識別する
- 複雑な文を解釈する
- トピックセンテンスを解釈する
- テクストの論理構造をまとめる
- 主張の展開をまとめる
- 一般論と例を区別する
- 明示的に述べてあるメインアイディアを識別する
- 暗示的に述べてあるメインアイディアを識別する
- 書き手の意図を認識する
- 書き手の姿勢・感情を認識する
- テクストが想定している読み手を特定する
- どんな種類のテクストか(例: 論説、日記、等)を特定する

- 事実を意見から区別する
- 仮説を事実から区別する
- 事実をうわさや風聞から区別する

推測する
- 未知語の意味を文脈から推測する
- who, when, what で始まる疑問に答えながら、命題情報的推測を行う
  why, how で始まる疑問に答えながら、動機・原因・結果・必要条件に関わる命題説明的推測を行う
- 語用論的推測を行う[注1)]

上の推測のタイプは説明しておく必要がある。命題的推測とはテクスト外の情報に頼らないものだ。例えば、ジョンがメアリーの兄ならば、(もしテクストからメアリーが女性だということも明らかであれば)メアリーはジョンの妹であると推測できる。もう1つ例を挙げる。次の文章を読むと、ハリーは勉学に励んで (working) いたのであって、フィッシュ・アンド・チップスの店で働いて (working) いたのでないと推測できる。Harry worked as hard as she had ever done in her life. When the exam results came out, nobody was surprised that she came top of the class. (ハリーはそれまでないほど一生懸命 "work した"。試験結果が出たとき、彼女がクラスのトップだったことに誰も驚かなかった。)

語用論的推測とはテクスト内にある情報とテクスト外からの知識を合わせて行う推測である。It took them twenty minutes by road to get from Reading to Heathrow Airport. (レディングからヒースロー空港まで車で20分かかった) という文を読んで、彼らが非常なスピードで車を走らせたということが推測できるためには、レディングとヒースロー空港がかなり離れているということを知らねばならない。そして多くの読者にはこの知識はないだろう。この事実に関連して言っておくべきことは、語用論的推測能力をテストする場合は、必要になるテクスト外の知識は全受験者が持っていると想定されるものでなければならないということである。

テクスト

　受験者に読ませるテクストはいくつもの要素によって規定することができる。タイプ・形式・図などの要素・トピック・スタイル・想定されている読者層・長さ・リーダビリティあるいは難度・使用語彙と文法項目の範囲など。

　テクストタイプ：　教科書、配布資料、記事(新聞、専門雑誌、雑誌)、詩・韻文、百科事典項目、辞書項目、チラシ、手紙、用紙、日記、地図や見取り図、広告、ハガキ、時刻表、小説(抜粋)および短編小説、批評、取り扱い説明書、コンピュータのヘルプ、掲示や看板。

　テクスト形式：　描写、解説、論説、支持、叙述。(必要ならさらに細かく分類することができる。例えば解説的テクストには骨子、要約、等々がある。)

　図などの要素：　表、グラフ、図解、マンガなど。

　トピックは、一般的な表現で(例えば、「専門的でない」等)、または背景がわかっている受験者集団との関係で(例えば、「生徒によく知られている」)列挙または定義される。

　スタイルは堅苦しさの度合いで指定される。

　想定読者層の指定は、非常に具体的(例：　科学専攻の学部生で母語話者)な場合ともっと大まかな場合(例：　若い母語話者)がある。

　長さは通常、語数で表現する。指定の長さは受験者のレベルにより、また迅速読みをテストするのか綿密読みをテストするのかによって変わってくる。(ただ長いテクストが1つあれば両方に使えるだろう。)

　リーダビリティはテクストのむずかしさの(客観的ではあるが必ずしも非常に妥当とは言えない)指標である。これを使わない場合、直観に頼ることもあろう。

　語彙範囲の指定の方法としては、使用可能な全単語の明示(例：　ケンブリッジの児童英語テスト)、語彙リストの指定、学習者辞書における頻度による指定などがある。あるいはもっと一般的に表現されるかもしれない(例：「テクスト中で説明される場合以外は、非専門的な語彙」)。

　文法の範囲は、文法項目のリストを明示したり、コースブックまたは文法書(の一部)に出ている文法項目に言及したりして、指定する。

　なぜこれほど詳しくテクストを指定するかと言えば、テストで使うテクストは受験者がうまく読めるべきであるようなテクスト総体の代表的なサンプルであって欲しいと願うからだ。これは部分的には内容妥当性の問題だが、同時に

波及効果にも関わるものだ。テストに限られた範囲のテクストしか出てこないならば、これから受験するかもしれない生徒たちに狭い範囲のものしか読まないことを薦めるようなものだ。

　ここで真正性（authenticity）について触れたほうがよいだろう。真性な（= 母語話者向けに書かれ、かつ教材用でない）テクストを用いるか否かは、少なくとも部分的には、そのテクストに基づくアイテムが何を測ろうと意図しているのかによって決まってくる。

スピード

　読みのスピードは1分あたりに読む語数によって表現されるだろう。綿密な読みと迅速な読みでは期待されるスピードが異なる。迅速な読みの場合はもちろん受験者に対してすべての語を読むことを期待しない。受験者に期待する読みのスピードにアイテムの数とむずかしさを考え合わせて、テスト全体（またはその一部）に当てる時間が決まってくる。

パフォーマンスの合格基準

　集団参照的テスティングでの関心は、受験者同士のパフォーマンスを比較した場合にどうか、という点にある。テスト作成に先立ってパフォーマンスの合格基準を決める必要はないし、テスト実施前でさえその必要はない。しかしながら本書は、言語テストに対する広い意味での基準参照的なアプローチを推奨する。ライティングテストの場合なら前章で見たように受験者が達成すべきライティング能力のレベルを説明することも可能である。それだけでは厳密には基準参照的とは言えないという人も中にはいるだろう。しかし基準参照の基本精神には十分のっとったものであるし、一般に謳われている基準参照的テスティングの利点はそれだけでもきっともたらされるだろう。

　これに対して受容的技能の合格基準の設定はもっと厄介である。伝統的に合格ラインはテスト全体に対する得点率（40%か？　50%か？　はたまた60%なのか？）で表現されてきたが、これはほとんど役に立たない。その意味を直接解釈するすべがなさそうだからだ。私が思うに、最善のアプローチはテストタスクそれ自体をレベルの定義に用いることである。すべてのアイテム（およびアイテムが受験者に要求するタスク）は、われわれが合格点を与えたいと思うレベルの受験者なら誰でも手の届く範囲にあるべきだ。つまり合格する受験者は原則と

して100%正解することが期待されるべきである。しかしそうはいっても人間のパフォーマンスはそれほど信頼できないことがわかっているので、実際の合格ラインはもっと低く、例えば80%に設定してよい。このような場合、能力の異なる受験者間を弁別するためには、難度の異なる複数のテストが必要になるかもしれない(60ページ参照)。

リーディングテストの開発(および妥当性検証)の一部として、当該テストでの得点とACTFLやILRなどの尺度を利用したリーディング能力の評定を比べてみるのもよいだろう。そのような尺度でのスピーキング/ライティング能力の評定もあれば、異なる技能間の評定を比べてプロファイルを検討することもできる。

タスクを設定する

テクストを選定する

テクストの選定がうまくいくかどうかは、最終的には経験、判断力、そしてある程度の常識にかかってくる。あきらかにこれらは本書のようなハンドブックから得られるものではない。練習が必要なのだ。しかしそれでも役に立つアドバイスをすることは可能だろう。以下の点は当たり前に見えるかもしれないが、現実にはしばしば見過ごされている。

1. 常に細目規定を念頭に置き、可能なかぎり代表的なサンプルを選ぼうと試みよ。楽に入手できるという理由だけで特定種類のテクストを何度も選ぶな。
2. 適当な長さのテクストを選べ。迅速な読みをテストするには2000語以上のパッセージが必要だろう。綿密な読みはわずか1〜2文でテストできる。
3. 内容妥当性と十分な信頼性の両方を得るために、1つのテストに可能な限り多くのパッセージを含め、受験者が何度も「フレッシュなスタート」を切れるようにせよ。とはいっても現実問題を考えると必然的に制約はある。特にスキャニングやスキミングをテストする場合はそうだ。
4. サーチ・リーディングをテストするためには、ばらばらの情報が十分な量含まれているようなパッセージを探せ。
5. スキャニングのためには、スキャンの対象として細目に規定された要素を含

むテクストを見つけよ。
6. テクストの構成を素早く見抜く能力をテストするには、構成が明らかに識別できるようなテクストになっていることを確認せよ。(そうでないテクストがいかに多いかには驚かされる。)
7. 受験者の関心を引く、しかし過度に興奮させたり不愉快にさせたりしないテクストを選べ。例えば癌に関するテクストを読むのが一部の受験者にとって苦痛なのはほぼ確実だ。
8. 内容が受験者の一般常識の一部かも知れないテクストは避けよ。そんなテクストではアイテムをどう書いても内容を読まずに正解がわかってしまうのを防ぎきれない。かつて私がお目にかかったリーディングテストで、本文を読まずに11のうち8つのアイテムに正解したことがある。自動車の錆びについての文章だったが、たまたま私はその分野にかなりの経験があったのだ。
9. テストするのは読みの能力だけであるという前提でだが、理解のために過度の文化的知識が必要となるようなテクストを選ぶな。
10. 生徒がすでに読んだことのあるテクスト、あるいはそれに近いものを使うな。この過ちは驚くほど多い。

アイテムを書く

目標とするアイテムは、(1) われわれが興味のある能力を測定し、(2) 受験者の安定した応答を引き出し、(3) 信頼性のある採点が可能であるようなものだ。読みという行為はうまくいっても外からはそれが見えない。だから「うまくいった」という証拠を受験者から提供してもらえるようなタスクを設定する必要がある。

使用可能なテクニック

使用するテクニックに関して重要なのは、(1) 読む行為自体にはできるかぎり干渉しないようなものであることと、(2) 読むこと自体に加えてさらに著しく困難な作業を強いるようなものでない、ということだ。だから受験者に答を言葉で書かせるのには慎重であるべきなのだ。学習対象言語で書かせるのは特にそうである。テクスト自体は完璧に読んで理解できても、答えを書く段階での困難のために、それが示せなくなってしまうかもしれない。この問題を避けるには以下のようなオプションがある。

多肢選択

　受験者はいくつかの選択肢の中の1つをマークすることによって、読みが成功した証拠を提供する。このテクニックには皮相的な魅力があるが、第8章で列挙したさまざまな問題のほうが大きく、学校内テストにおいては欠点が利点を上回る。選択肢が言葉で書いてあろうが次の例のように絵であろうが同じである。

　次の文が表す絵を A～D から1つ選びなさい： The man with a dog was attacked in the street by a woman.

　すでに指摘したように、真偽判定アイテムは多くのテストで見られるが、錯乱肢が1つしかない一種の多肢選択に過ぎず、まぐれで正解になる確率が50％もある！「真」「偽」に加えて「どちらでもない」「本文からは不明」などの選択肢を加えれば錯乱肢が2つになり、偶然による正解の確率を33.3％にまで下げられる。

短　答

　短答式設問で最もよいのは、答えが1つに決まるものだ。例えば、

In which city do the people described in the 'Urban Villagers' live?（Urban Villagers に出てきた人々は何という都市に住んでいますか。）

の答えとして可能なのは(例えば「Bombay」のように) 1 つである。

答えは 1 語でもよいし、少しだけ長いものでもよい。(China and Japan; American women)。代名詞の指すもの識別する能力をテストするのには短答テクニークでうまくいく。例えば次の設問は pp. 158–159 の喫煙に関する新聞記事についてのものだ。

What does the word 'it' (line 14) refer to? ＿＿＿＿＿＿（14 行目の it は何を指しますか？）

このような場合、照応の対象がテクスト内に明確に見つかるよう気をつけねばならない。そうなるように原文を多少手直しする必要がある場合もあるだろう。

短答テクニークは未知語の意味を文脈から推測する能力のテストにも適している。次はやはり同じ記事に関する設問である。

Find a single word in the passage (between lines 1 and 15) which has the same meaning as 'making of laws'. (The word in the passage may have an ending like -s, -tion, -ing, -ed, etc.)（文章中(1～15 行目)で 'making of laws' と同じ意味をもつ 1 語を書きなさい。(文章中のその語は -s, -tion, -ing, -ed などで終わっているかもしれません。)）

さまざまな区別、例えば事実と意見を区別する能力のテストにも使える。

Basing your answers on the text, mark each of the following sentences as FACT or OPINION by writing F or O in the correct space on the answer sheet. You must get all three correct to obtain credit.（本文の照らして、次の文が事実なら F、意見なら O と解答用紙に書きなさい。3 つとも正解である場合のみ得点になります。）

1. Farm owners are deliberately neglecting their land.
2. The majority of young men who move to the cities are successful.
3. There are already enough farms under government control.

このようなアイテムでは、3 つとも合っている場合に限り正答と見なすという制

約のために、当て推量の影響は限られたものになる。

スキャニングも短答テクニークでテストできる。

> 表4の町のうち人口が最大なのはどこですか？ ＿＿＿＿
> 索引によれば、ナボコフの蝶に対する興味は何ページに出ているでしょうか？ ＿＿＿＿

テクストの構成に関するアイテムを書くのにも短答テクニークが使える。

> この論文は5つのセクションに分かれている。次の内容を扱っているセクションはどこか？
>
> (a) 国民の統一性との関連における言語の選択 (セクション＿＿＿)
> (b) 植民地言語の地域文化への影響 (セクション＿＿＿)
> (c) 解放を勝ち取るための植民地言語の選択 (セクション＿＿＿)
> (d) 地元の言語を教育に使用する際の実用上の困難 (セクション＿＿＿)
> (e) 権力と言語の関係 (セクション＿＿＿)

この形式でも当て推量による正解は可能だが、しかし単純な多肢選択よりもその確率は低い。似たような例(テクストつき)[注2]を挙げる。

> 筆者は以下のことを記事 (pp. 155–157) の中でどのような順番でしていますか。解答欄の記号の横に、順番を番号で記入しなさい。記事に出てこないものがあればN/A (＝当てはまらない)と記入しなさい。
>
> a) 偏頭痛歴を説明する
> b) 特定の薬剤を薦める
> c) 薬草療法を薦める
> d) 偏頭痛がどのようなものか説明する
> e) 偏頭痛に悩む人に一般的なアドバイスを与える

このような「並べ替え」アイテムの採点は厄介な場合があるということに注意したい。順序を1つだけ間違えただけで別の要素の順序も違ってくるので、採点の際には複雑な判断を迫られることがある。

正解が一通りに決まらない場合の短答アイテムの使用には注意が必要だ。

> According to the author, what does the increase in divorce rates show

about people's expectations of marriage and marriage partners? (筆者によれば、離婚率の上昇から、人々の結婚および結婚相手に対する期待について何がわかりますか。)

という設問の答は次のようになろう。

(They / Expectations) are greater (than in the past). (期待が以前より大きいということ。)

この場合の危険とはもちろん、文章の関連箇所を読んで答がわかった受験者でもそれをうまく表現できないかも知れないということだ。(また、答えを見ても受験者が正答にたどり着いたのか否かを採点者が判断できないこともある。)

SUNDAY PLUS

ONE-SIDED HEADACHE

SUE LIMB begins an occasional series by sufferers from particular ailments

LIVING WITH ILLNESS
MIGRAINE

Migraine first visited me when I was 20, and for years afterwards it hung about my life like a blackmailer, only kept at bay by constant sacrifices on my part. Its tyranny was considerable. Many innocent everyday experiences would trigger an attack: stuffy rooms, fluorescent light, minute amounts of alcohol, staying up late, lying in at the weekend, having to wait for meals, loud noises, smoke-filled rooms, the sun, and watching TV for more than two hours.

Work, social life and holidays were all equally disrupted. Naturally, all these prohibitions made me very tense and angry, but anger and tension were dangerous luxuries to a woman with my volatile chemistry.

At its worst, migraine was incapacitating me three times a week, for hours on end. I was losing more than half my life. I had to change my life-style radically — giving up my job and becoming self-employed — before the headaches would retreat. Nowadays, I can sometimes go for 3 or 4 months without an attack, as long as I keep my immediate environment as cool, dark and peaceful as possible. Sometimes I think I should live in a cave, or lurk under a stone like a toad.

Migraine is rather like a possessive parent or lover who cannot bear to see its victim enjoying ordinary life. Indeed, my loved ones have sometimes in their turn felt jealous at the way in which migraine sweeps me off my feet and away from all company, keeping me in a darkened room where it feasts off me for days on end.

❦Tyrant blackmailer, kidnapper, bore❧

Migraine sufferers often feel a deep sense of guilt, for migraine is a bore as well as a tyrant and kidnapper. It destroys social plans and devastates work-schedules. Despite its destructive power, however, the ignorant still dismiss it as the product of a fevered (and probably female) imagination: a bit like the vapours. But if you've ever felt it, or seen someone live through it, you know: migraine is the hardest, blackest and most terrifying of everyday pains.

Eyes shrink to the size of currants, the face turns deathly pale, the tongue feels like an old gardening glove, the entire body seems to age about 70 years, so only a palsied shuffle to the bathroom is possible. Daylight is agonising, a thirst rages, and the vomiting comes almost as a relief, since in the paroxysm of nausea the pain recedes for a few blissful seconds. Above all, the constant feeling of a dagger striking through the eyeball and twisting into the brain can make the sufferer long for death. When at last (sometimes three days later) the pain begins to ebb, and one can slowly creep back into life, it's like being reborn.

Migraine is the focus of many myths. It is emphatically not a recent ailment, or a response to the stresses of modern life. It has been with us always. Its very name derives from the ancient Greek for *half the skull* — migraine is always a one-sided headache. The Egyptians had a god for it: no doubt he was more often cursed than hymned. Some suggest that migraine sufferers are intellectual types, or particularly conscientious personalities. There is little basis for any of this. Migraine affects 7 to 18 per cent of the population, impartially; the eggheads and the emptyheaded alike.

Anxiety, of course, can cause migraine. And fear of an attack can itself be a cause of massive anxiety. Caught in this Catch 22 situation, some sufferers no longer dare make any plans, so reluctant are they to let down their family or friends yet again. This incapacitating fear (Mellontophobia) shows the far-reaching damage migraine is doing to the lives of six million adults in Great Britain alone.

The best thing these sufferers can do is to join the British Migraine Association without delay. This excellent, lively and informal organisation produces leaflets and a newsletter, and organises fund-raising activities to sponsor research. It keeps its members informed about the latest sophisticated drugs available, and also (most importantly) swaps members' hints about herbal treatment and self-help techniques.

There are several drugs available on prescription for the control of migraine, but perhaps the most exciting recent development in research involves a modest hedgerow plant, native to the British Isles and used for centuries by wise women for a variety of ailments. It is feverfew (Chrysanthemum Parthenium).

In 1979, Dr E. Stewart Johnson, Research Director of the City of London Migraine Clinic, saw three patients who had been using feverfew as a preventative, and soon afterwards he became involved in its clinical trials. Dr Johnson's work is still progressing, but early results hint at spectacular success. 70 per cent of subjects claim their attacks are less frequent and not so severe: 33 per cent seem completely migraine-free. A few experience unpleasant side-effects (mostly mouth-ulcers: feverfew is a very bitter herb), and it is not recommended for pregnant women. But for the rest of us, three vile-tasting feverfew leaves a day have become indispensable.

Ten years ago I was taking Librium to reduce stress and Ergotamine to treat the actual migraine pain. They were powerful drugs, which left me feeling doped and poisoned, and they didn't always cure the headache, either. Nowadays, I eat my three leaves, feel good, and probably never get the headache in the first place.

Acupuncture has also helped, partly by improving my general sense of well-being, but during a migraine the pain can be immediately dulled and eventually dispersed by needles placed on special points in the feet or temples. Finger pressure on these points can help too, in the absence of an acupuncturist. Locally applied heat (a hot water bottle or acupuncturist's moxa stick—a bit like a cigar—is very soothing).

But above all the best thing I've done about my migraine is learn to relax all the muscles surrounding the eye. The natural response to severe pain is to tense up the muscles, making the pain worse. Deliberately relaxing these muscles instead is a demanding discipline and requires undisturbed concentration, but the effect is dramatic. Immediately the pain becomes less acute.

Migraine is a formidable adversary: tyrant, blackmailer, kidnapper, bore; but after many years' struggle I really feel I've got it on the run. And though I'm a great admirer of the best of Western orthodox medicine, it's pleasing that my migraines have finally started to slink away when faced not with a futuristic superpill, but with the gentle healing practices of the East and the Past.

The British Migraine Association, 178a High Road, Byfleet, Weybridge, Surrey KT14 7ED. Tel: Byfleet 52468.
The City of London Migraine Clinic, 22 Charterhouse Square, London, EC1M 6DX will treat sufferes caught away from home with a severe attack.

空所補充

このテクニークはリーディングテストでは特に便利である。求める答えが複雑すぎて、受験者が書くにも採点者が採点するにも問題がありそうな場合にはいつでも使える。例えば、下のパラグラフのメインアイディアを把握したかどうか知りたければ、次のようなアイテムが可能だ。

次は下のパラグラフに基づいている。空所を埋めなさい。

'Many universities in Europe used to insist that their students speak and write only _____. Now many of them accept _____ as an alternative, but not a _____ of the two.'

Until recently, many European universities and colleges not only taught EngEng but actually required it from their students; i.e. other varieties of standard English were not allowed. This was the result of a conscious decision, often, that some norm needed to be established and that confusion would arise if teaches offered conflicting models. Lately, however, many universities have come to relax this requirement, recognising that their students are as likely (if not more likely) to encounter NAmEng as EngEng, especially since some European students study for a time in North America. Many universities therefore now permit students to speak and write either EngEng or NAmEng, so long as they are consistent.

(Trudgill and Hannah 2002: 2)

この特定のアイテムに問題点があるとすれば、文章中にない1語(mixtureとか

combination)を用いて埋める箇所があるということだ。しかしテストとして実際に使ってみたときはうまく機能した。

空所補充はメインアイディアを支持する根拠等を認識する能力のテストにも使える。

> To support his claim that the Mafia is taking over Russia, the author points out that the scale of ＿＿＿＿ in Moscow has increased by ＿＿＿ per cent over the last two years. （マフィアがロシアを乗っ取りつつあるという主張の根拠として筆者はモスクワの ＿＿＿＿ の規模がこの2年間で ＿＿＿％上昇したことを指摘している。）

空所補充はまたスキャニングアイテムとしても使える。

> According to Figure 1, ＿＿＿ percent of faculty members agree with the new rules. （図1によれば、教授会メンバーの ＿＿＿％が新しい規則に賛成である。）

空所補充はまた、「サマリークローズ」と呼ばれてきたアイテムのもとでもある。サマリークローズとは、要約の中に空所を設けて埋めさせるものである。これは実は空所補充の延長であり、特徴は空所補充と同じだ。このテクニークを使うと比較的短い文章中に複数の信頼性の高い(しかし妥当な)アイテムを配することができる。(「しかし」と表現したのは信頼性の高いアイテムは妥当性が低い場合も多いからである。)

THE GOVERNMENT'S first formal acknowledgement that inhaling other people's tobacco smoke can cause lung cancer led to calls yesterday for legislation to make non-smoking the norm in offices, factories and public places.

The Government's Independent Scientific Committee on Smoking and Health concluded that passive smoking was consistent with an increase in lung cancer of between 10 and 30 per cent in non-smokers. While the home was probably an important source of tobacco smoke exposure particularly for the young, "work and indoor leisure environments with their greater time occupancy may be more important for adults", the committee said.

The Department of Health said the findings were consistent with 200 to 300 lung cancer deaths a year in non-smokers and some deaths from other smoking-related diseases such as bronchitis. The risk had been estimated at about 100 times greater than the risk of lung cancer from inhaling asbestos over 20 years in the amounts in which it is usually found in buildings.

The findings are to be used by the Health Education Council to drive home the message that passive smoking is accepted as causing lung cancer. The Government should encourage proprietors of all public places to provide for clean air in all enclosed spaces, the council said, and legislation should not be ruled out.

Action on Smoking and Health went further, saying legislation was essential to make non-smoking the norm in public places. "In no other area of similar risk to the public does the Government rely on voluntary measures," David Simpson, the director of ASH said.

The Department of Health said concern over passive smoking had risen in part through better insulation and draught proofing. But ministers believed the best way to discourage smoking was by persuasion rather than legislation.

The committee's statement came in an interim report. Its full findings are due later this year.

Norman Fowler, the Secretary of State for Social Services, said it would be for the new Health Education Authority, which will replace the Health Education Council at the end of the month, to take account of the committee's work.

The Independent Scientific Committee on Smoking and Health has just issued an interim report. It says that _____ smoking (that is, breathing in other people's _____ smoke) is consistent with an increase in _____ of between 10 and 30 per cent amongst people who do not _____. The risk of getting the disease in this way is reckoned to be very much greater than that of getting it through breathing typical amounts of _____ over long periods of time. Children might be subjected to significant amounts of tobacco smoke at _____, but for _____ places of work and indoor leisure might be more important.

In response to the report, the Health Education Council (which is soon to be _____ by the Health Education Authority) said that the Government should encourage owners of _____ places to ensure that the _____ in all enclosed spaces is clean. Action on Smoking and Health said that _____ was necessary. However, it is known that government ministers would prefer to use _____.

情報転移

受験者のライティング能力への負荷を最小限にする1つの方法は、読みに成功した証拠を、表に簡単な情報を書き込む、地図上のルートをたどる、絵にラベルをつける、等の方法で示させるというものだ。

荷車は、車輪を利用した乗り物の中の最も単純なタイプである。以下はある種類の荷車のパーツの名前である。定義を読み、下の図解で番号のついたパーツの名前として適切なものを、16の用語から11選びなさい。1は例として解答が書き入れてある。図解の下の表に名前を書き入れなさい。

axle : a horizontal arm on which wheels turn.
dirtboard : a curved plate of wood or metal projecting from the beam to which the axle is fixed; protects the space between the end of the axle and the hub of the wheel.
exbed : a beam running the width of the cart to which the axle is fixed.
felloe : a section of the wooden rim on the wheel of the cart.
forehead : a plank forming the upper portion of the front end of a cart; usually with a curved top.
longboard : a plank of wood running parallel to the cart sides to form the floor of the cart.
rail : a plank running across the front or back end of a cart.
rave : a horizontal beam forming part of the side wall of the cart.
shaft : one of a pair of wooden boards between which the horse is harnessed to pull the cart.
shutter : a piece of stout wood stretching across the bottom of a cart; joins the sides and supports the floorboards.
sole : a short extension of the lower timbers of the cart frame which projects behind the cart on each side.

standard : a vertical bar of wood which is part of the frame for the side of the cart.
stock : a hub made of elm wood into which wooden bars or spokes are fixed.
strake : an iron tyre made in sections and nailed to the rim of wheel to protect it.
strouter : a curved wooden support to strengthen the cart sides; often elegantly carved.
topboard : a board with a curved top nailed to the top rave of the cart.

A CART

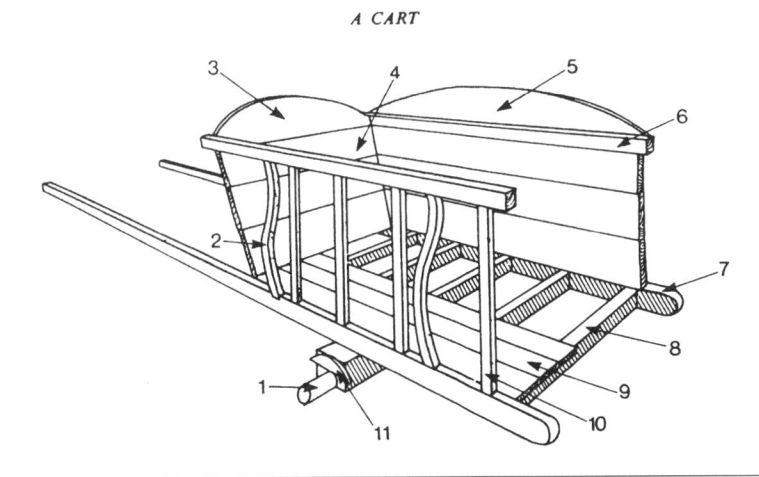

1	axle	7	
2		8	
3		9	
4		10	
5		11	
6			

　このセクションで紹介したテクニークの数は比較的少ない。基本テクニークとして必要なものは数少ないのであり、プロのテスト開発者以外はある程度タイプを限って作成技術を磨くのに集中したほうが良いと、私は考えるからだ。

その場合でも、目的と状況に応じてこれらのテクニックを手直しする可能性は常に残しておくべきだが。多くのプロでさえたった1つのテクニックだけでやってきているようなのだから...そう、多肢選択で！

本章ではより普通のタイプのクローズテストとC-テスト（第14章を参照）には触れなかった。それはこの2つが、かなりの程度リーディングに関係していることは明らかである一方、リーディング能力だけを測っているのかが明らかでないからである。このためクローズテストやC-テストは合格基準という観点から得点を解釈するのがさらにむずかしくなる。

アイテムと応答はどちらの言語で？

リーディングテストのアイテムは、アイテム自体の理解で受験生を苦労させるのを意図して書くものではない。アイテムに使う表現は、必ず受験者が楽に理解できるレベルのものであるべきだし、テクスト自体よりもやさしくあるべきである。同様にして、応答が受験者のライティング力にかける負荷は最小限でなければならない。受験者全員の母語が共通である場合は、彼らの母語をアイテムにも応答にも使うことができる。しかしアイテムを母語で書くとテクストの内容のヒントを与えてしまうという危険はある。

アイテム作成の手順

アイテム作成の第一歩は、細目に規定された言語操作を頭に置きながら注意深くテクストを読むことである。その際、能力のある読み手であればどんな情報をこのテクストから引き出すだろうか、と自問しながら読むこと。必要に応じて要点、興味深い点、主張の構成、例などに関するメモをとる。次に、これらの点に関連して受験者が遂行できるタスクとして、どのようなものを期待するのが理にかなっているかを決定する。これが決まって初めてアイテムの初稿が書けることになる。アイテムがパラグラフ番号や行番号に言及するものならテクストにそれを加えるほうがよい。とりあえず完成したら同僚に見てもらうべきである。アイテムはもちろんテクストも調整が必要な場合がある。以下はそのためのチェックリストの例である。

	YES	NO
1. テクストとアイテムの英語は文法的に問題ないか。		
2. 英語は自然で容認できるものか。		
3. アイテムは細目に規定された要素に合っているか。		
4. 細目に規定されたリーディング下位技能が正解するために必要になるか。		
5. (a) 多肢選択の場合： 正解は1つだけか。 (b) 空所補充・要約クローズテストの場合： 各空所の正解は多くとも2つか。 (c) 短答の場合： 要求する正解は受験者の書く能力の範囲内か。妥当性、信頼性のある採点が可能か。明らかな正解が1つだけあるか。		
6. 多肢選択： 錯乱肢はみなそれなりに選ばれそうか。		
7. このアイテムの占めるスペースや解答に要する労力は、得られる応答に照らして経済的か。		
8. 模範解答にはもれ・誤りがないか。		

アイテム作成上の実践的アドバイス

1. スキャニングテストでは、アイテムの順序とテクスト中に正解が現れる順序を一致させよ。さもないと受験者の解答行動が乱れ、テストの信頼性が低下する。
2. 本文を理解しなくとも正解がわかるようなアイテムを書くな。(そういう能力を測定したいのなら話は別だが！) 設問中の語句・表現が、本文中の語句・表現とまったく同じだとそのようなことが起こりやすい。例えば pp. 158–159 の喫煙に関するパッセージの 25 行めあたりに関する設問ならば、

    What body said that concern over passive smoking had arisen in part through better insulation and draught proofing?
    よりも、
    What body has claimed that worries about passive smoking are partly

due to improvements in buildings?
のようにしたほうがよい。

　簡単な計算を求めるようなアイテムも役に立つ。テクスト中の1つの文に1985年以前にはある種の手術が3件しかなかった、と書いてあり、別の文に、それ以来これまで45件ある、と書いてあるとする。すると、そのような手術が今日まで何件あったかを問うアイテムが可能である。

3. 受験者によっては本文を読まずに一般常識から正解がわかってしまうようなアイテムを書くな。例えば次のようなものだ。

Inhaling smoke from other people's cigarettes can cause _____（他人が吸っているタバコの煙を吸い込むことで _____ になる可能性がある）

　かといって某国の「合同大学入学許可委員会英語試験」のように、網代舟、ルーエン、ウィリントンの人々、といった誰も知らないようなトピックを選ぶ必要はない。（これらが何のことか私に尋ねないでほしい！）

4. 個々のアイテムを独立させよ。あるアイテムに正解しないと別のアイテムに正解できないようなものは避けよ。

　次はあるテストの手引きからとったものだが、第1問に正解できない受験者は続く2つ（最後の問いはYes / No形式である）にも正解できそうにない。第1問に正解できなかった受験者にはあとの2問は存在しないも同然である。

　　（a）　Which soup is made for slimmers?（減量中の人用のスープはどれか）
　　（b）　Name one thing which surprised the author about this soup.（そのスープについて筆者が驚いたことを1つ述べよ）
　　（c）　Did the writer like the taste?（筆者はその味を気に入ったか）

ただし、1つのテクストに関連して複数のアイテムを設定する場合（例えばpp. 155–157の偏頭痛に関するパッセージのようなもの）には、それらが完璧に独立関係にあるようにするのはほぼ不可能ではある。

5. アイテムを改善するために、テクストのほうに「軽微な」修正を加える必要がある場合もある。母語話者でない場合は、修正したテクストは母語話者に見てもらおう。

採点に関する留意点

採点の信頼性を高めるための一般的アドバイスはすでに第5章で与えた。し

かし1つだけ付け加えておきたいことがある。それはリーディングテスト(およびリスニングテスト)の場合は、受験者が読みのタスク自体はうまくこなしたことが明らかなら、文法、綴り、句読法の誤りで減点するべきでないということだ。リーディングテストの役目はリーディング能力をテストすることである。文法その他を考慮に入れるということは、産出的能力も同時に測ろうとすることに他ならないが、これをしてしまうとリーディング能力のテストとしての妥当性が低くなるだけの結果となる。

■ 自分でやってみよう

1. これまで説明した手順とアドバイスに従って、pp. 166–167 のニュージーランドのユースホステルに関するパッセージに基づく、12アイテムのリーディングテストを作成する。(パッセージは1987年の Oxford Examination in English as a Foreign Language, Preliminary Level で使われたものだ。)
   (a) アイテムごとに、それがテストしているとあなたが信じる(下位)技能を書きだす。可能なら同僚に実際に受けてもらい、批判的なコメントをもらう。それを受けて改善を試みる。やはり可能なら、適当な生徒グループにテストを実施し、採点する。何人かの生徒に、どうやって正解にたどりついたかを尋ねてみる。彼らはあなたが予測したのと同じ(下位)技能を使っていただろうか。
   (b) 自分で作った質問と、巻末補遺3のものとを比べてみる。内容とテクニックの違いを説明できるか。補遺の質問のほうで変えたいものはあるか。なぜ？ どのように？
2. 偏頭痛に関するテクストに基づいた並べ替え問題をやってみる。むずかしい部分はあるか。可能なら適切な能力レベルの生徒グループを見つけ、解いてもらい、彼らの解答を採点する。採点上の問題点はあるか。
3. 偏頭痛に関するテクストに付随している並べ替え問題の代わりとして、答えが1つに決まる短答問題のセットを書く。
4. 以下は、「複雑な文」に対処する能力をつけるためにデザインされたエクササイズの一部である。この形式をリーディングテストに使うのはうまくいくか。何の能力をテストしていることになるか。このエクササイズで修正したい箇所はあるか。もしあるなら、なぜ、そしてどのように？ 多肢選択以外の形式にはできるか？ できるなら、どのように？

   The intention of other people concerned, such as the Minister of Defence, to influence the government leaders to adapt to their policy to fit in with the demands of the right wing, cannot be ignored.
   設問 'cannot be ignored' の主語はどれか？

a. the intention
b. other people concerned
c. the Minister of Defence
d. the demands of the right wing

(Swan 1975)

NEW ZEALAND YOUTH HOSTELS

Where in New Zealand could you find a night's accommodation for only $10 NZ, and share dinner with a friendly crowd from around the world?

In any one of New Zealand's 60 plus youth hostels!

Meeting people is a highlight of any trip, and the communal hostel atmosphere is just the place to meet with fellow travellers. On a typical night you'll find Australians, Canadians, British, Americans, Germans, Danes, and Japanese, and of course, some New Zealanders at a hostel. Many are making the trip of a lifetime after study, while others are on their third or fourth holiday in New Zealand.

Still others like Don and Jean Cameron from South Australia, are on a "retirement" holiday, three months motorcycling the South Island. I met up with Don and Jean last summer at the Queenstown hostel. "Our friends thought we were mad" laughed Jean, "but we find the hostels very comfortable, and we've met so many interesting people that we'll have to make a world trip next year just to see them all!"

SPECTACULAR

The Queenstown hostel is tucked onto the shoreline of Lake Wakatipu, with spectacular views across to the rugged Remarkable Mountains, This busy tourist town is the centre for both leisurely and adventurous activities — from a cruise on the historic steamer Eamslaw and visit to a working sheep-station, to fast and furious white water rafting on the Kawarau and Shotover Rivers.

Further north, at Mt Cook, the Youth Hostel Association's biggest ever project is under way. The present hostel, usually bulging at the seams, is being replaced with a large specially designed hostel, which will soon be opening.

As New Zealand's tallest mountain, Mt Cook is a major tourist attraction, but you don't need to be a climber to enjoy the park. Rangers can suggest a wide range of walks that open up the alpine world — massive glacier moraines, icy streams, and tiny alpine plants.

WAFFLES

Across the Southern Alps, Westland National Park offers a quite different experience. The Franz Josef and Fox glaciers, centre-pieces of this spectacular area, plunge down from the main divide through Westland's luxuriant forest to only a few hundred metres above sea level.

A short car ride from the Franz Josef glacier is one of New Zealand's nicest hostels. The manager is renowned for cooking up the best ever waffles and ice cream as an after-dinner treat. They're guaranteed to put back the calories you took off walking up to the glacier lookout, or on a forest or lakeside ramble.

The South Island mountains and lakes are a favourite of mine, but whatever your holiday plans you'll find youth hostels there. Prefer a lazy-beach stay with sun-bathing, swimming, sailing, or scuba diving? With a coastline of 10,000 km, the choice is yours!

The Bay of Islands (north of Auckland) has long been a mecca for all of the sea sports. Two hostels serve the Bay — one at the historic township of Kerikeri, the other on the Whangaroa Harbour. A boat charter company offers Kerikeri hostellers a special discount — a whole day out on a sailing boat for around $30 NZ per person.

Whangaroa's sheltered harbour, sub-tropical bush, and a comfortable hostel with superb harbour view make for a perfect break.

After a lazy day on a cruise, and trying our hand at fishing, group of us headed down to the local hotel for a freshly caught seafood dinner — some of the ones that didn't get away.

It the world of bubbling hot pools and soaring geysers is more your scene, then a stop in Rotorua is a must. The Rotorua hostel is right in the middle of town, just an easy walk to Whakarewarewa Thermal Reserve and the hot pools. For longer trips hire a bicycle from the hostel, or use any of the wide range of bus tours to see the area.

The hostel network hasn't forgotten the major cities. Auckland has an inner-city and a suburban hostel, as well as two island hideaways. Wellington, the capital and transport centre of the country, has an inner city hostel; while Christchurch boasts a stately home hostel as well as a downtown base. Dunedin, the Scottish city of the south, has one of the grandest of all — with small bedrooms and three living rooms.

Whether you're in New Zealand for a short stop-over, or here for several months, hostels will stretch your travel funds much further. Hostels aren't luxury hotels, but they do provide simple, comfortable accommodation with good kitchen, laundry and bathroom facilities. Kitchens are well equipped, all you need supply is the food. Many hostels have a small shop too, selling meal-sized portions of food.

For further information about New Zealand youth hostels, write to Youth Hostel Association National Office, PO Box 436, Christchurch, New Zealand.

次のエクササイズは「テクストの心的スキーマを得る」能力の向上を意図したものだ。同様の考察を加えてみよう。

B I told you a bit of a lie

1 Read the text. Don't take more than five minutes. You can use a dictionary or ask the teacher for help (but try to guess the meaning of a word first).

Parachutist, 81, wins place of honour at jump

They agreed to put him through the course, but only after giving him a series of tests to prove that he was fit enough.

Mr Archie Macfarlane completed the course successfully, surprising everyone with his agility and toughness.

A few weeks later, when he was ready for his first jump, he confessed to the chief instructor: "I told you a bit of a lie. I'm really 75."

That was six years ago and yesterday Archie Macfarlane made his 18th jump. He was given the place of honour – first out of the plane – at a weekend meeting for parachutists over 40 years old.

Even experts were a little surprised when a man of 62 turned up at a parachute training school and said he was interested in learning to become a parachutist.

clearing up crimes like petty theft and burglary.

Archie's interest in parachuting is just one of the hobbies that his wife has to worry about. He also enjoys motorcycling and mountaineering.

Last year he fell while climbing on Snowdon, and had to be rescued by helicopter.

His daughter said: "Sometimes I think he ought to give it all up. But as my mother says, so long as he's happy, it's better than being miserable. He tried hang-gliding once and said he thought it was a bit too easy."

Now Archie is thinking of taking up water-skiing.

2 Here are three summaries of the text. Which do you think is the best?

1. Archie Macfarlane started parachuting when he was 75, and he has done 18 parachute jumps over the last six years. Recently he was given the place of honour at a parachutists' meeting. When he started parachuting, he told a lie about his age. His wife and daughter are worried about him.

2. Archie Macfarlane is an unusual person. Although he is an old man, he is interested in very tough sporting activities like parachuting, mountaineering and water-skiing. His wife and daughter are worried, but think it's best for him to do things that make him happy.

3. When Archie Macfarlane first learnt parachute jumping, he pretended that he was only 62. In fact, he is much older than that, and he is really becoming too old to take part in outdoor sporting activities. His wife and daughter wish that he would stop motorcycling, mountaineeering and hang-gliding.

(Swan and Walter 1988)

■ さらに読んでみよう

リーディングのテストを非常に詳しく扱ったものとしては Alderson (2000) を薦める。Urquhart and Weir (1998) はリーディング理論およびリーディング指導の文脈でテスティングを論じている。リーディングの下位技能のテストを論じたものとしては、Weir 他 (1993)、Weir and Porter (1995)、Alderson (1990a, 1990b, 1995)、Lumley (1993, 1995) がある。Alderson 他 (2000) はテストテクニックとしての並べ替えを検討したもの。Riley and Lee (1996) は読解の指標としてのリコールとサマリー・プロトコルを調査したもの。Freedle and Kostin (1999) はリーディング・アイテムのむずかしさに影響する変数を調査したもの。Shohamy (1984) は、受験者の母語でアイテムを書くことの影響を調査した研究の報告である。Weir 他 (2002) は中国でのあるリーディングテストの細目規定の開発について説明したもの。Allan (1992) はリーディングテスト受験者のテスト慣れの度合いを測る尺度の開発についての報告だ。いくつもの点で欠陥のあるアイテムであれば、テストされているはずの言語知識が必ずしもなくとも、受験者によっては正解にたどり着いてしまう様子がわかる。この論文は調査に使ったアイテムを全部掲載している。

注 1) 命題的推論と語用論的推論の区別は絶対ではない。ある意味ではすべての推論は語用論的だ。例えば 1941 年生まれの男は 2011 年には (生きていれば) 71 歳の誕生日を迎えるはずだ、という判断も算数の知識に依存しているから語用論的推論だ、という議論も可能である。しかしこのような限界を踏まえた上で、リーディングテストを作成するときにはこの区別は役に立つ。能力のある読み手は、テストから読み取る情報を現実世界について持っている知識と統合するものである。

注 2) このアイテムは RSA テストからとった。RSA は CCSE になり、その後 CELS にとって代わられた。

# 第 12 章
リスニングのテスト

　スピーキング技能とリスニング技能は会話では通常一緒に用いられる。だからスピーキングと切り離してリスニングだけをテストするのは少し妙に思えるかもしれない。しかしラジオを聴く、講演を聴く、駅のアナウンスを聴くなど、聴くことのみが求められる場合もある。またテストという観点からみると、話す能力のテストは諸般の事情で実行不可能だが、口頭技能の伸長に対する波及効果を考えてリスニングテストは実施する、という状況もありうる。診断を目的としてリスニングテストを実施する場合もあるだろう。

　受容的技能であるという点で、リスニングのテストはリーディングのテストとほとんどパラレルな関係にある。よって本章ではこの2技能のテストに共通な問題にはほとんど紙面を割かず、リスニングのみに関わる事柄を重点的に扱うこととする。リスニングテストを作成しようとする読者は前章とあわせて読むことをお勧めしたい。

　リスニングテストの作成に特有な諸問題は、瞬間的に消えてゆくという話し言葉の性質に由来する。テクストを読む場合であれば視線を戻したり進めたりできるが、音声を聴いている場合は普通それができない。もちろん音声を録音したテープを聞き手が自由に操作できるようにしておけば話は別であるが、これでは通常のリスニングタスクとは言えない。このような問題の対処法については後に論ずる。

受験者に求める能力を規定する

　他の技能の場合同様、リスニングテストの細目規定では受験者が遂行できる

ようになるべきタスクを特定しなければならない。

言語操作

言語操作の中には聴いている内容の全体的把握に関わるのでグローバル (global) と呼べるものもある。以下の能力がこれに含まれる。

- あらすじを理解する
- 議論についてゆく
- 話し手の態度を認識する

他の技能は第10章のスピーキングの場合に準じて分類できよう。細目規定を書く際、理解するべき事柄が明示的に述べられているのか単に示唆されているのかを、それぞれの操作について付記するとよい。

主に情報の内容に関わるもの
- 事実に関する情報を得る
- 指示(道案内を含む)に従う
- 情報の提供を求められていることを理解する
- 何か必要だと言われていることを理解する
- 助けを求められていることを理解する
- 許可を求められていることを理解する
- 謝罪を理解する
- 一連の出来事の説明(叙述)を理解する
- 意見が意見であるとわかり、またその内容を理解する
- 意見の根拠を述べているのを理解する
- 比較の内容を理解する
- 提案が提案であるとわかり、またその内容を理解する
- コメントがコメントであるとわかり、またその内容を理解する
- 言い訳が言い訳であるとわかり、またその内容を理解する
- 好みの表明が好みの表明であるとわかり、またその内容を理解する
- 不満の表明が不満の表明であるとわかり、またその内容を理解する
- 推(憶)測が推(憶)測であるとわかり、またその内容を理解する

主に情報のやりとりに関わるもの
- 挨拶や紹介を理解する

- 意見一致の表明を理解する
- 意見不一致の表明を理解する
- 話し手の意図を理解する
- 不確実性が表明されていることを理解する
- 補足説明を求められていることを認識する
- 何を補足説明すべきかを理解する
- 意見の表明を求められていることを認識する
- 言っていることが理解できた、と言われていることがわかる
- 言っていることがわからない、と言われていることがわかる
- 一度述べられたことを(本人あるいは他人が)訂正しているという事実がわかり、その訂正を理解する
- 陳述やコメントを修正しているのがわかり、その修正を理解する
- 話し手が「わかったならわかったと言って欲しい」と感じているのを認識する
- 話し手が別の話し手の陳述を支持したり、その根拠を述べたりしているのを認識する
- 話し手が別の話し手が断定したことに疑義を表明しているのを認識する
- 話し手が別の人を説得しようとしているのを認識する

診断テストであれば、より低次のリスニング技能をテストする価値があると思うこともあろう。というのはリスニングではリーディングの場合よりも、このようなレベルでの問題が学習段階が進んでも容易に解決しにくい傾向があるからだ。

- 異なる母音音素を識別する
- 異なる子音音素を識別する
- イントネーションのパタンを解釈する(皮肉であることを認識する、平叙文による質問等、および文強勢の解釈)

テクスト

内容妥当性および波及効果を高めるため、テクストは可能な限り詳細に規定したほうがよい。

テクストタイプはまず話し手が1人(モノローグ)、2人(ダイアローグ)、3人以上かを規定し、さらに会話、アナウンス、トーク・講義、指示、道案内等の

区別を規定する。

テクスト形式には、記述、説明、主張、指示、叙述などがある。

長さは、分または秒を単位にして表すことになろう。短い発話のやりとりの場合は、延べ発言回数として規定してもよい。

速度は、分当たりの語数（wpm）あるいは秒当たりの音節数（sps）で表す。ブリティッシュ・イングリッシュのサンプル調査による平均速度は以下のように報告されている。

	wpm	sps
ラジオのモノローグ	160	4.17
会話	210	4.33
インタビュー	190	4.17
非母語話者対象の講義	140	3.17

（Tauroza and Allison 1990）

方言の項では標準方言なのか非標準方言なのかを指定する。

発音は、地域的発音なのか階級的発音なのかを指定する。

真正性が必要であるなら、同化・脱落のような自然な特徴(これらは話すスピードが上がるにつれて多くなる)および、ためらい現象(ポーズ、フィラー等)を含むべきである。

この他に、意図されている聞き手、スタイル、トピック、文法・語彙の範囲を指定する場合もあろう。

パフォーマンスの合格基準

リーディングテストの章で述べたことがそのまま当てはまる。テストのレベルを適切に設定したなら、リーディングの場合と同様、「合格」のためにはほぼ完璧に近い応答が要求されよう。設定した合格レベルの妥当性を、ACTFL、ILRその他の尺度を使って調べることもあろう。

タスクを設定する

音声テクストを選定する

パッセージを選ぶときは細目規定を念頭においておくこと。母語話者に向け

て発せられる音声を受験者がどの程度理解できるかを知りたいならば、理想的には本物の音声サンプルを使うべきである。本物の音声サンプルは通常簡単に手に入る。例えばラジオ、テレビ、話し言葉を録音したカセット（ドラマやコメディ等）、教材、インターネットからも取れるし、あるいは自分で母語話者の音声を録音してもよい。

　そうではなく、非母語話者を念頭において語られる英語が理解できるかどうかを知りたいなら、やはり既成の教材や、われわれ自身で母語話者の音声を録音したものをソースにすることができる。中には録音の質が悪いために録音しなおさなければならない場合もあるかもしれない。録音の質が悪いと、正解を得るために本来意図している以外のむずかしさが加わり、結果としてテストの妥当性を下げると私には思える。（これには別の見解もあるかもしれない。）また、録音の欠陥から個人が受ける影響の程度は、そのときそのときによって異なるであろうから、信頼性を下げることにもなるだろう。録音データ中の特定部分が良いアイテムを書く邪魔になるなら、録音テープを編集しても構わないし、スクリプトを修正して自分で録音しなおしてもよい。あるいは既成の録音をもとにして、その場で肉声で読み上げることもあろう。

　当該のテストのために録音データを新たに作成する場合には、可能な限り「自然な」ものになるように気をつけねばならない。話し言葉にはかなりの余剰性が存在するのが普通だ。人はすでに言ったことをまた別の言葉で述べることが多い（例：'What I mean to say is . . .'（つまり言いたいのは . . .））ので、この余剰性を取り除いてしまうとリスニングタスクが不自然になってしまう。特に、もともと目で読むことを想定して書かれたパッセージを音声化して使うのは避けたほうがよい。次はその例だが、ある有名なテストのリスニングのパッセージとして使われたものだ。

> *She found herself in a corridor which was unfamiliar, but after trying one or two doors discovered her way back to the stone-flagged hall which opened onto the balcony. She listened for sounds of pursuit but heard none. The hall was spacious, devoid of decoration: no flowers, no pictures.*

これは極端な例ではあるが、一般に、会話やトークの原稿を想像で書く場合はよほど気をつける必要がある。実際の話された音声を録音したもの、もしくはそれを文字に起こしたものをベースにしたほうがよい。本物のテクストを改変

したなら、母語話者にチェックしてもらい、改変後も自然に聞こえることを確認するのがよい。録音する場合は、話すスピード、スタイル等が細目の規定に合うように気をつけるべきである。

　パッセージの適切な長さは、何をテストするかによって変わってくる。学問的講義を聞いて理解する能力のテストには10分かそれ以上のパッセージが必要だろうし、道案内は1つ20秒で十分だろう。

アイテムを書く

　講義など長時間のリスニングを題材としてアイテムを作成する場合、まずメモしながら題材を聴くことから始めるのがよい。能力のある受験者がその題材を聴いたときに理解できるべきである事柄をメモするのだ。それに基づいて今度は彼らがそれらの事柄を理解できたかどうかを試すアイテムを書いてみることができる。リスニングの題材がもっと短い場合にはこのメモ取り作業は通常必要ないだろう。短い題材は特定の能力をテストするために選ばれた(または作られた)はずだからである。

　長時間リスニングをテストする場合に絶対必要なのは、各アイテムに対応する部分が、音声パッセージの中で十分時間的に離れているようにすることだ。2つのアイテムの該当箇所間が近すぎると、最初のアイテムに解答しているうちに、次のアイテムに関係する部分を聞き損ってしまうことがある。こうなるとそれ以降のアイテムに及ぼす影響は致命的だ。受験者は、すでに過ぎ去ってしまった「答」を求めて耳を澄ますことになるからだ。たった1つのアイテムに欠陥があってもこれほどの影響があるので、長時間リスニングのアイテムの場合は特に事前の試行が大切である。問題意識がある同僚に試行してもらうだけでもずいぶん違う。

　また、音声パッセージに出てくるキーワードはアイテムにも出し、求める情報がこれから聞こえてくる瞬間に注意を集中できるようしておくべきである。例えば、音声パッセージに 'My second point is . . .' (2番目に言いたいのは . . .) という部分があり、その第2の論点について問うアイテムがあるのなら、当該アイテム部分に、'the second point that the speaker makes' (話者の第2の論点) と印刷しておく、というようなことである。パッセージとアイテムで用いる語句をまったく同一にする必要はないが、パッセージを聴いていればフェアな予告が得られるようにしておくべきである。例えば、音声パッセージの中で話

者がまずある論点を提示し、論点を述べ終わった後になって初めてそれが最も重要だと述べるような場合に、「話者が最も重要だと考えている点」についての質問を設定するのはよろしくないだろう。順序が逆であり、聴いている側は虚をつかれてしまう。これほどあからさまでないような微妙な欠陥も、試行をするなかで明らかになるはずである。

　例外的な状況を除いては、どのようなアイテムなのかを受験者が把握するための十分な時間を、テストの最初に与えるべきである。(例外的な状況としては、アイテムがどのようなものかを知らずに講義を聴いてメモを取ることを要求される、というようなものがあるが、これについては p. 178 を参照。) 前章でリーディングに関しても提案したように、アイテムを受験者の母語で書き解答も受験者の母語で書かせるのがダメだという理由は何もないと思われる。実際、これは現実世界でしばしば起こる状況だ。友人があなたに母語で質問し、あなたは外国語の中からその情報を聞き取り、友人に母語で答える、という場合などである。

多肢選択

　長時間リスニングのテストで多肢選択形式を使うことの利点と欠点は、前章でリーディングテストに関して指摘したのと似たようなものだ。しかしリスニングの場合それに加えてさらなる負担がある。4つ(あるいはそれ以上)の選択肢を記憶にとどめた状態でパッセージを聞き、答えを選び、すぐに次のアイテムの選択肢を全部頭に入れ、それを記憶に保持しておき、というサイクルが必要になるからだ。だから多肢選択を用いるのなら選択肢は短く単純にしておかねばならない。次のアイテムは某有名テストのサンプルリスニングテストに現れたものだが、選択肢が複雑過ぎると言えよう。

> When stopped by the police, how is the motorist advised to behave?
> a. He should say nothing until he has seen his lawyer.
> b. He should give only what additional information the law requires.
> c. He should say only what the law requires.
> d. He should in no circumstances say anything.

　次はより良い例である。いずれも音声刺激に対して適切な応答を選ぶもの。[助けを求めているのを理解する能力のアイテム]

I don't suppose you could show me where this goes, could you? (これを行くとどこに出るか教えていただけるでしょうか)
   a. No, I don't suppose so.
   b. Of course I can. (← 正解： もちろんです)
   c. I suppose it won't go.
   d. Not at all.

［提案を認識し理解する能力のアイテム］

I've been thinking. Why don't we call Charlie and ask for his opinion? (考えてたんだけど、チャーリーに電話して意見を聞いてみたらどうかな？)
   a. Why is this his opinion?
   b. What is the point of that? (← 正解： そんなことしてどうなるの)
   c. You think it's his opinion?
   d. Do you think Charlie has called?

多肢選択は音素識別のような低次スキルをうまくテストすることができる。

音声で、*bat* と言う。
受験者は　pat　mat　fat　bat　のうち1つを選ぶ。

短　答

質問が短くて複雑でなく、正解が明らかでかつ(できれば)一通りに決まるならば、このテクニークはうまくゆく。

空所補充

短答テクニークでは正解を一通りに決めるのが不可能な場合に、このテクニークがうまくゆく。

女性： *Do you think you can give me a hand with this?*
男性： *I'd love to help but I've got to go round to my mother's in a minute.*
The woman asks the man if he can _____ her but he has to visit his _____.

情報転移

このテクニークは産出的技能に負荷をほとんどかけないので、リーディングテストと同程度にリスニングのテストにも有用である。図表や絵にタイトルをつける、読み取った情報に基づいて用紙の記入事項を完成する、読んだ出来事をもとにして日記形式で書く、地図上のルートを指摘する、などの活動がある。次の例は、ARELS 試験から取ったものだが、関連した一連のタスクの中で、受験者は交通事故に巻き込まれた友人トムを「見舞う」。友人は手を怪我しており、受験者は(録音テープを聞いて)トムが事故報告書を書くのを手伝わねばならない。書き込む箇所のそれぞれについて制限時間が示されている。

［指示］ この設問では、解答を文字で記入してもらいます。トムは事故の状況を示す概略図も描かねばなりません。彼は通りの略図は描きましたが、名前を書き込むことはできません。そこであなたに詳細を書き入れてくれるよう頼みます。冊子の地図を見てください。トムの言うことを聴き、彼の言うとおり地図に必要事項を記入してください。

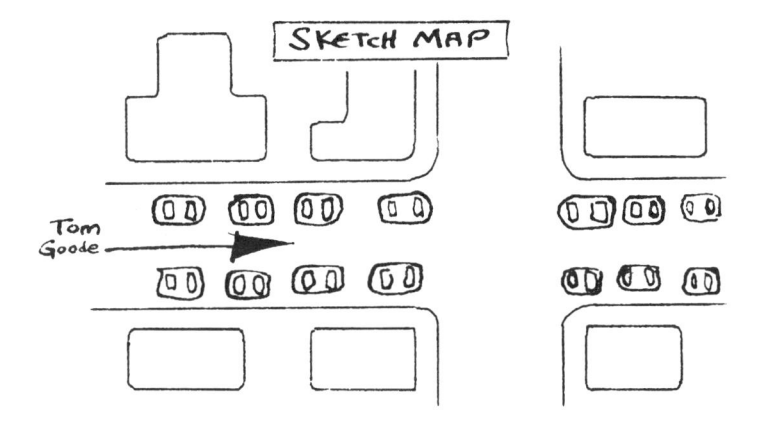

Tom : This is a rough map of where the accident happened. There's the main road going across with the cars parked on both sides of it — that's Queen Street. You'd better write the name on it — Queen Street. (*five seconds*) And the smaller road going across it is called Green Road. Write Green Road on the smaller road. (*five seconds*) Now, I was riding along Queen Street where the arrow is and the little boy ran into the road from my right, from between the two buildings on the right. The *building on the corner is the Star Cinema — just write Star on the corner building.* (*five seconds*) *And the one next to it is the Post Office. Write P.O. on that building next to the cinema.* (*five seconds*) *Well the boy ran out between those two buildings, and into the road. Can you put an arrow in where the boy came from, like I did for me and the bike, but for the boy?* (*five seconds*) *When he ran out I turned left away from him and hit one of the parked cars. It was the second car back from the crossroads on the left. Put a cross on the second car back.* (*three seconds*) *It was quite funny really. It was parked right outside the police station. A policeman heard the bang and came out at once. You'd better write Police on the police station there on the corner.* (*five seconds*) *I think that's all we need. Thanks very much.*

メモを取る

講義などを聴きながらメモを取る能力を測定したいなら、テストの中でその活動を非常にリアルに再現することが可能だ。受験者は話を聞きながらメモを取り、話が終了してから初めて答えねばならない設問を見る。このようなテストを作るときには、メモがうまく取れるようなパッセージを使うのが肝心である。うまくメモできるようなパッセージであるか否かは作成者が自分で試してみて初めてわかるものだ。また、設問は設けないでおき受験者が自由に書いたメモを採点する、というやり方は薦めない。設問に対する答の採点はたやすいが、メモの採点は信頼性に問題がありそうだからだ。また設問はメモが適切に取れた受験者ならすぐわかるような単純なものであるべきである。

リスニングテストの一部にメモとりタスクを含めるなら、アイテムを書いたあとの注意深い推敲が必須である。試行もできるならなおよい。そうでないとかなり言語能力の高い者でも正答できないアイテムが残る可能性がある。このようなタスクに慣れていない受験者が多いはずだ。よって言うまでもなく事前にこのタスクの存在を周知し、さらに可能ならサンプル問題を提供すべきである。さもないと多くの受験者が力を出し切れず、結果としてわれわれが評価を誤ることになる。

部分ディクテーション

　ディクテーションは、現実世界にもある特にリアルな活動というわけではない。（ただし例えば大学の講義ではある程度の書き取りが必要になるのはよくある。）しかしテストテクニークとしては有益なものである。リスニング能力の「大雑把で手軽な」指標を提供してくれるのみならず、生徒が特にどのような部分（例えば英語の弱形等）に弱いかを診断的にテストするのにも使える。

　伝統的なディクテーションは採点の信頼性の確保が非常に困難なので、部分ディクテーションにすることを薦める。これは受験者の聞く音声の一部がすでに印刷されているものである。次のような形式になる。

印刷されているもの

　　It was a perfect day. The sun _____ in a clear blue sky and Diana felt that all was _____ with the world. It wasn't just the weather that made her feel this way. It was also the fact that her husband had _____ agreed to divorce. More than that, he had agreed to let her keep the house and to pay her a small fortune every month. Life _____ be better.

聞こえてくる音声

　　It was a perfect day. The sun shone in a clear blue sky and Diana felt that all was right with the world. It wasn't just the weather that made her feel this way. It was also the fact that her husband had finally agreed to divorce. More than that, he had agreed to let her keep the house and to pay her a small fortune every month. Life couldn't be better.

　テストしたいのはリスニングなのだから綴りのミスは無視するべきであろう。しかし聞こえた音をうまく表す綴りになっていても、その意味がわかっていないような場合はダメである。正答と見なすには、受験者が空所に入る語を（綴れないかもしれないが）正しく聞き取ったことを示す強力な証拠が解答の中に読み取れることが必要だ。これは実際には判断がむずかしい場合があることは認めざるをえない。

　空所に入るのを2語以上にしてもよい。

It was a perfect day. The sun shone ＿＿＿＿＿＿ and Diana felt that all was right with the world.

こうすると受験者は単に1語を聞こうとするのでなくなるという利点はあるのだが、採点がさらに複雑になるという欠点がある。

数字／綴りの書き取り

　数字、あるいは単語の綴りを読み上げるのを受験者がそのまま書き取るタスクである。数字は電話番号でもよい。単語は受験者がつづりを知らない固有名詞や単語がよい。こういうアイテムは「現実の」世界でそのまま必要になる能力をテストする。最近私が関わったテストで試行してみたところ、このような書き取りが満足にできない英語教師がいかに多いかに驚かされた。書き取りタスクの、信頼性があり妥当性もある（と私が信ずる）採点法の1つは、1つのアイテム（名前や語）につき完璧に合っていて初めて得点にするという方法である。

アイテムを調整する

　リスニングのアイテムにおいて調整は絶対必要である。すでにテスト用に準備完了した録音を使うか、あるいは作成者がテクストを本番同然に読み上げて実施するのが望ましい。調整者はまず受験者の立場でアイテムに取り組んでみて、その後アイテムとそれに対する自分の反応を分析するのだ。p. 163頁のリーディングテスト用の調整チェックリストをほんの少し手直しすればリスニングテスト用になる。

音声提示はライブか録音か？

　リスニングテストで録音を用いる大きな利点は、会場が複数ある場合にも提示音声の均質性が保てることだ。メインテナンスの行き届いたLLや、音響効果と設備の整った（＝室内のどこで聞いても同じようにはっきりと聞こえる）部屋が利用できるなら、この性質は結構なことである。しかしもしこのような条件の確保が無理であるなら、ライブで行うほうが良い。ライブの場合、1つのテスト（の中の1つの部分）に関しては同一の読み手が行うのが、最高の均質性（そしてすなわち信頼性）が得られる。同時にいくつもの部屋で実施する場合には、複数の読み手が必要になる。どちらにせよ、事前にモデルテープを作成し、意図した通りの強調、タイミング等が安定して再現できるように読み手を訓練しな

ければならない。読み手は当該言語に堪能で、かつ一般的な面で信頼できる、責任感の強い人であるべきなのは言うまでもない。

採点に関する留意点

受容的技能の採点に当たっては、正答である語を書こうとしていたという受験者の意図が明白である限り、文法や綴りのミスで減点するのは理由のないことだということを、もう一度強調しておきたい。

■ 自分でやってみよう

1. 自分のよく知っている生徒集団に適切であるような音声言語の長い録音題材を選ぶ。(市販の題材でもよいし、母語話者やラジオの音声を録音してもよい。)5分間分を続けて自分で聞きながらメモを取る。このメモに基づいて8つの短答式設問を書く。同僚にそのテストを受けてもらい、コメントをもらう。必要に応じて修正を加え、可能なら最初に念頭にあった生徒集団に対して実施する。結果を分析する。アイテムとその解答を1つ1つ生徒の前で確認し、彼らのコメントをもらう。それぞれのアイテムはどの程度あなたが意図したものをテストしていたか。
2. 当てこすり、驚き、退屈、歓喜のニュアンスを受験者が感知できるか否かを確かめる短いアイテムをデザインする。1と同様にして同僚と生徒に試してみる。
3. 受験者に簡単な絵を描かせる(または完成させる)ようなテストをデザインする。そのテストが厳密に言って何をテストしているのかを決める。これと同じまたは類似のテクニークで他のどんな能力が測れるかを考える。そのテストを実施し、実施後に生徒の意見を聞いてみる。何が測定されていたかについて生徒たちはあなたに同意するか。

■ さらに読んでみよう

Buck (2001) はリスニング評価の綿密な研究である。Freedle and Kostin (1999) は TOEFL のミニトークアイテムにおけるテクストの重要性を調査したもの。Sherman (1997) は受験者が音声を聞く前にアイテムを見ておくことの効果の研究だ。Buck and Tatsuoka (1998) は短答式アイテムにおける解答の分析である。Hale and Courtney (1994) は TOEFL リスニングテストでメモをとることの効果を調べている。Buck (1991) は内省法 (introspection) によるリスニングテストの妥当性検証である。Shohamy and Inbar (1991) はテクストと設問のタイプによる違いの研究である。Arnold (2000) は受験者のストレスを減らすことでいかにリスニングテストの得点が上がるかを示している。リスニングのテストのもととして使えそ

うな英語の録音データの例としては、Crystal and Davy (1975) と Hughes and Tudgill (1996) がある。英国発音のデータが必要ならば、であるが。

第13章 文法と語彙のテスト

文法のテスト

なぜ文法をテストするのか？

　文法を独立してテストすることは正当化できるのだろうか？　このような問いかけは一昔前であれば非常に奇異に響いたであろう。以前は文法項目を使いこなせることこそが言語能力の中核であると見なされていて、それをテストしないなどということは考えられなかったからである。しかし時代は変わった。少なくとも熟達度テストに関する限り、通常興味の対象は言語能力なのだから、直接テストすべきは言語能力であってそれを下から支えている（と思われる）能力ではない、という見方が主流になってきている。1つには、技能とはすべからく部分の総和以上のものである、という主張がある。ある技能の基礎にある（とわれわれが信じている）諸能力の運用を測定しても、その技能が本当に使いこなせるのかどうかは予測しきれないのだ。第2の論拠は、とりあえず使い道のありそうもない文法項目だけを取り出した学習を奨励するテストより、技能の熟達度を直接測るテストのほうが、波及効果が望ましいと思われるからだ。これは前にも述べた。このような考えから有名な熟達度テストの中には文法セクションを全廃したものもある。

　しかしおそらく大規模な熟達度テストのほとんどはまだ文法セクションを残しているだろう。この理由の1つは短時間に大量のアイテムを簡単に実施・採点できることにちがいない。これに関連して内容妥当性の問題も同じくらい重要である。もしライティングを直接テストしようとすれば、1テストの1バー

ジョンで扱える内容・文体・および「言語操作」の数は非常に限られたものになってしまう。どんなサンプルを選んだとしても、それが真の意味で代表的なサンプルだとは完全には言い切れまい。もちろん(熟達度)文法テストの場合であっても、すべての文法要素をうまくサンプリングしているという確信がもてるわけではない。しかしアイテム数が多いということで、ライティングテストよりも有利なのである。

　熟達度テストで文法をテストするのには疑義があるかもしれない。しかし学校内で実施する到達度テスト、レベル分けテスト、診断テストの場合なら、その一部を文法部門にするのは妥当な根拠があることがしばしばだ。アプローチがどれほど「コミュニカティブ」であったにせよ、何らかの形あるいは装いのもとに文法を教えることをまったく行わない学校がそうあるはずはない。文法を教えるのが必要だと感じられる状況なのであれば、到達度テストに文法部門を含めることの利点は必ず考慮されるべきである。しかし考慮した結果含めることになっても、波及効果の観点からして、文法部門は諸技能の部門に比べてあまり目立たせないのが賢明だろう。言語コースの主たる目標は通常あくまでスキルを伸ばすことなのだから。

　文法的能力の有無によって技能面で可能なパフォーマンスの範囲が大きく変わってくるのは事実として認めねばならない。これは指導の中で文法が重要な位置付けを与えられている、いないに関わるものではない。例えばアカデミックライティングの課題が満足にこなせるかどうかは、最も初歩的な文法項目以上のものが使いこなせるかどうかにある程度かかってくる。このことから考えて、ある特定の生徒がそのようなスキルを伸長するために最も適したクラスを選ぶためには、その生徒の文法的能力情報が非常に役立つと言えよう。少なくともある種のレベル分けテストの中には文法部門があっても悪くなさそうだ。

　さらに、生徒個人あるいは集団の文法知識に何が欠けているかを教えてくれるような診断的文法テストがあると非常に便利である。そういう情報は教師にとってだけでなく学習者本人にとっても貴重である。その欠けている部分を自分で補うために使えるからだ。だからそんなテストは教材に何らかの形でリンクしていることが大切である。そんな情報を与えてくれるコンピュータ文法テストが、どうも近い将来現実になりそうな気配がある。

細目規定を書く

　教えるべき文法事項が指導目標やシラバスに列挙してあるような状況での到達度テストでは、その内容を規定するのは簡単だ。しかしそのようなリストがない場合、教科書その他の教材を見てどんな文法項目が教えられているのかを推測する必要がある。レベル分けテストの細目規定には、このようにして見つかった文法項目すべてと、最も初歩のクラスでも使えるのが当然視されるような項目の両方が含まれよう。熟達度テスト・診断テストの細目規定を書くには、「さらに読んでみよう」で触れている、概念機能アプローチに基づく van Ek と Trim の著作物が、*Cobuild English Usage* などの文法書とともに特に有用である。

サンプリングする

　細目に規定された文法項目から広くサンプルを抽出することでテストが内容妥当性を持つよう試みるべきだ。また、何らかの理由で最も重要と見なされている文法事項も考慮に入れるべきである。テストしやすい事項ばかりを意識的に選ぶようなことはしてはならない。

アイテムを書く

　文法をテストするのにどんなテクニークを選ぶにせよ、アイテムは文法的に正しく自然な言語で書かれているのが重要である。そうでない場合が驚くほど多い。次の2つは教師の自作テストからの例である。

> We can't work with this class because there isn't enough silence.
> I want to see the film. The actors play well.
> （訳注：不自然でない例としては、それぞれ、"That class is impossible. They're so noisy." "I want to see that film. It's got good actors in it." など。）

　このような不自然な英語を避けるために、コーパスに基づく例文の使用を薦める。すぐ手に入るものとしては British National Corpus（BNC）のサンプル CD がある。
　文法テストのテクニークとして空所補充、書き換え、完成、多肢選択の4つ

を提示する。工夫すればこの4つでおよそすべてをカバーできるはずだ。最初の3つは受験者が何か産出することを求めるが、多肢選択はもちろん再認を求めるだけだ。どちらを選ぶかはこの違いによって決まるだろう。

空所補充

理想的には空所補充アイテムの答えはただ1つに決まるのがよい。

What was most disturbing ＿＿＿＿ that for the first time in his life Henry was on his own. ［答：was］

The council must do something to improve transport in the city. ＿＿＿＿, they will lose their next election. ［答：Otherwise］

（文と文をつなぐ語句は、空所補充形式でかなりカバーできる。）

He arrived late, ＿＿＿＿ was a surprise. ［答：which］

2つの正解があるアイテムでもどちらでも意味が変わらなければ構わないだろう。

He displayed the wide, bright smile ＿＿＿＿ had charmed so many people before. ［答：which または that］

しかし意図した正解とは別の解答が可能で、それによって意味が変わったり文構造がまったく異なったりするようなアイテムはおそらく削除したほうがよい。

患者： My baby keeps me awake all night. She won't stop crying.

医者： ＿＿＿＿ let her cry. She'll stop in the end. ［解答例：Just; I'd; Well; Then 等］

Then と just を空所の外に付け加えておけば空所で使える可能性がなくなり、改善されよう。

医者： Then ＿＿＿＿ just let her cry. She'll stop in the end.

（しかしこれでも you でも I'd でも正答になりうると思われるなら、このアイテムはまだ使えない。）

もし I'd のような短縮形を1語として数えてよいなら（そして私はそうすることを薦めるが）、その旨を受験者にはっきりと伝え、テストの冒頭に例を1つ挙げておくべきである。

第8章で指摘したように、文脈を加えることで正答になりうるものが1つに

なることがしばしばある。この方向の延長上に長めのパッセージを用いて、いくつもの空所を設ける方法がある。このやり方で、特定の種類の語(例えば冠詞等)のみをテストすることが可能だ。

(受験者は a, the, または NA (No Article 無冠詞) と書き入れる)

In England children go to _____ school from Monday to Friday. _____ school that Mary goes to is very small. She walks there each morning with _____ friend. One morning they saw _____ man throwing _____ stones and _____ pieces of wood at _____ dog. _____ dog was afraid of _____ man.

このテクニックはさまざまな種類の語をテストするにも使える。(次のテクストは Colin Dexter の The Secret of Annexe 3 より)

When the old man died, _____ was probably no great joy _____ heaven; and quite certainly little if any real grief in Charlbury Drive, the pleasantly unpretentious cul-de-sac _____ semi-detached houses to which he _____ retired.

上のように空所だけ設けておく場合もあるし、p. 188 に掲げた例のように空所ごとにヒントを設ける場合もある。

書き換え

書き換えアイテムとは、与えられた文と意味がほぼ等しい文を書かせるものである。テストしたい文法事項を使わざるを得ないように、部分的に表現を与えておくとよい。

1. 受身の過去進行形のテスト

   When we arrived, a policeman was questioning the bank clerk.
   When we arrived, the bank clerk ....

2. for を使う現在完了のテスト

   It is six years since I last saw him.
   I .... six years.

文完成

このテクニックはさまざまな文法事項に使える。p. 189 に掲げた例は Cam-

Part 5

For questions **56–65**, read the text below. Use the word given in capitals at the end of each line to form a word that fits in the space in the same line. There is an example at the beginning **(0)**. Write your answers **on the separate answer sheet**.

Example: | 0 | ability |

COMPUTERS THAT PLAY GAMES

Computers have had the **(0)** ..*ability*... to play chess for many years	**ABLE**
now, and their **(56)** .... in games against the best players in	**PERFORM**
the world has shown steady **(57)** .... However, it will be	**IMPROVE**
years before designers of computer games machines can beat their	
(58) .... challenge yet – the ancient board game called *Go*.	**BIG**
The playing area is **(59)** .... larger than in chess and there	**CONSIDERABLE**
are far more pieces, so that the **(60)** .... of moves is almost	**COMBINE**
(61) .... The game involves planning so many moves ahead	**END**
that even the **(62)** .... calculations of the fastest modern	**IMPRESS**
computers are **(63)** .... to deal with the problems of the game.	**SUFFICIENT**
In recent **(64)** .... for computer *Go* machines, the best	**COMPETE**
machine beat all its computer rivals, but lost **(65)** .... to three	**HEAVY**
young schoolchildren, so there is obviously still a lot of work to do!	

UCLES FCE Handbook 1997

bridge First Certificate in English (FCE) のテストパック 1 からとったものだ注1)。対話の文脈によっていかに特定の形式(この場合は疑問文)が引き出されるかをよく見て欲しい。

多肢選択

多肢選択の使用に慎重であるべき理由は第 8 章で述べた。しかし時には空所補充では意図したものがテストできない場合が(少なくとも私の経験では)存在する。蓋然性を表す could をテストしたいとする。単に

第13章 文法と語彙のテスト 189

> In the following conversation, the sentences numbered (1) to (6) have been left incomplete. Complete them suitably. Read the whole conversation before you begin to answer the question.
> (Mr Cole wants a job in Mr Gillbert's export business. He has come for an interview.)
>
> **Mr Gilbert:** Good morning, Mr Cole. Please come in and sit down. Now let me see. (1) Which school ....?
> **Mr Cole:** Whitestone College.
> **Mr Gilbert:** (2) And when ....?
> **Mr Cole:** In 1972, at the end of the summer term.
> **Mr Gilbert:** (3) And since then what ....?
> **Mr Cole:** I worked in a bank for a year. Then I took my present job, selling cars. But I would like a change now.
> **Mr Gilbert:** (4) Well, what sort of a job ....?
> **Mr Cole:** I'd really like to work in your Export Department.
> **Mr Gilbert:** That might be a little difficult. What are your qualifications? (5) I mean what languages .... besides English?
> **Mr Cole:** Well, only a little French.
> **Mr Gilbert:** That would be a big disadvantage, Mr Cole. (6) Could you tell me why ....?
> **Mr Cole:** Because I'd like to travel and to meet people from other countries.
> **Mr Gilbert:** I don't think I can help you at present, Mr Cole. Perhaps you ought to try a travel agency.

  They left at seven. They _____ be home by now.

としておいたのでは、どう見ても正解の可能性があまりに多すぎる（must, should, may, could, might, will）。そこで文脈を加え、だれかに Yes, but we can't count on it, can we? (そうね。でもそれを当てにはできないでしょ？) と言わせてみる。こうすれば must と will は排除できるが他はまだ可能だ。

ここに至って蓋然性の could を満足にテストするには多肢選択を用いるしかない、と私は思うだろう。

  A : They left at seven. They _____ be home by now.
  B : Yes, but we can't count on it, can we?
    a. can   b. could   c. will   d. must

また、テストしたい要素が1語で表せない場合にも私は多肢選択を使うだろう。

 A： Poor man, he .... at that for days now.
 B： Why doesn't he give up?
   a. was working
   b. has been working
   c. is working
   d. had worked

（Why doesn't he give up? を加えることで d も正解になってしまう可能性を排除している。なければ文末に now があっても d も可能だ。）

　さらにこれまで提示したすべてのテクニックでも多肢選択形式にすることは不可能ではない。しかし実際やってみるとわかるが適当な錯乱肢を作るのがしばしばむずかしい。

　アイテムをいったん書いた後の調整はもちろん不可欠である。第7章のチェックリストが役に立つはずだ。

記述形式の文法テストを採点する

　空所補充や多肢選択アイテムには採点上の問題はないはずである。他のタイプのアイテムを採点するときに大切なことは、そのアイテムが何をテストしているのかを明確にしておき、そのポイントに対してだけ点を与えることである。アイテムがテストしているのが1つだけ、例えば主語・代名詞と動詞の倒置であれば、そのアイテムの全配点はその点に絞って与えられるべきである。文法と関係ない誤りや、文法でも別の事項に関する誤りで減点してはならない。例えば関係代名詞がテスティングポイントであるなら三人称単数現在の s を落としても点を引いてはならないし、opened が opend となっていても無視すべきである。

　1つのアイテムで2つの要素をテストする場合には、それぞれ別々に（例えば現在完了の動詞部分と since 〜 の部分に別々に）配点することもあろう。あるいは逆に両方の要素ができている場合のみ点を与えると決めてもよい。どちらかでも間違えばその事項をマスターしているとは言えないような場合にはそれが理にかなっている。このようなアイテムの場合は、採点の妥当性と信頼性を保証するために、正解を注意深く準備する必要がある。

語彙のテスト

なぜ語彙をテストするのか？

　熟達度テストに語彙アイテムを含める理由に関しては、文法アイテムを含めるのと同様な根拠を挙げる場合があるだろう。(ただし語彙には語彙独自のサンプリングの問題がある。)しかし熟達度テスト以外で特別に語彙セクションを設けることの根拠は弱いかもしれない。文法は定期的にかつ意識して教えるが、そのように語彙を教えるのに割かれる時間はずっと少ないのではなかろうか。語彙指導がほとんどないのなら、語彙の到達度テストをする必要はほとんどないはずだ、という論があろう。しかしそれと同時に、語彙指導はなくとも語彙の「学習」はあって欲しい、という希望は存在する。この学習の度合いを測定(かつ奨励する)到達度テストは、学校内テストであれば確かに意義があると思われる。組織的な語彙指導が望ましいと信ずる教師であれば、その波及効果を期待して語彙の到達度テストを望むだろう。

　一般的語彙力診断テストの有用性は必ずしも自明ではない。またそんなテストが実現可能かどうかも不明である。レベル分けテストに関する限り、ある言語コースに入るための必須要件として特定の語彙群をマスターしていることを要求することは普通ないだろう。テストする側が見たいのは、その生徒が適切な語彙を有しているかどうかに関する一般的な指標である。授業での特定の語彙の学習が、他の特定語彙の知識の有無によって影響を受けることはめったにない。1つの方法は市販の語彙テストを使うことである。あるいは語彙の熟達度テストを自作することもできる。

細目規定を書く

　到達度テストの場合どのように語彙を細目で規定すればよいだろう。意識的な語彙指導をしているのなら、生徒に提示したすべての語彙を細目規定に含めるべきだ。さらに他の活動(リーディング、リスニング等)で生徒が遭遇した全新出語を加えることができる。その際まず受容語彙なのか産出まで求めるのかによって分類し、次に相対的重要性によって分類するのがよい。

　語彙アイテムによるレベル分けテストというのは本質的には熟達度テストであると示唆した。熟達度テストに出す可能性のある語彙を規定する場合、語彙

の使用頻度情報のある語彙リストに言及するのが通常のやり方である(「さらに読んでみよう」を参照)。

サンプリングする

　語彙は頻度と有用性によってグループ分けすることができる。その後、使用頻度と有用性がより高いグループからの選択が多くなるようにしながら、各グループからはランダムに語彙アイテムを選べばよい。

アイテムを書く

認識能力をテストする

　語彙認識のテストに限っては、多肢選択テクニークでもあまり問題はない。第1に錯乱肢は容易に作れる。第2に当て推量の余地のある多肢選択を使っても深刻な害のある波及効果があるとは思えない。語彙の意味の推測はむしろ奨励したいからだ。しかし良いアイテムを書くのはそう簡単なことではない。
　アイテムによっては受験者の側にさまざまな心的操作を要求することがある。

同意語を再認する

　　一番左の語と意味が最も近いものを a〜d から選びなさい。
　　gleam　　a. gather　　b. shine　　c. welcome　　d. clean

a はおそらく glean との連想で作った選択肢だろう。d は gleam と音が類似しているので選択肢にしたのかもしれない。これらの錯乱肢が意図の通り機能してくれるかは、試行をするまではわからない。
　選択肢には受験者が知っているような語だけを用いていることに注意しよう。もし welcome の代わりに groyne にしてあれば、見たことのない groyne は正解でないとほとんどの学生がすぐ見抜くだろう。「むずかしい」語の gleam の意味がやはり「むずかしい」語の groyne であることは、こういうテストではまずないからだ。
　逆に、よくある語のほうをステムにして頻度の低い語を選択肢とすることもできる。

　　shine　　a. malm　　b. gleam　　c. loam　　d. snarl

このパタンの難点は錯乱肢にどんな語を使うかにある。あまり頻度の高い語は

「錯乱」しないからもちろん使えない。しかし頻度はそれほど高くなくとも、もし受験者がたまたま知っていれば、やはり「錯乱」しない。ということは第1のパタンのほうがよさそうだということになる。

どちらのアイテムにおいてもテストの対象は gleam という語であることに注意しよう。

定義を再認する

   loathe の意味は a. dislike intensely
           b. become seriously ill
           c. search carefully
           d. look very angry

選択肢がほぼ同じ長さであることに注意して欲しい。どれが正解かわからない受験者は、他と際立って違う選択肢を選ぶ傾向があると言われる。dislike intensely が定義として用いられるなら、錯乱肢もそれに似たようなものであるべきだ。このアイテムの場合、作成者は全選択肢に「程度の激しさにまつわる何らかの概念」を含めている。

この場合もやはり、むずかしい語のほうを選択肢にすることは可能だが、このテクニークに関して上で述べた難点はやはり当てはまってしまう。

   dislike intensely を意味する語は a. growl
               b. screech
               c. sneer
               d. loathe

Thrasher（インターネット上）は、語彙は文脈の中でテストされるべきであるとし、loathe をテストするなら本書の初版で紹介した形式より次の形式のほうが望ましいと述べている。

 Bill is someone I *loathe*.
   a. like very much.
   b. dislike intensely
   c. respect
   d. fear

文脈を与えることでアイテムがより良いものになるかどうかについては、しばらく読者に自分で考えてもらうことにする。

文脈に適する語を再認する

定義や同意語でなく、文脈を語彙知識のテストに使うこともできる。

The strong wind ＿＿＿＿＿＿ the man's efforts to put up the tent.
 a. disabled b. hampered c. deranged d. regaled

この場合、文脈のほうには受験者が知りそうにない語は使うべきでない点に注意したい。

文脈の中で語彙をテストするアイテムを自分でも提示した上で、さて先の Thrasher の改善の提案を検討してみよう。言語を学習するときにも使用するときにも、語彙というものは普通文脈の中で遭遇するものである。よってアイテムで文脈を与えることでタスクがより現実的になり、受験者の能力のより妥当性の高い測定につながる、という議論は可能だ。テストではない状況で読んでいるときにそうであるように、文脈があれば記憶がよみがえることもあろう。さらに単語を文脈なしで提示することにはいくらかマイナスの波及効果があるかもしれない、とも言えよう。しかしながら、多肢選択法を用いて語彙をテストするときには、語を単独で提示するほうが作成可能な錯乱肢の範囲が広がるのだ。上記の Thrasher のアイテムでは、選択肢 a, b と c, d の間の長さの違いのせいで、この単語を知らない受験者は a もしくは b を選ぶのではないかと思われる。こうして当て推量で正解を選んでしまう可能性が大きくなるのだ。しかし正直に言って、語彙アイテムで文脈のある場合とない場合の受験者行動を比較した組織的な研究を私は知らない。

産出能力をテストする

語彙を産出的にテストするのは非常にむずかしく、熟達度テストではまず試みられることはない。受容的な能力の情報だけで十分だと考えられているのだ。以下で提案する形式は、到達度テストのみを想定している。

絵

語彙の産出能力のテストがむずかしいのは主に、受験者にねらいどおりの語

だけを使わせるようなアイテムを簡単な語彙の範囲内で書くのがむずかしいからだ。この困難を回避する1つの方法は絵の使用である。

次のA〜Fの物体の名前を書きなさい。

A＿＿＿＿＿＿　　B＿＿＿＿＿＿　　C＿＿＿＿＿＿
D＿＿＿＿＿＿　　E＿＿＿＿＿＿　　F＿＿＿＿＿＿

しかしこの方法は、間違いなく何を描いたものか判別できるような具体名詞にしか使えないのは明らかだ。

定　義

これはさまざまな種類の語彙でうまくいく。

　　A ＿＿＿＿ is a person who looks after our teeth.
　　＿＿＿＿ is frozen water.
　　＿＿＿＿ is the second month of the year.

しかし定義によって1つに決まる語彙ばかりとは限らない。例えば feeble をどのように定義したとしても、他の同義語をすべては排除するのは無理だろう。さらにそれ自身よりも頻度が高く単純な語だけを用いて定義することができない語もある。

空所補充

これは文の中で1語だけを空所にする形式である。

　　Because of the snow, the football match was ＿＿＿＿ until the following week.

I _____ to have to tell you this, Mrs. Jones, but your husband has had an accident.

この形式の場合、こちらが考えている以外の語が当てはまることは非常に多い。実際、上の2番目のアイテムには少なくとも2つの正解がありうる。(これを最初に書いたときにはそういうつもりではなかったのだ!) この問題は、語の最初の文字(列)を与える、さらには文字数を与えることで解決する。

I r_____ to have to tell you ...

または I r_ _ _ _ _ to have to tell you ...

繰り返すが、いったん書いた後には調整が必要であり、第7章のチェックリストを少々手直しすれば使えるだろう。

追　記

章を終えるにあたり、文法・語彙はコミュニケーション技能に貢献はするけれど、それ自体を目的だと見なすべき場合はめったにない、という事実を確認しておきたい。文法・語彙に重きを置き過ぎることによって、コミュニカティブな指導・学習の目標達成を邪魔するマイナスの波及効果を生み出さないことが、極めて重要である。

■ 自分でやってみよう

以下をテストするアイテムを作る。

仮定法：　If ～ had ～ , ～ would have ～

同等比較

関係代名詞：　whose

過去進行形：　～ was -ing, when ～

それぞれをテストするのに本章で提示したどのテクニックが合っているか。それはなぜか。

以下は教師が自作した多肢選択アイテムだが、何か問題点があるか(第7章の表1のチェックリストを使うこと)。問題があるなら改善する。

a) I said to my friend, '_____ be stupid.'
　　Isn't　　Aren't　　Didn't　　Dont'be

b) What _____ you do, if your car broke down?
   must   did   shall
c) You are too thin. You should eat ....
   many   more   a few
d) — I'm sorry that the child saw the accident.
   — I don't think it matters. He soon _____ it.
   is forgetting   forgets   will forget   will be forgetting
e) People _____ in their reaction to the same stimulus.
   replace   vary   upset   very

次の各語に関して3つのアイテムを書き、3つの語彙テストを作る。1つめは文脈のない多肢選択、2つ目は文脈のある多肢選択、3つ目は空所補充で。3つのテストを別々の(しかし能力が同じような)グループに実施する。同一の語を使った3種類のアイテムの得点を比べてみる。得点の差は出題形式のためと言えるか。

| beard | sigh | bench | deaf | genial |
| tickle | weep | greedy | mellow | callow |

(これらの単語が自分の生徒に合わない場合は、他の語と差し替えること。)

■ さらに読んでみよう

概念、機能およびその文法的、語彙的表現の非常に詳しい分類が van Ek and Trim (2001a, b, c) に見られる。また Collins Cobuild (1992) も細目規定を書くのに便利であった。Read (2000) は語彙の(単なるテストを超えた)査定の綿密な研究である。Read and Chapelle (2001) は語彙力の査定のための枠組みを提案している。Leech 他 (2001) は語彙の使用頻度に関する新刊である。英語の話し言葉、書き言葉別の情報を提供してくれる。West (1953) は学習者が知っておくべき使用頻度の高い語の標準的リストである。*Collins COBUILD English Language Dictionary* と *Longman Dictionary of Contemporary English* は頻度情報によって語彙にマークをつけている。

注1) FCE はもうこのテクニークを使用していない。

第 14 章
全体的能力のテスト

　これまでの5つの章では、異なる能力を個別にテストするための指針を提示してきた。その際の暗黙の前提は、これら個別の能力に関する情報が必要だということである。しかし時にはそれほど細かい情報が必要なく、受験者の全体的能力が推定できれば十分な場合もある。

　全体的能力を測る1つの方法は、リーディング、リスニング、文法・語彙などいくつもの部門で構成されるテストを作ることだ。細目規定は部門ごとに書き、部門別の重み付けを明確にしてからテスト全体の細目規定として統合する。部門ごとの得点は合計され、それが全体的能力を示すことになる。多くの熟達度テストではこの手法をとっている。部門別の得点も表示されるかもしれないが、得点を解釈する側は総点だけを見てその内訳は無視するかもしれない。

　しかしそのテストの結果に基づいてなされる決定が致命的に重要というほどでなく、かつ波及効果を考慮する必要がそれほどない場合なら、これほど大々的なテストを構築するのは効率的とは言えない。典型的な例は語学学校のレベル分けテストである。ふつう語学学校のレベル分けテストに求められるのは、当該学校の適切なレベルの授業に受験者を割り振ることだけだ。レベルに合わないことが後からわかれば、より適切なクラスに移るのは通常容易なことだ。そんな生徒があまりたくさんいない限り大した問題ではない。そしてふつうレベル分けテストのために受験勉強する学生はいないから、波及効果を心配する必要もない。こういう状況では、かなり簡単にかつ効率的に全体的能力の査定をする方法がある。

　しかしその具体的なテクニックを見る前に、「全体的能力」という概念について少し考えてみたい。この概念は、「～さんは～語が得意だ／かなりできる／で

きない」というような、日常生活レベルの観念に関係したものだ。ある特定個人のある言語における異なる技能(スピーキングとリスニング、等)のパフォーマンスレベルはふつうある程度似ている。であるからして、ある人が「〜語が得意だ」と言っても意味がある。誰かがある言語を流暢に正しく話しているのを聞けば、たぶん書くのもうまいのだろうと予測できる。もちろん時にはそんな予測が外れることもあるが、ふつうは当たる。これは驚くことでも何でもないのであって、話すことと書くことは、違いはもちろんあるが、文法と語彙などの明らかな要素をはじめとして共通点が非常に多い。われわれが全体的能力を効率よく測定できるのは、本質的には、異なる技能間に存在するこの共通要素のおかげである。

テクニークの論議に移る前にもう1つだけ指摘しておきたいのは、これから紹介するいくつかの手法は**削減余剰性**（reduced redundancy）という考え方に基づいているということだ。他人が話しているのを聞いたり何か読んだりするときは、その内容を理解するのに絶対必要な分以上の情報がわれわれに入ってきている。これを「余剰性がある」と表現する。この余剰性が削減されても母語話者なら問題なく対処できる。例えば雑音があってすべての音は聞き取れない環境でも、誰かが言っていることを聞いて理解できる。同様に雨で印刷がぼやけてしまった新聞でも記事の内容はわかる。このような余剰性が削減された場合、一般的に非母語話者のほうがより大きな困難を覚えるので、故意に余剰性を削減することで外国語能力を推定することが行われてきた。余剰性の削減されたテクストをどの程度本来の形に復元できるかを測るという手法が、学習者の全体的能力の推定に用いられてきている。

さまざまなクローズ法

元々の形の**クローズ法**（cloze procedure）は、パッセージから一定数の語を削除してそこに空欄を設けることで余剰性を減らし、受験者に空欄を埋めさせるというものである。パッセージの冒頭は「導入部」として空欄を設けずにおき、その後のテクストは通常7語目を削除してゆく。次の例はアメリカでクローズの研究に使われたものである。空欄には1語ずつ入るので、読者も実際にやってみたらよいだろう。解答は章末にある。

What is a college?

Confusion exists concerning the real purposes, aims, and goals of a college. What are these? What should a college be?

Some believe that the chief function 1. _____ even a liberal arts college is 2. _____ vocational one. I feel that the 3. _____ function of a college, while important, 4. _____ nonetheless secondary. Others profess that the 5. _____ purpose of a college is to 6. _____ paragons of moral, mental, and spiritual 7. _____ — Bernard McFaddens with halos. If they 8. _____ that the college should include students 9. _____ the highest moral, ethical, and religious 10. _____ by precept and example, I 11. _____ willing to accept the thesis.

I 12. _____ in attention to both social amenities 13. _____ regulations, but I prefer to see 14. _____ colleges get down to more basic 15. _____ and ethical considerations instead of standing in loco parentis 16. _____ four years when 17. _____ student is attempting in his youthful 18. _____ awkward ways, to grow up. It 19. _____ been said that it was not 20. _____ duty to prolong adolescences. We are 21. _____ adept at it.

There are those 22. _____ maintain that the chief purpose of 23. _____ college is to develop "responsible citizens." 24. _____ is good if responsible citizenship is 25. _____ by-product of all the factors which 26. _____ to make up a college education 27. _____ life itself. The difficulty arises from 28. _____ confusion about the meaning of responsible 29. _____ . I know of one college which 30. _____ mainly to produce, in a kind 31. _____ academic assembly line, outstanding exponents of 32. _____ system of free enterprise.

Likewise, I 33. _____ to praise the kind of education 34. _____ extols one kind economic system 35. _____ the exclusion of the good portions 36. _____ other kinds of economic systems. It 37. _____ to me therefore, that a college 38. _____ represent a combination of all 39. _____ above aims, and should be something 40. _____ besides — first and foremost an educational 41. _____ , the center of which is the 42. _____ exchange between teachers and students.

I 43. _____ read entirely too many statements such 44. _____ this one on admissions application papers: "45. _____ want a college education because I 46. _____ that this will help to support 47. _____ and my family." I suspect that 48. _____ job as a bricklayer would help this 49. _____ to support himself and his family 50. _____ better than a college education.

(Oller and Conrad 1971)

自信を持って簡単に埋まった空欄もあろう。逆に仮に母語話者であっても埋めるのがむずかしい、あるいは不可能である空欄があったはずだ。中にはオリジナルの語とは違うが同じくらいもしくはもっと適当(と思われる)語で埋めた空欄もあったかもしれない。このような例はすべて後で論じてゆく。

クローズ法が言語テストのほとんど万能薬のごとく世に喧伝された時期がかつてあった。クローズ法は受験者がその言語で書かれた長い文章を処理してゆく能力に関わる統合的手法だ、と多くの人が考えた。空欄を埋めるには、直前直後の文脈以上のものが必要であった。削除された語が何であるかを予測するには受験者は自分の言語運用のすべてのもとになっている諸能力を利用した。したがってクローズ法はそれらの諸能力のレベルの指標を提供してくれた。また機械的に n 語ごとに削除するため、クローズテストの空欄部分は当該テクストの言語的特徴の代表的サンプルになっているとされた。この事実から内容妥当性も保証された。(本書のような入門的実用書でこのあたりに関する議論を詳細に解説しても有用ではなかろう。興味をもった読者は「さらに読んでみよう」の項を参照して欲しい。) クローズテストの得点と、UCLA 英語レベル分けテストなどのもっとずっと長く複雑なテストの総点との相関、およびそのようなテストの部門別(リーディング、リスニング等)得点との相関が比較的高かった、という点がこの見解を支持することになった。

クローズ法は全体的能力の指標として非常に魅力的に映った。作成・実施・採点が容易であった。初期の研究報告では、もとになるパッセージの選び方や削除する語の選び方はほとんど結果に影響しないと示唆しているようだった。どのような選びかたをしても受験者の言語能力のもとにあるものを測定する信頼性と妥当性の高いテストになるというのだった。しかし残念ながらクローズはこのような福音のすべてをもたらすことはできなかったのである。

まず、異なるパッセージを使うと異なる結果が出たし、また同じパッセージでも削除する語が異なるとやはり異なる結果が出た。空欄を埋めるのにどのような文脈が必要かを詳しく吟味し、実際に受験者がどのような文脈を利用したかを研究してみたところ、ほとんど当該の文脈の前後で事足りていることが判明した。さらに懸念を抱かせたのは、空欄を埋める能力において、知的で教育のある母語話者間でもかなりのばらつきが見られたという事実である。なんとその上、母語話者の中には多くの非母語話者よりも成績の悪い者さえいたのである。こうしてこの方法の妥当性が疑われるようになった。

選択的削除クローズ

　クローズ法が自動的に信頼性の高い有用なテスト結果を保証することはない、という点に関して現在ではかなり広く意見の一致を見ていると言えよう。テクストは注意深く選ぶ必要があるし、また試行も必要なのだ。削除する語の間隔を機械的に決めるとほぼ必ず問題のあるアイテム(例えば復元が不可能な語が削除されてしまう等)が生まれる。したがって削除する語は最初から注意深く選ぶほうが望ましい。以下は大学入学レベルの学内クローズテストとして実際に実施されたものだ。これもやはり実際にやってみていただきたい。

■ 文章中の空欄に最もよく当てはまる語を、右余白の解答欄に書きなさい。空欄にはそれぞれ 1 語だけ入る。

Ecology

Water, soil and the earth's green mantle of plants make up the world that supports the animal life of the earth. Although modern man seldom remembers the fact, he could not exist without the plants that harness the sun's energy and manufacture the basic food-stuffs he depends (1) _____ for life. Our attitude (2) _____ plants is a singularly narrow (3) _____. If we see any immediate utility in (4) _____ plant we foster it. (5) _____ for any reason we find its presence undesirable, (6) _____ merely a matter of indifference, we may condemn (7) _____ to destruction. Besides the various plants (8) _____ are poisonous to man or to (9) _____ livestock, or crowd out food plants, many are marked (10) _____ destruction merely because, according to our narrow view, they happen to (11) _____ in the wrong place at the (12) _____ time. Many others are destroyed merely (13) _____ they happen to be associates of the unwanted plants.

The earth's vegetation is (14) _____ of a web of life in which there are intimate and essential relations between plants and the earth, between plants and (15) _____ plants, between plants and animals. Sometimes we have no (16) _____ but to disturb (17) _____ relationships, but we should (18) _____ so thoughtfully, with full

(1) _____
(2) _____
(3) _____
(4) _____
(5) _____
(6) _____
(7) _____
(8) _____
(9) _____
(10) _____
(11) _____
(12) _____
(13) _____
(14) _____
(15) _____
(16) _____
(17) _____
(18) _____

awareness that (19) _____ we do may (20) _____ consequences remote in time and place.	(19) _____ (20) _____

　上のパッセージでは「おもしろい」アイテムになるよう空所を選んだ。ほとんどは「文法」をテストしていると感じてしまうかもしれないが、正解を得るためには文法能力以上のものが必要である。文脈中のさまざまな要素の理解が普通は要求されるはずだ。もう１つの特徴は、このテストが想定していた非母語話者の学生と一般的学力が同じである母語話者であれば、全アイテムに正解と見なせる解答が書けるだろう、という点だ。正解となる語の範囲自体が限られているのだ。Cambridge Proficiency Examination（CPE）の場合、このタイプのクローズテストの得点とテスト全体の得点の相関は非常に高い。全体的能力をクローズで測りたいのなら、私が薦めるのはこのタイプである。作成にあたっての一般的アドバイスは後で記す。

会話文クローズ

　上でクローズ作成に使ったパッセージは両方ともかなり改まった散文であった。もし読み書き能力だけでなく口頭能力をも反映(そしてできれば予測も)するような全体的能力の指標が欲しければ、話し言葉を代表するようなパッセージを使うことができる。次のパッセージは録音した会話をもとにしている。このタイプの題材は非常に文化的色彩が強く、完全に理解できるのは英国にある程度滞在した人だけだろう。(これもやってみて欲しい。John's とか I'm などは１語扱いであり、空所には１語のみ入る。)

Family reunion
Mother :　　　　I love that dress, Mum.
Grandmother :　Oh, it's M and S.
Mother :　　　　Is it?
Grandmother :　Yes, five pounds
Mother :　　　　My goodness, it's not, Mum.
Grandmother :　But it's made of that T-shirt stuff, so I don't think it'll wash very .... (1), you know, they go all ...
Mother :　　　　sort .... (2) ... I know the kind, yes ...

Grandmother:	Yes.
Mother:	I've got some T-shirts of that, and .... (3) shrink upwards and go wide ...
Grandmother:	I know, so ...
Mother:	It's a super colour. It .... (4) a terribly expensive one, doesn't it? .... (5) you think so when you saw .... (6)?
Grandmother:	Well, I always know in Marks. .... (7) just go in there and ... and .... (8) it's not there I don't buy it. I know I won't like anything else. I got about three from there ... four from there. Only I wait about ...
Girl:	Mummy, can I have a sweetie?
Mother:	What, love?
Grandmother:	Do you know what those are called? ... Oh, I used to love them .... (9) I was a little girl. Liquorice comfits. Do your like liquorice? Does she?
Mother:	.... (10) think she quite likes it. Do .... (11)? We've got some liquorice allsorts actually .... (12) the journey.
Grandmother:	Oh yes.
Mother:	And I said she could have one after.
Grandmother:	Oh, I'm going to have one. No, I'm .... (13). No, it'd make me fat, dear.
Mother:	Listen. Do you want some stew? It's hot now.
Grandmother:	No, no, darling I don't want anything.
Mother:	Don't you want any? Because .... (14) just put it one the table.
Grandmother:	I've got my Limmits.
Mother:	Are you going .... (15) eat them now with us?
Grandmother:	Yes. .... (16) you going to have yours ... yours now?
Mother:	Well, I've just put mine on the plate, but Arth says he doesn't .... (17) any now.
Grandmother:	Oh yes, go on.
Mother:	So ... so he's going to come down later ...

Grandmother :	What are .... (18) going to eat? ... Oh, I like .... (19). Is that a thing that ...
Mother :	... you gave me, but I altered it.
Grandmother :	Did .... (20) shorten it?
Mother :	I took the frill .... (21).
Grandmother :	I thought it looked ...
Mother :	I altered .... (22) straps and I had to ...
Girl :	That's .... (23) you gave me, Granny .... Granny, I'm .... (24) big for that ...
Mother :	And so is Jake. It's for a doll ... Do you remember that?
Grandmother :	No.
Mother :	Oh, Mum, you're awful. .... (25) made it.

　この「会話文クローズ」を実施してみたところ、英国にある程度すでに滞在している留学生の口頭能力(= 彼らの言語教師の評定による)とまずまず高い相関を示した。このことからわかるのは、クローズテストを作る際は興味のある種類の全体的能力に関連するタイプのパッセージを選ぶべし、ということだ。

クローズテスト作成上のアドバイス

1.　受験者のレベルにあった難易度のパッセージを選ぶべし。受験者のレベルがはっきりわからない場合は、さまざまなレベルのパッセージを複数選んで事前テストを実施すべし。実はこのような場合に限らず、多数のパッセージを試行してみることは常に望ましい。思ったように機能するとは限らないからだ。
2.　テクストの種類は、テストしようとする言語能力の種類にふさわしい文体で書かれたものであるべし。
3.　文章の最初の1～2文をそのままにして、それ以降8～10語ごとに削除して空所にする。(これは準ランダム削除方式と言われるものだ。)削除する語を選ぶ際、一定の語数で機械的に行うと問題がある場合や少し変更するとアイテムとしておもしろくなる場合は、1～2語ずらしてもよい。広い文脈を考えた場合にのみ埋まるような空所を故意に設けてもよい。
4.　次にその空所のあるパッセージを十分な数の(本番の受験者に対応するような)ネイティブスピーカーに解いてもらい、出てきた答えを参考にして正解と

する語の範囲を決定する。
5. 明解な指示文を作成する。特に、「1語」の定義をはっきりさせるべきである。(必要に応じて、例えば isn't のような短縮形をどうするかについてはっきりと述べる。)また、すべての空所をまったく原文どおり復元することは誰にもできないということを述べて受験生を安心させるべきだ。空所に手をつける前にまず通読して何を述べている文章なのかをつかむとよい、という指示も含める。(テクストの最初のほうの空所が、それよりあとの部分の内容からわかる場合もある。)
6. 問題と解答欄は、本章に掲載した2番目のテスト(Ecology)のようにレイアウトすれば採点しやすい。縦に並んだ解答欄に並べて置き、受験者の答えと正解が並んで見えるような採点カードを用意すればよいのだ。
7. クローズテストの受験者は、それまでに何度かこの問題形式に触れたことがあるのが望ましい。事前に練習をしたことがあればあるほど、受験者の真の言語能力が得点に反映される可能性が高くなる。
8. クローズテストの得点はそれだけで直接解釈することはできない。解釈するためには、何かほかの指標を用意し、照らし合わせて妥当性検証を実施する必要がある。

ミニ・クローズアイテム

クローズ法の1つの問題は、いったんパッセージを選んでしまうとテストできる要素が制限されてしまうことだ。つまりそのパッセージに現れる文法事項・語彙しかテストすることができない。こちらが大切だと考える要素を満遍なくテストするには、いくつものパッセージを含める必要があるが、これはとても経済的とは言えない。そこで別の方法として、ミニ・クローズ(mini-cloze)とでも呼べるものを作成することができる。いろいろな形があり得るが、私が使ったのは、2人もしくはそれ以上による短いやり取りの中で1語だけ空所にするものである。

A: What time is it?
B: _____ a quarter to three.
A: You look tired.
B: Yes, I stayed _____ really late last night. Had to finish that book.

こうすれば自分でテストしたい文法項目や語彙だけを含めることができるし、話し言葉の特徴の中で必要なものは何でも含めることができる。例えばテストの内容を語学学校で使っている教科書の内容に即したものにしたければ、そのようなアイテムを書くことは比較的たやすい。普通のクローズに比べた場合の弱点があるとすれば、正解するために考慮する必要のある文脈範囲が非常に狭いということだが、レベル分けテスト等であればこれはたいした問題にはならないだろう[注1]。

C-テスト

　C-テストは実はクローズの一種であるが、考案者によれば今まで述べたようなクローズよりも優れている。空所を設ける場合に、語全体を削除するのではなく1語おきに単語の後半を削除するものである。例えば次のようになる。

> There are usually five men in the crew of a fire engine. One o_ them dri__ the eng___. The lea___ sits bes___ the dri___. The ot___ firemen s__ inside t__ cab o_ the f___ engine. T__ leader kn___ how t_ fight diff____ sorts o_ fires. S_, when t__ firemen arr___ at a fire, it is always the leader who decides how to fight a fire. He tells each fireman what to do.　　　　　　　　　　　　　　　(Klein-Braley and Raatz 1984)

オリジナルのクローズよりも優れている点とされているのは、(母語話者の答がほぼ100%一致するので)別解が必要ないということ、および用いるパッセージがクローズよりも短く、それゆえ同じ時間でより多くのパッセージをテストに含めることができることである。これはすなわちクローズよりもさまざまなトピック・文体・難易度の文章をテストに含めることが可能だということである。削除する部分が単語よりも小さいという点で、品詞のかたよりなく問うことが可能だとも言われている。

　同数の空所(例えば100)を持つクローズテストとC-テストを比較した場合、C-テストのほうが、占めるスペースも小さく、(受験者の読まねばならぬ量が少ないため)解答にかかる時間も少ない。

　欠点があるとすれば、このテストで求められる作業がパズルさながらだという点である。C-テストは文章としてクローズよりも読みにくい。おまけに正解

の語がしばしば空所の周囲に見つかることがある。したがって外国語能力が同じでもパズルを解くのがうまい受験者が有利だろう。しかしながらC-テストに関する研究結果を見ると、概してこのテストは受験者の外国語の全体的能力をおおざっぱに知るためには優れている、という結果が出ているようだ。上述のクローズテスト作成のための留意点はC-テストにも当てはまる。

ディクテーション

1960年代には少なくとも世界のいくつかの地域で、ディクテーションテストという手法はお話にならぬほどの考え違いに基づいている、と非難するのが普通だった。結局のところ、語順は与えられるわけだから語順のテストではない。語そのものは与えられるので語彙のテストではない。文脈から語彙を同定するのが可能なので音を聞く力のテストではない、というわけだ。句読法と綴りのテストにはなるかもしれないが、それならもっと経済的なやり方があるだろう。

60年代末に、この定説に対する異見が現れた。研究してみたところディクテーションテストの得点と、より長くて複雑なUCLA ESLPEなどの得点との間に高い相関が観察されたのだ。ディクテーションテストでの答案を分析してみると、語および語順は与えられているとは言えないことが明らかになった。受験者の耳に聞こえるのは単なる音の連続であって、それを語の単位に解析・分解し、一瞬記憶に保持した上で紙上に再現しなければならなかったのだ。文脈から何の語かがわかる能力は今や非常に望ましい能力であると考えられ、むしろレベルの異なる受験者を弁別する指標と見なされるようになった。

ディクテーションテストの結果はクローズと類似するが、全体的能力を予測する上でクローズにない利点はリスニング力が関わるという点だ。そしてクローズと比較したときの利点はおそらくこれだけである。たしかに作成は同じ程度に容易だ。実施は紙と鉛筆だけですむクローズのようなわけにはいかないにしても比較的容易である。しかし採点はとても容易とは言えない。クローズおよびディクテーションの主要な研究者の1人だったOllerは、正解と同じ順番で書き取れた単語の数を得点にすることを薦めている。綴りが違った語はフォニックスのルールに違反していない限り正答扱いとする。この採点法は、ある程度書けている答案であればかなりうまくゆくが、しかしそれでも時間がかかる。間違いだらけの答案になると採点は非常に面倒になる。

この採点の問題のせいで、代わりに部分ディクテーション(p. 179 を参照)にしようということになるかもしれない。こちらは読み上げられる音声がすでに部分的に解答用紙に印刷してあり、受験者は空所のみを埋めればよい。この形式なら受験者がどのくらいできるのかはっきりするし、採点の信頼性もより高いはずだ。

　ディクテーションを使うならパッセージの選択に際してはクローズの場合と同じ配慮が必要だ。選んだら適当な長さに分割(分割した1つ1つのまとまりは一気に読みあげる)する。「適当な長さ」とは、機械的に記憶するのが不可能である程度の長さ、という意味だ。こうすれば受験者は耳に聞こえる音声を解析し、記憶に保持し、再びそれを言語化せざるを得なくなる。(これが前述の研究で使われたディクテーションの形式である。)実施にあたっては、まずパッセージ全体を通して一気に読み上げるのが普通である。その後、ひとかたまりごとにある程度以上の速さで読み上げるのだが、かたまりとかたまりの間には、受験者が書き取れるだけのポーズをおく。Oller はポーズの目安として、読み手が当該部分を静かに2度空に指で書いてみることを薦めている。

ミニ部分ディクテーション

　テスト可能な範囲に関してはディクテーションもクローズと同じ限界を抱えており、当該パッセージにない事項はテストすることができない。この理由で、次のような一連のミニダイアローグ(モノローグと混ぜてもよかろう)を作ることもできる。

　印刷してある部分：

　A： When can I see you again?
　B： How about .... Thursday?

　読み上げる音声：

　When can I see you again?
　How about a week on Thursday? (次の次の木曜でどう？)
　(訳注： a week on ... day = 次の ... day から1週間後)

おわりに

　全体的言語能力の一般的推定だけをすればよく、波及効果をそれほど気にしなくともよい場合がある。そんなときには本章で紹介した手法(お手軽メソッド群と呼ぶ人もいるだろう)のどれでも目的にかなうであろう。近年クローズに対する関心がかなりあり、1つのパッセージ内に多数の空所を設ける通常の形式で教材としてよく使われている。よってテストとしても普通のクローズを選ぶのが最も自然かも知れない。しかし上でミニ・クローズとかミニ部分ディクテーションという名で紹介した単純な空所補充の手法でも、少なくとも他に劣らない結果を出すと私は考えている。

■ 自分でやってみよう

1. 本章の3つのクローズを埋めてみる。各アイテム(=空所)が何をテストしているか述べる。それぞれの正解にたどり着くにはどの程度の文脈を自分は要するか。もし納得する解答が見つからないアイテムがあるなら、その理由を説明できるか。別解が複数ありそうなアイテムを見分ける。正解と誤答の境界線上にあるような語を考えられるか。なぜそれらの語が境界線にあるのかを言えるか。
2. 自分がよく知っている生徒たちにレベルとトピックが適当なパッセージを選ぶ。それを使って以下の2バージョンを作る。
   - 冒頭箇所を除き、機械的に7語目を削除する。
   - 同じく機械的に7語目を削除するが、削除する語を第1バージョンの語よりすべて3語後ろにずらす。

   こうしてできた2つのバージョンを比較する。同等だろうか。
   次にどちらかを使って私が薦めた形式で解答欄まであるテストにしてみる。同じパッセージを使ってC-テストを作る。さらに部分ディクテーションも作る。こうしてできたテストを比較してみて何が言えるか。
   可能なら生徒達を対象にこれらを実施する。まずテスト形式ごとの得点を比べてみる。またテストの得点と、自分が知っている限りの生徒の能力とを比べてみる。

■ さらに読んでみよう

　ディクテーションも含めて本章で論じたすべての問題に関して最も読みやすい文献は Oller (1979) である。本章の最初に引用したクローズパッセージを使った研究は Oller and Conrad (1971) に紹介されている。Chapelle and Abraham (1990) は同一のパッセージに異なるクローズ式削除法(C-テスト形式を含む)を適用した結果、削除法によって異なる結果がでたという報告だ。Brown (1993) は「自然のままの」

クローズテストの特徴を吟味した上で、選択的な削除がよいと主張している。Farhady and Kramati (1996) はクローズを作るための語の削除のために「テクスト主体」法を提唱している。Storey (1997) は受験者がクローズテストに解答するプロセスを調べている。Hughes (1981) は会話文クローズの研究の報告だ。Klein-Braley and Raatz (1984) と Klein-Braley (1985) は C-テスト開発の概要報告だ。Klein-Braley (1997) は C-テストに対するより最近の評価である。Jafarpur (1995) は C-テストを実施してみたところかなり否定的な結果を得たという報告である。Lado (1961) はテスト技術としてのディクテーションの批評で、Lado (1986) は Oller and Conrad で使われたのと同じパッセージを使ってさらに研究してみた結果、彼らの主張に疑問を投げかけている。Garman and Hughes (1983) は教材としてのクローズパッセージを掲載しており、テストの素材としても使える。また母語話者の解答もついている。Hughes 他 (1996, 1998) は ARELS (Association of Recognised English Language Services) のために開発したレベル分けテストで、ミニ・クローズとミニ部分ディクテーションを基本にしている(情報がネット上にある)。

クローズテストの解答
What is a college?
1. of; 2. a; 3. vocational; 4. is; 5. chief; 6. produce; 7. stamina; 8. mean; 9. with; 10. standards; 11. am; 12. believe; 13. and; 14. our; 15. moral; 16. for; 17. the; 18. and; 19. has; 20. our; 21. singularly; 22. who; 23. a; 24. This; 25. a; 26. go; 27. and; 28. a; 29. citizenship; 30. aims; 31. of; 32. our; 33. hesitate; 34. which; 35. to; 36. of; 37. seems; 38. should; 39. the; 40. else; 41. experience; 42. intellectual; 43. have; 44. as; 45. 1; 46. feel; 47. me; 48. a; 49. student; 50. much.

Ecology.
1. on; 2. to; 3. one; 4. a; 5. If; 6. or; 7. It; 8. which / that; 9. his; 10. for; 11. be; 12. wrong; 13. because; 14. part; 15. other; 16. choice / option; 17. these; 18. do; 19. what; 20. have.

Family reunion.
1. well; 2. of; 3. they; 4. looks, seems; 5. Did / Didn't; 6. it; 7. 1; 8. if; 9. when; 10. I; 11. you; 12. for; 13. not; 14. I've; 15. to; 16. Are; 17. want; 18. you; 19. that; 20. you; 21. off; 22. the; 23. what, one; 24. too; 25. You.

注1) これらの「ミニ・クローズ」アイテムの外見が、前章で紹介した空所補充アイテムと見分けがつかないことくらい私だって気づいているさ!

第15章 児童のためのテスト

　本章ではまず児童のためのテストを考える上での一般的な原則を提案し、それからそういうテストが備えるべき具体的な要件を考える。最後に児童のテストにふさわしいテクニックを紹介する。

一般的原則

　児童が小学校で外国語を学習する国は数十年前から存在してきた(例: ノルウェー)が、近年では児童外国語教育が急速にその他の国々にも広がりを見せている。児童を対象とするテストには備えるべき特有の要件がある。本章ではそれを考察し、児童のために最善と思われるテストの形を提案したい。なお「児童」とは、5〜12歳程度の子供を想定している。

　まず、そもそも年少の言語学習者をどうしてテストしなくてはいけないのか、という疑問を抱く読者もいよう。これはよい質問だ。実際テストはしない場合もある。ノルウェーでは児童英語学習が非常に成功していると思われるが、13歳以下では正式のテストは行われていない。「なぜ児童にテストが必要か?」という疑問に対して可能な回答の1つは、(1) 指導プログラムがうまくいっていることを確認するため、および (2) 早期からの言語学習が本当に子供たちのためになっていることを確認するため、というものだ。しかしそうだとするとさらに次の疑問がわく。「他の手段による評価でなく、なぜテストという形が必要なのか?」第1章で述べた私の答は、「意味のある比較が可能になるためにはわれわれは共通のものさしが必要であり、それをテストが提供してくれる」というものだった。ただ、人生のかなりの時間をテストの作成・実施・分析および

テスティングに関するコンサルティングに費やしてきた1人の人間として正直に告白するが、実は私も不安なのだ。デリカシーのない不適切なテストによって子供たちの学習過程を台無しにすることはないだろうか？ テストのせいで言葉の学習自体が嫌いになってしまうことはないだろうか？ 児童言語教育は通常、その言語(の学習)に対して肯定的な態度を育成することを1つの目標に掲げてはいるとわかってはいても、この不安が減ることはない。しかし現実に児童の言語テストは実施されている。そうであるからにはそのための最善の方法を考えるのも価値あることだと信じたい。

　すこし良い方向に考えてみよう。幼い子供たちがテストを受けるとするなら、その体験は子供たちが評価に対する肯定的な姿勢を培う機会になるのではないか。また評価することの大切さを理解する機会になるのではないか。この機会をうまく活用するために私は3つ指針を提案したい。この3つを合わせると児童のためのテストへの1つのアプローチになる。

　第1に薦めるのは、テストを評価の一環として、そして評価を指導プログラムの一環として統合的に組み入れることである。テスト、評価、指導の3つは学習目標に関して(およびできれば子供に遂行させるタスクに関しても)一貫性のあるものでなければならない。それができていれば、「テストは学習とは別もので、我慢すべき試練である」というような見方はされないだろう。

　第2に薦めるのは、テスト結果(および評価一般の)のフィードバックは直ちに行い、かつ肯定的なものにすることだ。すぐ行うことでフィードバックの価値は最大となる。何が足らないかだけでなく何がよくできているかを子供たちに伝えてやることが大切だ。そうすればややもするとやる気をなくす原因になりがちなテストの悪影響を極力くいとめられる。

　第3に薦めたいのは、指導プログラムの中に子供たちによる自己評価をきちんと位置付けることだ。これは自分で自分の進歩をモニターする習慣を養う助けとなる。また自分の達成したことを知る喜びを味わわせてやれる。自分で自分を評価する力をつけるため、自己評価と先生の評価を比べるよう仕向けるとよい。次ページに載せたのはノルウェー教育省が11〜12歳向けに作成したテストの例(Hasselgren 1999)だ。リーディング力評価のためのタスクをこなした後、子供はこれら質問に答えるのだ。

　以上の3つの指針とその予測される効果は、やや理想論に過ぎると映るかもしれない。しかし非現実的だと片付ける前に、これを実行しなかったらどうな

```
EPISODE 1   Try to answer these questions. Put crosses.

Did you ...                              yes    mostly   so-so   not really   no
understand what to do?                    ○       ○        ○         ○        ○
understand the texts?                     ○       ○        ○         ○        ○
have enough time?                         ○       ○        ○         ○        ○
do the tasks well?                        ○       ○        ○         ○        ○
like the tasks?                           ○       ○        ○         ○        ○
manage to guess what
new words meant?                          ○       ○        ○         ○        ○

Were any texts difficult to understand?
                           ○ no            ○ yes (write the numbers)
                                              _____
                                              _____
                                              _____
                                              _____

What have you learnt?
_____
_____
_____
_____
```

るかを考えて欲しい。テストというものに対して、ひいては言葉の学習そのものに対してまで、ネガティブな態度を植え付けてしまうことになろう。

児童のためのテスト固有の要件

　子供たちにはリラックスした状態でテストを受けてほしい。しかしだからといってわれわれのテスト作成における基準をリラックスさせてはいけない。いかに児童のためであってもやはりテストには妥当性と信頼性が要求される[注1]。そして望ましい波及効果が大切なのは大人相手のテストの場合以上である。テ

ストの妥当性・信頼性を高め有益な波及効果を持たせる方法について再度ここで述べることはないだろう。ただ最も大切なのは細目規定を詳しくきちんと書くことと、適切なテストテクニックを選ぶことだ、という点は強調しておく。

具体的なテクニックを検討する前に、なぜ児童のためのテストが大人のためのテストとやや異なる必要があるのかを考察してみよう。

1. 幼い子供は集中力の持続時間が比較的短い。だから長いテストは禁物だ。1つのタスクは短くなければならないし、タスクのバリエーションも要る。より年齢の高い学習者用なら1つのテストになるようなものでも、子供用にはいくつかに分割する必要がある場合もあろう。
2. 子供はお話やお芝居が好きだ。テストに真剣に取り組んで欲しいならこの点を利用してタスクを設定すべきだ。ゲーム的問題の出題には、マンガ本やパズル本に見られるさまざまなタイプの言葉遊びが利用できる。
3. 子供は絵、魅力的な字面、そして色づかいに反応する[注2]。できればテストはこの点を利用するべきである。通常、コンピュータ、カラープリンタ、安価なスキャナが利用できるのだから、テストの紙面を魅力的にしない理由はない。ただ言うまでもなく、受験するどんな子供にも何を表した絵なのかが間違いなくわかるようなものであることが大切だ。テストの絵の決まりごと（例えば、台詞の「ふきだし」と、考えの「ふきだし」の違いなど）に多様な文化背景の子供たちが慣れているかをチェックすることなども必要になる。タスクの遂行それ自体には必要なくとも、挿絵的に絵を使うこともあろう。
4. 子供たちの母語能力と認知能力はまだ発達途上である。タスクは母語であれば楽にこなせるようなものでなければならない。
5. 子供たちは社会的な交流を通じて学習するのだから、2人ないしそれ以上の子供がお互いに話をするようなタスクをふくめるのが良い。もちろん、同様のタスクが指導段階でも使われていることが前提である。
6. 普段の学習で統合的(=完成するためには複数のスキルが必要となる)なタスクを利用しているなら、同様なタスクをテストで使ってもよいかもしれない。しかし別々のスキルに関して診断的な情報が必要な場合はあまり適していない。

最後に、子供たちが力を出し切れるような条件を整えてやることに最大限努力することが大切である。そのためには、テストを実施するのは彼らの知っている共感的な先生で、部屋などの環境も普段からなじみのあるところであるの

が大切だと思う。また、何が求められているのかをテスト開始の段階で確実に理解させてやることが、子供の場合特に大切だ。最初のタスクにはやさしいものを配し、後でよりむずかしいタスクにも自信をもって立ち向かえるようにしてやることも重要である。

望ましいテクニーク[注3)]

以下では年少の学習者に特に適していると私が考えるテクニークに絞って紹介する。といっても前章までのテクニークが絶対使えないという意味ではない。子供の年齢が高くなるにつれ、ティーンエイジャーや成人で使うテクニークにもうまく反応するようになるだろう。どんなテクニークを使うにせよ、その形式に慣れる機会をテストの前に十分設けることが肝要だ。理想的にはそのテクニークを普段の学習中の練習問題としても使っておくのがよい。

リスニングテストのテクニーク

物があるべき位置／人の名前を答えさせる

いろいろな物が枠外に配置されている絵を見せる。子供はそれぞれの物と、あるべき場所を線で結ぶ。

子供が聞く音声

A: この絵を見てね。まず例が聞こえます。絵をみながら聞いてね。[注4)]
B: *Put the book on top of the bookcase.*
C: *Pardon?*
B: *Put the book on top of the bookcase.*
A: 今のが例です。本から出ている線が見える？ さあそれではよく聞いて、線で結びましょう。
B: *Put the socks on the bed.*
C: *Where?*
B: *Put the socks on the bed.*

あるいは、子供たちがいろいろな活動をしているところの絵を使うこともできる。絵の枠の外には、何人もの子供の名前を書いておく。テストでは次のような音声を聞かせる：

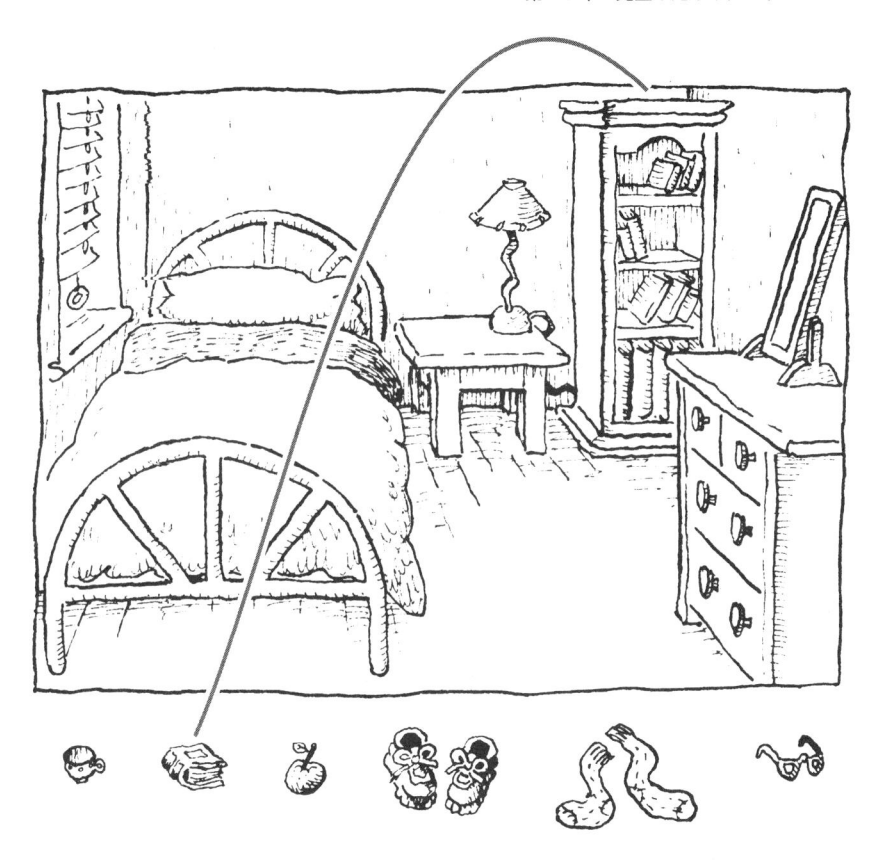

A : *I'm looking for Mary.*
B : *Mary? She's painting a picture over there.*
A : *Is that her in the corner?*
B : *Yes.*

解答としては 'Mary' という名前と彼女の絵を線で結ぶ。

絵を使った多肢選択

4つの絵があり、それぞれの下にチェック用のボックスがある。子供は適切な絵の下のボックスにチェックする。例えば4つの果物の絵でもよい。聞かせる音声は次のように単純なものでもよいし、

It's an apple.

短い対話でもよい。

    A : *Did you say Harry was eating an orange?*
    B : *No, it was an apple.*

もとからある線画に色を塗り、線を引く

次の例はケンブリッジ児童英語テストのサンプル版からとった。絵は以下のようなものである。

Listen and colour and draw. There is one example.

音声は以下の通りである。

A: *Look at the fish under the ducks.*
B: *I can see it. Can I colour it?*
A: *Yes, color it red.*
B: *The fish under the ducks — colour it red.*

そして、

A: *Now draw a fish.*
B: *Where.*
A: *Draw a fish between the boat and the box.*
B: *OK. Between the boat and the box.*
A: *And colour it green. Color the fish green.*

情報転移タスク

これは通常何らかの簡単なリーディングとライティングを含む。例えば次のようなチャートがあるとする。

Name: John Thomson
John's best friend: ....
Sports: football and ....
Where John plays football: at ....
How many goals he scored last week: ....

子供たちはジョンがインタビューされている(あるいはジョンが話している、または誰かがジョンについて話している)のを聞き、このチャートを完成する。このインタビューや話には十分な余剰性と、また答を書くためのポーズも必要だ。音声は2度聞かせるほうが良いかもしれない。

リーディングテストのテクニック

多肢選択

リーディングのテストには普通の多肢選択も使えるし、絵の多肢選択が使えればさらに良いかもしれない。次は EVA からとったものだ。[注5]

Baby elephant stolen

Three young men were seen late last night near the circus.

The first was a bald-headed young man, who was seen around ten o'clock. The man was wearing a long grey raincoat, and gave an angry look to a lady as she went past him.

The second was a blond-haired man, wearing a striped scarf. He was seen cycling away from the circus at midnight.

The third was a tall young man with long dark hair, wearing a leather jacket. He was seen around one o'clock, pushing a wheelbarrow.

The police would like to speak to these three men.

Find the suspect

The newspaper article tells us about three men who were seen near the circus last night. They are 'suspects'.

Three of the pictures here show the suspects. Try to find them.

Put a '1' under the first man described in the article, a '2' under the second and a '3' under the third.

多肢選択は会話・インタビュー・討論(を学校新聞用に文字に起こしたというような体裁のもの)などの形の素材にも使える。子供たちは書いてあることの内容についての誰かの質問に対する最も適切な応答を選ぶのだ。

> The pop star Billy Wild returns to his old school and is asked quesions by members of a class. (ポップスターの Billy Wild が母校に帰り、生徒に質問されています)
> Mary：　Whose lessons did you like when you were here, Billy?
> Billy Wild：　a. Mr Brown's
> 　　　　　　　b. Football
> 　　　　　　　c. History
> 　　　　　　　d. History and geography

等々である。

簡単な定義を用いればまぐれ当たりの確率がかなり低い多肢選択アイテムが作れる。例えば 10 の定義と 15 の単語(うち 5 つは錯乱肢)を用意し、子供たちは定義に当たる単語を見分けて定義の横に書く、などだ。

定義は辞書に通常見られるようなものでなくとも良い。wood (木)であれば、Doors are often made of this. (ドアはよくこれでできている)といった定義でもよい。こういうアイテムでも提示法を工夫すれば、思ったよりずっと楽しいものにできる。(例えば、単語を色とりどりにしてページのあちこちにばらまく、などが考えられる。)

リーディングのテスト法に関する最後の指摘として、正解の語がテクスト中にありさえすれば短答テクニック(第 11 章)もうまくゆくということを付け加えておきたい。

ライティングテストのテクニック

絵つきアナグラム

語彙とスペリングのテストとして、パズルを使うことができる。絵を提示し、その横に、適当に並べ替えるとその絵を表す単語になる文字をばらばらに並べておく。

_ _ _ _ _ _   letters o s h r e

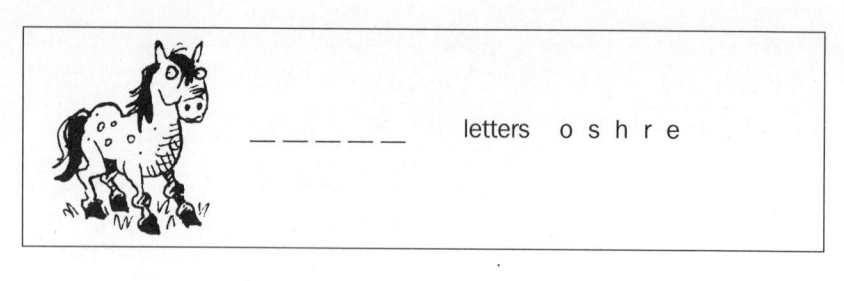

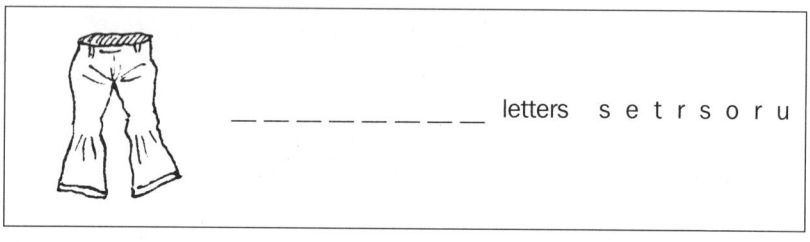

_ _ _ _ _ _ _ _ _ _   letters s e t r s o r u

4こまマンガ

一連のマンガが簡単なストーリーを表している。

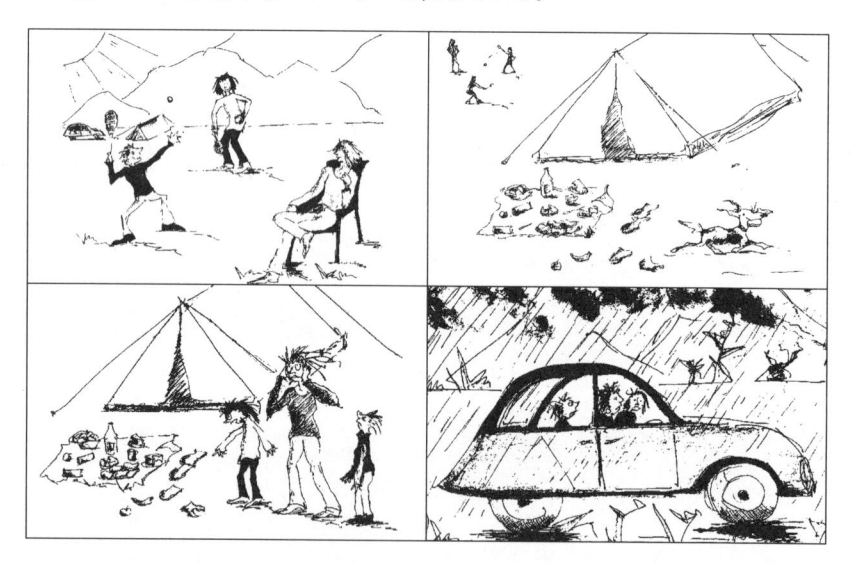

指示は次のようなものにする。

　　絵を見てごらん。何が起こっているかな？　この絵の中の女の子はサリーといいます。サリーはお友達のデービッドに手紙を書きます。手紙で今日

の出来事のことを書くのです。

　これがサリーが書く手紙です。サリーがデービッドに言うことを書きましょう。

```
Dear David
_____
_____
_____
_____
_____
_____
Best wishes
Sally
```

絵を利用した空所補充

　このテクニークはライティング力と同じ程度にリーディング力をも測るかもしれない。あるパッセージ（ストーリーがよいだろう）に空所を設けて提示する。空所の上にはそこに入るべき単語を表す絵を置く。

I live in a small ＿＿＿ by the sea. Every day I go for a swim. One day, when I came back after a swim I saw a big ＿＿＿. In its mouth was a big ＿＿＿.

...といった具合だ。物だけでなく動作も絵で表すことが可能である。

口頭能力テストのテクニーク

第10章に記したスピーキングテストに関する一般的なアドバイスは児童が受験者の場合にも当てはまる。ただ児童の場合にはウォームアップのための時間をたっぷりとる必要があることを強調しておきたい。本当に幼い子供の場合は最初からおもちゃや人形を使うといいかもしれない。

以下は役に立つテクニーク例である。

- 本人や家族についての簡単な質問をして答えてもらう。
- ある場面を表すカード(「場面カード」)を渡し、特定の人(々)を指差してもらう、ある物が何色かを言ってもらう、ある人が何をしているかを言ってもらう、など。
- それぞれに何か物が描いてある小さなカード(「物カード」)を渡し、それらを1つ1つ、もっと大きな場面カードの上の指定した位置に置いてもらう。例えば、カップの描いてある小さなカードを渡し、場面カードに描いてあるテーブルの上に置いてもらう、など。
- 非常に類似しているが明らかな違いもあるような一組の絵(一方の絵には窓が3つでドアが赤い家があり、男性が庭にいるが、もう一方の絵の家は窓が4つでドアは緑、庭にいるのは女性、というような)を渡し、どう違うかを言ってもらう。
- 全体で1つのストーリーになっている一連の絵を渡す。その話の出だしを与え、続けて話してもらう。
- いくつかの絵がセットになっているものを複数用意する。各セットの中には、1つだけ「なかまはずれ」の絵がある。例えば衣類の絵が3つとベッドの絵が1つのセットになっているようなものだ。子供にセットを見せ、どれが「なかまはずれ」の絵で、それはどうしてかを言ってもらう。

他の子供とやりとりができるかを見たいので2人1組でテストする場合に役立つテクニークとしては、以下のようなものがある。

- ふたりが同じクラスに属しているとする。1人が、その場にいない第3のクラスメートを描写する。(描写の中で与える情報の数は決めておく。)それをもう1人が聞き、誰のことを言っているのかを当てる。

- 4種類の絵葉書(A, B, C, Dとする)を2セット用意する。2人に3種類ずつ渡すが、このとき2人の持つ絵葉書のうち2枚が共通で、1枚だけ異なるようにする(例えば1人はA, B, Cを、もう1人はA, B, Dを持っている、ように)。2人はお互いに質問し合いながら、どの絵ハガキが共通のものかを探りだす。使用する4種類の絵はある程度共通の要素を含むものにすること。さもないと言葉によるやりとりが大してなくともすぐ正解がわかって終わってしまう。
- 2つの絵(A, Bとする)を用意する。異なる絵ではあるが一定の数だけ共通の物を含んでいる。1人にAを、もう1人にBを渡す。Aを持っている子供が、自分の絵にある物を1つ選んで言う。それを聞いたBを持っている子供は、その物が自分の絵にあるかないかを言う。次に今度はBを持っている子が、自分の絵にある何かを選んで言い、それについてAを持っている子が応答する。このやりとりを交互に、あらかじめ決めた数だけ共通の物が見つかるまで続ける。
- 何か情報の書いてあるカードを2種類用意する。カードの情報はそれぞれ不完全だが、2つ合わせると完全になる。例えば友達との約束のメモが抜けている予定表とか、抜けている授業がある時間割など。ふたりはお互いに質問し合い、お互いのカードの情報を完全にすることを目指す。

■ 自分でやってみよう

pp. 226–227 に掲載したのは *Primary Colours* (Hicks and Littlejohn, 2002) に出ている活動である。これらはテストとして作られたものではない。これらをもとにして信頼性と妥当性の高いテストタスクを作るとしたら、どこをどう変える必要があるのか、あるいはないのか。

■ さらに読んでみよう

Cameron (2001) は児童言語教育に関する著作だが、評価に関する章が1つある。Rea-Dickens and Rixon (1997) は英語を外国語として学ぶ児童の評価について論じている。Carpenter 他 (1995) は日本語を第2言語として学ぶ学習者を面接する手順を説明している。*Language Testing* 17.2 (2000) は年少学習者の評価の特集だ。Rea-Dickens が児童言語教育の評価の概論を寄せ、Edelenbos and Vinjé が、オランダでの小学校卒業時の外国語到達度評価を説明し、Teasdale and Leung が測定心理学理論に絡めて教師による評価について論じ、Hasselgren がノルウェーの教材開発プロジェクト(本章で触れたもの)を説明している。ケンブリッジの児童英語テス

Write the words.

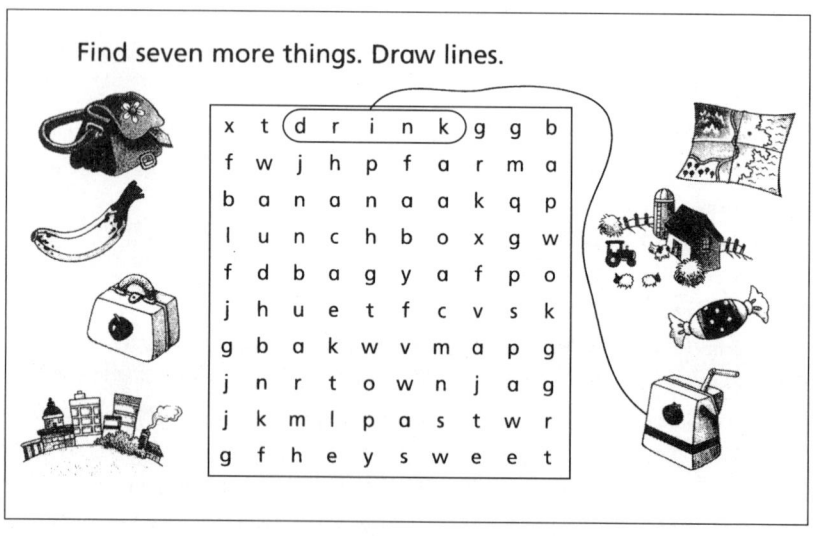

Find seven more things. Draw lines.

```
x t  d  r  i  n  k  g  g  b
f w  j  h  p  f  a  r  m  a
b a  n  a  n  a  a  k  q  p
l u  n  c  h  b  o  x  g  w
f d  b  a  g  y  a  f  p  o
j h  u  e  t  f  c  v  s  k
g b  a  k  w  v  m  a  p  g
j n  r  t  o  w  n  j  a  g
j k  m  l  p  a  s  t  w  r
g f  h  e  y  s  w  e  e  t
```

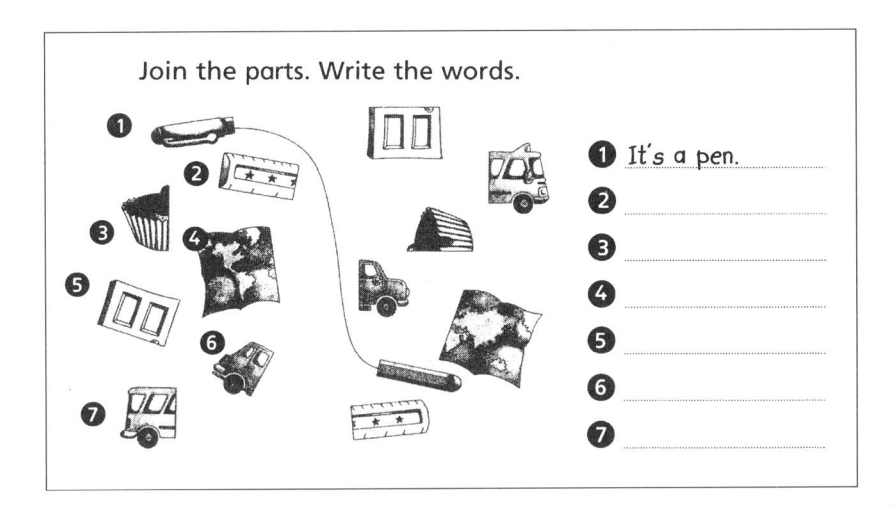

トのハンドブックとサンプルテストは p. 78 の住所から入手できる。

注1) 子供用としては魅力的に思えるかもしれないが、例えば真偽形式や Yes / No 形式のアイテムは大人でも子供でも同様に、妥当性・信頼性に欠ける。
注2) 残念ながら本書では色刷りは使えなかった。
注3) 私が使ったのはノルウェーの EVA プロジェクトで Hasselgren が使ったテクニークと、ケンブリッジ児童テストに見られるテクニークである。もちろん5歳児は12歳の子供とはまったく違うので、ここで挙げたすべてのテクニークが年齢の異なる年少学習者に同じように適切だということではない。
注4) サンプルアイテムは必ずあるべきである。しかし本書ではこれ以降紙幅の関係で割愛する。
注5) この例は多肢選択と、(超) 短答形式のちょうど中間と言えよう。

第 16 章
テスト実施上の留意点

　最高のテストでも実施方法がまずければ信頼性も妥当性もない結果しか出さなさい。本章ではテスト実施の際に念頭においておくべき点を指摘する。以下の点はわかりきっていることのようだが、このようなリストに明示しておかないと落ちる点が出る場合が驚くほど多いものだ。以下で提案している手順の多くは面倒なものかもしれないが、テストの成功のためには重要である。いったんやり方が確立してしまえば後は当然の段取りの一部になる。

　テスト実施を成功させるための鍵は前もって注意深く準備することである。特に以下の点に注意すべきだ。

テスト用紙と機器

1. 十分時間的余裕をもってテストの問題冊子と解答用紙の印刷を済ませる。誤りがないか、不明瞭な印刷がないか確認する。
2. もし以前に使ったことのある問題冊子を再利用する場合には、以前の受験者が何かマークをつけたりメモをとったりしていないか確認する。
3. すべてのテスト用紙等に連番をつける。これにより実施前、中、後の機密保持がより確実になる。
4. 採点者に十分行き渡るだけ正答シートがあり、正答にミスがないことを確認する。
5. 必要なら修理・交換ができるだけの時間的余裕をもって、すべての機器(テープレコーダー、スピーカーシステム等)の調子を確認する。

試験担当者

6. 全試験担当者用に詳細な実施要項を用意する。要項では場合に応じた対処をすべて明記しておくべきだ。不測の事態は必ず起こるものではあるが。少なくともテスト前日までにはこの要項を試験担当者とともに逐一確認しておくこと。要項内容の例は、「実施」の項にある程度記した。
7. 試験担当者は受験者に口頭で指示を与える練習をすべきである。
8. 機器(テープレコーダーなど)を操作せねばならない試験担当者は当該機器の操作に慣れておくべきだ。
9. リスニングテストの音声を口頭で与えねばならぬ試験担当者は、できればモデル録音を使って朗読の練習をすべきである。
10. 面接試験の担当者はその手順と使用する評定システムに習熟しておかねばならない。なおきちんと訓練を受けた者しか面接を担当してはならない。

補助スタッフ

11. 補助スタッフ用にも詳細な要項を準備すべである。また確認のための会合をもつべきである。「実施」の項にある程度の内容を記した。

受験者

12. すべての受験者には詳細な指示(試験会場、集合時刻、携行品、遅刻の場合の処置、等)を与えるべきである。
13. 各受験者には受験番号を与えるべきである。

会　場

14. 試験室は静かな環境で、受験者数に対して余裕のある大きさであるべきである。不正行為を防ぐため、受験者間には十分なスペースがなければならない。
15. リスニングテストの場合には、試験室の音響効果は満足のゆくものでなければならない。

16. 室内の椅子やテーブル類のレイアウトは十分時間的余裕をもって整えるべきである。
17. 理想的には各室に全受験生から見える時計があるべきである。

実　施

18. テスト開始時刻に対して余裕をもって集合時刻を設定すべきである。
19. 遅刻者はそのまま入室させてはならない。もし可能でかつ適当と判断されるなら、遅刻者用(ある所定の限度まで)の別室を用意しそちらで受験させる。通常の試験室に入室させて他の受験者の集中を邪魔させることは決してしてはならない。
20. 受験者の本人確認をすべきである。
21. 可能なら、知り合い同士は離れて座るようにし、不正行為を防ぐこと。
22. 試験担当者は明確な指示を与えること。試験中に何か補助スタッフに伝えたいことができたらどうすればよいか、終了時刻の前に答案が完成してしまった場合にはどうすればよいか、等を含む。不正行為を含むあらゆる不審な行為の結果がどうなるかについて警告し、また試験中静粛を保つことの必要性を強調すること。
23. 問題冊子と解答用紙は補助スタッフにより1人1人の受験者に配布されるべきである。その際、問題冊子と解答用紙の連続番号によってあとでどの冊子・用紙がどの位置の受験者のものであったかがわかるように記録しておくこと。受験者を使って問題冊子・解答用紙を配布してはならない。
24. 試験担当者は受験者に、受験番号、日付等の必要事項を、解答用紙あるいは問題冊子に記入するよう指示する。
25. 問題冊子に印刷してある以外の指示を口頭で与えることになっているならば、試験担当者はそれを読み上げること。その際、所定の例等があればそれも忘れずに読み上げること。
26. 試験の開始、終了のタイミングを厳密に統制し、全員が時間どおり開始し、時間どおり終了するよう気をつけることが極めて大切である。
27. 試験が開始されたなら、補助スタッフが受験者の邪魔にならないようにしながらその行動を観察すること。不審な行動があれば規定にのっとって対処すること。

28. テスト中受験者が一時退出する時は、一度に1人ずつとし、理想的には補助スタッフが付き添うのがよい。
29. テスト終了時にはすべての受験者が解答作業を直ちにやめるよう補助スタッフが気をつけるべきである。問題冊子、解答用紙のすべてが回収され、数が確認されるまで受験者を着席させておくべきである。

巻末補遺1　テストデータの統計的分析

　この補遺は、テストデータの分析がいかにしてテストの質の評価と改善の一助になるかを示すのを目的としている。「一助」という表現に注意して欲しい。統計分析は、テストを実施した者がテストおよびその結果に関してなんらかの決定を下すための有用な情報を提供してくれる。しかし統計分析がその決定を下してくれるわけではない。決定を下すのはあくまでテストを実施した者の責任であり、統計分析から得られる情報だけでなく人間の主体的な判断と経験に基づいてなされるべきものだ。

　本補遺における焦点は、数値の計算方法ではなく出てきた統計値の解釈方法にある。よってテストの統計分析のために必要な計算を全部やってくれるソフトが利用できるという前提で話を進める。そのような計算を手で行ったりそのためのプログラムを自作したりということは最近では必要ない。この理由から計算過程そのものの記述は原則的には省いた。きわめて単純な計算で、何らかの統計概念の説明の一部として必要な場合に限り、計算過程を示した。概念や計算が複雑なものになると、計算過程の記述は(ごく一部の読者を除き)混乱のもとになるだけである。はっきり言っておくが、本章はテスティングに関係する統計的手法や諸問題のすべてを網羅しているということはない。(それだけで独立した本になる。)そうでなく本章では基本的な考え方を、読者にとって「わかりやすくかつ役立つ」と感じられるような方法で提示してみたい。本章を読み終わった後にはテスト分析プログラムを使って自分のテストを分析するのがよい。私の経験では、そうすることで概念が初めて本当にわかってくるものだ。

　テストに関わる統計情報は本質的には2種類に分かれる。第1のものはテスト全体(あるいは時にテスト内のセクション全体)に関わるもので、第2のものはテストを構成する1つ1つのアイテムに関するものである。この補遺では1つのデータセットを用いて、この2つをそれぞれ扱う。分析にはETA (Educational Test Analysis) というプログラムを使うが、これは本書のウェブサイト

で廉価で手に入るものだ。データは100アイテムのテストを186人が受けたものである。これはレベル分けテストであるが、これ以降これを MYTEST と呼ぶことにする。

テストの統計値

度数分布表

テスト分析はテストを受けた個々人の得点リストから始まる。今回の場合、186個の得点があることになる。しかし186個の得点が列になっているのをただ眺めていても受験者のパフォーマンスがどうだったか理解するにはあまり役に立たない。データ状況を把握する第1歩は度数分布表を作成することだ。MYTEST の度数分布表の一部は次のようになる。

Score	Frequency	Score	Frequency	Score	Frequency
15	6	23	2	31	4
16	0	24	4	32	2
17	2	25	3	33	2
18	1	26	2	34	2
19	4	27	3	35	2
20	6	28	2	36	5
21	2	29	2	37	2
22	3	30	2		

この表をみると6人が15点をとった、16点をとった者はいない、2人が17点をとった、等々がわかる。度数分布表は合格不合格のボーダーラインをどのあたりにするとどうなるかを検討するときに有用である。何人が受かり何人が落ちるか、あるいは何人にどのような評価(例えば A, B, C, . . . 等)を与えることになるかがわかる。

ヒストグラム

しかし度数分布表だけでは得点分布の全体的状況を把握するのはまだむずかしい。得点範囲が広く得点数値の数が多い場合は特にそうだ。得点分布の全体

像をつかむためには度数分布表をヒストグラムというグラフに直すとよい。MYTESTのヒストグラムを以下に示す。

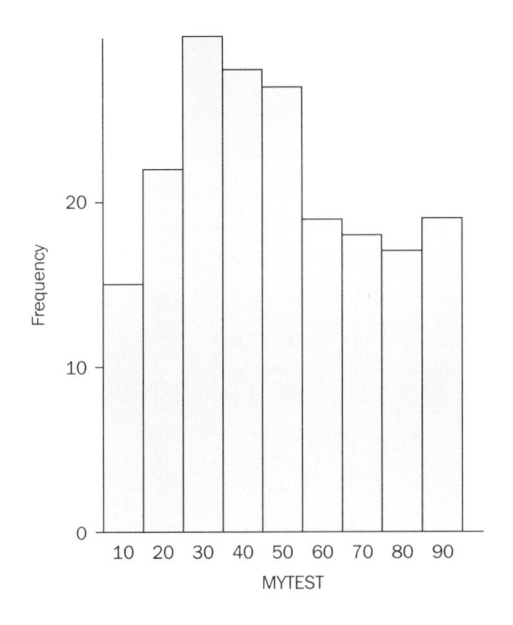

このグラフは一目で理解できるはずだ。縦軸はある特定範囲の得点を得た受験者の数を示し、横軸は得点の範囲を示している。データをヒストグラムにしてみるのは常に賢明なことである。分布の特徴(例えば、高得点者と低得点者は多いがその中間は比較的少ない、など)に一目で気づくことができるからだ。

中心的傾向の指標： 平均値、最頻値、中央値

全体状況が把握できたなら次にすることは言わば「標準的な得点」を見つけ出すことだ。標準的な得点(別名、中心的傾向とも言う)としてもっともよく用いられるのは**算術平均** (the mean) である。算術平均とは単なる全得点の平均値だ。全員の得点を合計し人数で割れば求められる。(以下、算術平均を単に平均値と称する。)

6人がテストを受けた。
得点はそれぞれ、27, 34, 56, 56, 75, 81 だった。
合計は 27 + 34 + 56 + 56 + 75 + 81 = 329 で、

329 ÷ 6 = 54.83 これが平均値である。

ETA によれば MYTEST の平均値は 41.56 である。

中心的傾向の残りの 2 つの指標は
a) **最頻値**（mode）（= 取った人数が最も多かった得点）
ボックス内のデータの最頻値は 56 だ。
b) **中央値**（median）。これは最低点から最高点までを 1 列にならべた時に真中にくる得点のことだ。上のボックス内のデータの中央値は最頻値と同じ 56 だ。（受験者数が偶数なので「真中」の数値は 2 つある。そういう場合はその 2 つの値を合計して 2 で割る。今回の場合、56 と 56 を足して 2 で割る。）

散らばり具合の指標： 標準偏差と範囲

　平均値だけでは必ずしも全体の得点状況を適切に要約しているとは言えない。全然違う得点状況でも平均値が等しくなることがあるからだ。1 つのグループの得点が 48, 49, 50, 51, 52 で、同じテストを受けた別のグループの得点が 10, 20, 40, 80, 100 だったとする。両方とも平均値は 50 だが、得点の分布はまったく違う。片方は全員が平均値付近にかたまっているが、もう片方はもっとずっと広い範囲に散らばっている。このような 2 つの得点群を比較しようとするとき、平均値だけを示すのでは誤解を招く。

　そこで必要となるのは全体の得点が平均値を中心としてどう分布しているかを表す指標だ。これが**標準偏差**（standard deviation）である。平均値を「標準的な得点」と考えることができるように、標準偏差は「平均値からの標準的な距離」と考えられる。とりあえず標準偏差の計算方法は気にしなくてよい。

　MYTEST の標準偏差は 23.898 だ。散らばり具合に関するもうひとつの有用な指標は**範囲**（range）だ。範囲は最高点から最低点を引くと求められる。最高点が 86 で最低点が 15 だったなら「範囲」は 86 − 15 = 71 だ。MYTEST の範囲は 86 (= 88 − 2) である。

信頼性

　信頼性の意味するところ、およびその重要性は第 5 章ですでに扱ったが、その際信頼性の計算方法にはいろいろあると述べた。実は計算方法によって微妙

に異なる数値が出てくる。MYTEST データに関して ETA を使うと 0.94 から 0.98 まで 4 種類の係数が出てくる。これらの係数の違いを理解する必要はないのであって、最も低いのを迷わず選んでおけばよい。そうすれば信頼性を過大評価してしまう可能性が最も小さいからだ。もちろんそのテストの市販を考えているなら最も高い係数を選びたくなるのが人情というものではあるが！

　ETA が出してくるこれらの信頼性推定値に共通しているのは、受験者がこのテストを 1 回だけ受けた結果に基づいているということだ。（この方法の理論的根拠については第 5 章を見ること。）テスト専門家はこのテストを 2 つに分割しその 2 つは同等であると考えたのである。今回の場合、半分は奇数番号のついたアイテムから、もう半分は偶数番号のついたアイテムから成り立っている。

信頼性係数 1 = 0.94

　この係数は分散分析（ANOVA とも言う）を用いて算出している。この数値は、(2 つの等価なテストをつくろうという努力にもかかわらず) 2 つのテストの実際の平均値と標準偏差には差がある、という事実を勘案したものだ。片方の平均値は 19.88 でもう片方のは 21.68。標準偏差は 12.57 と 11.59 である。

信頼性係数 2 = 0.95

　この係数もまた分散分析を用いて計算している。2 つの折半テストの違いを無視しているため、信頼性係数 1 より若干高くなっている。

信頼性係数 3 = 0.98

　この係数はまず 2 つの折半テストの相関を計算（0.96 である）し、それにスピアマン・ブラウンの公式を当てはめたものだ。折半したテストは（当たり前のことながら！）もとのテスト全体よりも短い。アイテムの質が同じなら、テストが長いほうが信頼性が高いことが知られている。スピアマン・ブラウン予測公式はテストを 2 倍の長さにした時に相関係数がどうなるかを推定する公式だ。

信頼性係数 4 = 0.98

　この係数はキューダー・リチャードソンの公式 20 に基づいている。この公式は各アイテムについて正答率と誤答率を比べる。覚えておくべきことは、この係

> 数 4 は、あらゆる方法でテストを 2 分割して係数 3 を算出してその平均をとったものに相当する、ということだ。

MYTEST の信頼性は高い。これほど高い必要はないと思うなら、アイテムを減らしてもよいだろう。このテストは利害得失の小さいレベル分けテストのつもりなので、オリジナルの 100 アイテム中の 40 アイテムを削除してバージョン 2 を作った。短くしたバージョンでもまだ信頼性は約 0.90 あった。削除するアイテムをどう選んだかは以下で説明する。

テストの信頼性が低すぎると思われる場合の解決策の 1 つはアイテムを増やすことだ。しかしすでにアイテムが 100 あってそれでも信頼性が十分でないような場合には、それ以上増やすのはとてもではないが賢明な方策ではない。そういう場合には現状のテストを実施方法も含めてあらゆる角度から検討し、どうやったら信頼性が向上するかを考える必要がある。そういう作業の際のアドバイスは第 5 章に記した。

測定の標準誤差

第 5 章で、測定標準誤差 (SEM) がわかると、ある人が実際に取った得点をもとにしてその人の真の得点の存在範囲がある程度わかることを学んだ。他の条件を一定にした場合、信頼性が高いほど測定標準誤差は小さい[注1]。

信頼性推定値の中で最も低いもの (0.94) を使って計算すると、MYTEST の測定標準誤差は 2.90 だ。このことから次のことが言える。

- このテストで 40 点を取ったなら、その人の真の得点が 37.1〜42.9 (つまり 40 ± 測定標準誤差) の範囲にある、ということに関して、われわれは 68% の確信を持てる。
- そして真の得点が 34.2〜45.8 (すなわち 40 ± 2 × 測定標準誤差) の範囲内であることに関しては 95% の確信を持てる。

第 5 章で述べたように測定標準誤差から判明する情報は、ある個人の受験者に関してテストの得点に基づく何らかの決定を下さねばならないような場合に役に立つ。また自分の作ったテストの信頼性が十分か否かを決める助けにもなるのだ。

次のセクションに行く前に、ETA の出力を見て理解できるということを確認しておこう。

> Overall test mean is 41.56452 with standard deviation 23.89817
>
> **Reliability analysis of date in the file MYTEST.ETA**
>
> There were results from 186 people
> Responding to a total of 100 items
>
> First test (part):   Mean = 19.88   St. Dev. = 12.57
> Second test (part): Mean = 21.68   St. Dev. = 11.59
>
> The correlation between the two sets of scores is 0.956
>
> Taking into account apparent differences in the form means:
> reliability = 0.943   st. error of measurement = 2.90
>
> Within forms analysis:
> reliability = 0.953   st. error of measurement = 2.62
>
> Split parts analysis:
> Spearman-Brown Coefficient = 0.976 and
> Kuder-Richardson 20 = 0.978

アイテムの分析

アイテム分析の目的は、各アイテムがテスト全体にどの程度の貢献をしているかを吟味することにある。欠陥があるまたは非効率的だと判明したアイテムは、修正もしくは廃棄することができる。まず古典的アイテム分析と呼ばれる手法を紹介し、その後にかなり最近出てきた項目応答理論に目を向ける。

古典的アイテム分析

古典的アイテム分析では通常正答率と弁別力の指標を計算し、また多肢選択の場合には錯乱肢の分析をする。

アイテム容易値

正答に1、誤答に0を与えるアイテム(0/1アイテムと呼ぶ)の容易値(facility value)は、単にそのアイテムに正答した受験者の割合である。つまり100人中

37人が正しい応答をしたならば、そのアイテムの容易値は 0.37 である。80人が受けて 56人があるアイテムに正答したなら容易値は 0.70 (= 56÷80) である。

アイテム容易値をどう利用するかはテストの目的によって違う。特別コースを受けるトップ 10% の学生を選抜する熟達度テストを開発しているのなら、やさしいアイテムすなわち高い容易値を持つアイテムには用がない。そういうアイテムでは上位 10% とそれ以外の学生を弁別してくれないからからだ。この目的のためには、ほとんどのアイテムの容易値が 0.10 前後のテストが理想である。一方、能力が広い範囲にわたる受験者を複数のレベルに分けるためのテストはまったく違うアイテム構成が必要だ。最もむずかしいアイテムと最もやさしいアイテムの差が大きく、その両極端の間に容易値が小刻みに異なる数多くのアイテムが配置されているようなテストが理想である。

0/1 アイテム以外、つまり正答配点が 2 以上であるアイテムの容易値については、テスティングの文献では普通扱われない。しかしそのようなアイテムでも相対的な難易度が比較できるほうが便利である。そのような場合私が提案するのは、まずそのアイテムの平均点 (即ちそのアイテムにおける全受験者の得点の合計を人数で割ったもの) を出し、それをそのアイテムの配点で割ることである。例えば 100人が 5点満点のアイテムを受けた時、得点合計が 375点だったなら、平均点は 3.75 (= 375÷100) で、容易値は 0.75 (= 3.75÷5) である。この方法の利点は、0/1 アイテムに当てはめた場合に上で述べた方法とまったく同じ結果が出るということだ。

弁別力の指数

弁別力の指数 (discrimination index) とは、能力の弱い受験者と強い受験者をアイテムがどの程度うまく識別 (弁別) しているかの指標である。指数の値が高いほど、弁別する力が強い。弁別力の理論上の最高値は 1 である。まったく弁別しない (= 弱い受験者も強い受験者も同じような得点をとる) アイテムの弁別力指数は 0 になる。受験者を弁別はするが弱い受験者に有利に働くようなアイテム (= 比較的弱い受験者のほうが比較的強い受験者よりも良い点をとる) は負の値の指数をもつ。不幸なことにそんなアイテムが時々あるのだ。弁別力が重要なのは、個々のアイテム弁別力が高いほどテスト全体の信頼性が高まるからだ。

弁別力の指数として最も良く使われるのは相関係数である。通常は受験者の当該アイテムでの成績とテスト全体での成績を比べて相関を算出する。そのアイテムでの得点(0か1である)がテスト全体での得点と同じ傾向で変動するならば、出てくる相関係数は強い弁別力を示すことになる。

厳密に言えば、相関は「当該アイテムでの得点」と「**テスト全体の得点からそのアイテムの得点を引いた得点**」との間で計算されるべきである。そうしないと当該アイテムでの得点もテスト全体の得点に含まれていることになり、結果的に相関が見かけ上高くなるからだ。ただこの現象はテストを構成するアイテム数が多い時はほとんど問題にはならない。

このような弁別力指数の計算は、テスト全体の得点(あるいは分析対象部分の得点)が比較的高い受験者は、テストの中のどのアイテムを取り出してみても、概して得点が比較的高いはずだ、という前提に基づいていることに気づいてもらいたい。

以下は MYTEST のアイテム弁別力指数である。

ITEM 1	0.386	ITEM 10	0.393
ITEM 2	0.601	ITEM 11	0.590
ITEM 3	0.355	ITEM 12	0.419
ITEM 5	0.734	ITEM 13	0.433
ITEM 6	0.358	ITEM 97	0.265
ITEM 7	0.434	ITEM 98	0.469
ITEM 8	0.207	ITEM 99	0.188
ITEM 9	0.518	ITEM 100	0.124

数値が最も高いアイテムが最も良く弁別したアイテムである。つまりこの中では 0.734 の指数をもつアイテム5が最も弁別力が高い。ここまで読んで読者は「最低いくつの値があればよいのか」という疑問を当然抱くであろう。がっかりさせて申し訳ないのだが、いくつ以上あればよいという絶対的な数値を示すことは実はできないのだ。重要なのは数値の相対的大小である。思い出して欲しいのだが、われわれが弁別力に関心があるのは、それがテスト全体の信頼性を左右するからだ。テストを実施してまずやるべきことは信頼性係数を算出することである。そしてテストの信頼性に問題があるならば、アイテムごとの

弁別力指数を吟味し、信頼性の向上に十分貢献していないアイテムがあるかどうかを検討するのだ。弁別力指数が負の値のものがあれば真っ先にゴミ箱ゆきである。(というよりも、弁別力指数が負の値のアイテムは、テスト全体の信頼性が十分な場合にも無条件でテストから除かれるべきである。)次に、正の値のアイテムの中で値が最も低いものを探す。そのアイテム自体が明らかに欠陥があるものと判明すれば、削除して別のもっと良いアイテムとの差し替えを試みるか、修正してもっと良いものに書き直すことを試してみるべきである。

しかしここで注意すべき点がある。弁別力指数の低さは必ずしもアイテムの欠陥を意味しない。MYTEST のアイテム 99 がよい例である。このアイテムの弁別力が悪いのはそれが非常にむずかしいアイテムだからなのだ。容易値はたったの 0.022、つまり 186 人中 2 人しか正解しなかった。非常にやさしい(もしくはむずかしい)アイテムの場合、ほぼ確実に弁別力指数は低くなる。しかし弁別力が受験者全体に対しては低くともテストに残しておきたいアイテムもある。非常にやさしいアイテムの場合、テストの冒頭で受験者に自信を与えるために残しておくほうがよいこともある。非常にむずかしいアイテムの場合、受験者集団全体に対しては弁別力が低くても最も力のある受験者層の中での力の差は弁別するかもしれない。

上で MYTEST のアイテム数を 100 から 60 に減らしたと述べたが、その時は 2 ステップ方式で削除するアイテムを決めた。まず容易値によって全アイテムをいくつかの群に分けた。そうしておいてから各群の中で最も弁別力の低いアイテム群を削除した。こういう方法をとったのは、あらゆる能力レベルで弁別する必要のあるテストだったからである。

少数の受験者(例えば 30 人くらい)しか分析に使えない時には、上で述べた正式の弁別力指数を計算してみてもあまり意味がない。しかしそんな時でも生徒をテスト得点で上位/下位の 2 グループに分け、アイテムごとにグループ得点を比べてみる価値はある。上位グループと下位グループの出来が変わらないアイテムや、下位グループの出来のほうがよいアイテムは、注意深く検討したほうがよい。

錯乱肢の分析

多肢選択アイテムの場合には、正答選択肢の弁別力と容易値に加え、錯乱肢がどう機能したかを分析する必要もある。役に立っていない錯乱肢、つまりほ

とんど選ばれていない錯乱肢はテスト信頼性の向上に貢献していない。そんな錯乱肢があれば修正、あるいは廃棄・差し替えにするべきである。ただしやさしいアイテムの場合には注意が必要だ。間違えた受験者の数自体が少ないわけなので、その元々少ない人数を錯乱肢で分けあうと(全体の受験者数が非常に大きい場合を除いては)さらに少なくなるからだ。

項目応答理論による分析

さてここまでの説明はすべて古典的アイテム分析に関わるものであった。近年、テスト作成者にとって多くの魅力がある新しい分析手法群が開発されている。それらはすべて**項目応答理論**(item response theory)という名でくくられるが、その中で今のところ言語テスト分野で最もよく用いられているものは**ラッシュ分析**(Rasch analysis)と呼ばれるものだ。

ラッシュ分析は、(1)テストを構成するアイテムの1つ1つは固有の困難度を持っていて、やさしいアイテムからむずかしいアイテムまで1列に並べることができ、また(2)受験者の1人1人は一定の能力レベルを持っている、という前提から出発する。このような条件が満たされているという仮定のもとで、一定数の受験者がテストを受けた結果を理想化したパタンは例えば表1のようになる。(1が正答を、0が誤答を表している。)最も能力が高い受験者は8で、最も能力の低い受験者は1である。最もむずかしいアイテムは6と7で、最もやさしいのはアイテム1である。

表1 架空受験者の架空アイテムに対する応答

受験者	アイテム						
	1	2	3	4	5	6	7
受験者1	1	0	0	0	0	0	0
受験者2	1	1	1	0	0	0	0
受験者3	1	1	1	0	0	0	0
受験者4	1	1	1	0	0	0	0
受験者5	1	1	1	1	0	0	0
受験者6	1	1	1	1	1	0	0
受験者7	1	1	1	1	1	0	0
受験者8	1	1	1	1	1	1	1
誤答数	0	1	1	4	5	7	7

(Woods and Baker 1985)

表1が示すパタンは、人がテストを受けた際に生起する現象の「モデル」だ。仮にこのモデルが正しいとしても、人間の実際のパフォーマンスいうのは真の能力を完璧に反映したものにはならないということは周知の事実である。現実世界では、ある個人のパフォーマンスは次のようなものになる可能性のほうが高い。

　　1 1 1 1 0 1 0 1 0

実はラッシュ分析では、理想モデルからのこの程度の逸脱を正常と見なす。しかしモデルの期待から限度を超えて逸脱している得点パタンに関してはわれわれの注意を促してくれる。正答誤答のパタンがモデルに適合しない受験者を特定し、またモデルに適合しないアイテムを特定するである。

　以下は MYTEST を ETA によるラッシュ分析にかけてみた例である。分析のすべてを説明しようとするのは、限られた紙幅で不可能、とは言わないまでも不適切なことだ。ここでは以下の例をもとに、ラッシュ分析によってテストアイテムの働きに関する理解がどのように深まるか、を示してみよう。

ITEM NUMBER	SCORE	FIT
I 9	130	0.3252
I 10	160	31.6097
I 11	135	−3.3231
I 12	154	5.5788
I 13	156	2.2098

1列目はアイテムの番号である。2列目はそのアイテムを186人中何人が正答したかを示している。3列目はそのアイテムがどの程度ラッシュモデルに適合しているかを示す。正の値の場合大きいほど適合度が低い。もっとも適合度の低いのはアイテム10だ、ということはこのアイテムは怪しい。10は比較的やさしいアイテム(186人中160人が正答している)である。ということは、不適合なのだから、能力の高い受験者が間違える傾向があるにちがいない。そこで今度はラッシュ分析によって**不適合**(misfitting)と判定された**受験者**のほうに注目してみる。「不適合」受験者の中に、アイテム10で「普通でない」結果を出しているものが2人いる。最初は受験者10だ。

Person	Score	Ability	Misfit value
P10	88	3.1725	48.6729

Items with unusual result:	Item	Residual
	I 3	13.90
	I 10	29.88
	I 34	8.50
	I 60	2.54
	I 73	3.77
	I 76	2.60

ETAの出力を見ると受験者10はテストの得点が非常に高く(= 88)、特に2つのアイテム(アイテム3とアイテム10)の結果がモデルの期待と異なっている。(これを統計用語では残差 (residuals)[注2] が大きい、という。)この2つはやさしいアイテムなので、こういう結果になった原因は、(1) この受験者が集中していなかった(普通でない結果になったアイテムがこの他に4つあることに注意)か、(2) 知識の中にすっぽり抜け落ちている部分があるか、あるいは(3) アイテムの片方もしくは両方ともに何か欠陥がある、のどれかだと結論づけることができる。

2人目の不適合受験者は166である。

Person	Score	Ability	Misfit value
P166	40	−0.6752	4.8836

Items with unusual result:	Item	Residual
	I 7	4.22
	I 10	4.36
	I 61	2.77
	I 67	2.57
	I 70	4.07
	I 72	2.64
	I 81	4.64
	I 92	4.64

この受験者は8つのアイテムでの普通でない結果を出している。アイテム10での残差の値が先ほどの受験者10の場合に比べて小さいのは、受験者166のほうは能力が平凡(得点 = 40)で、このアイテムに正解できなかったのはそれほど意外ではないからだ。

さてここまでの分析をまとめると、まず1つのアイテムが不適合のように見え、そのアイテムでの結果が普通でなかった受験者が2人いる、ということである。この2人を除いて分析しなおすと、アイテム10の結果は違ってくる。

```
ITEM 10      14 3       -3.7332      -3.7363
```

今度はアイテム10の適合度は高くなった。このアイテムを検討しなおしても何も不備が見つからないなら、問題はアイテムではなく2人の受験者にあるという結論に達する。必要と思えばこの2人の受験者を追跡調査し、何が問題だったのかを調べることもできる。

ラッシュ分析の結果あるアイテムが不適合と判定され、それを少数の受験者の不可解な正誤パタンを原因として説明できない場合は、アイテムを検討してみると、そちらに問題が発見される可能性が大きい。

> ラッシュ分析では測定の対象が**一次元的**(unidimensional)であることを前提としている。この前提は、「テスト全体の得点がより高い者はそれを構成するどのアイテムをとってみても得点がより高い」という古典的分析における前提とパラレルな関係にある。もちろん生徒が学習・獲得する事柄の内容には複数の次元が関わっているのかもしれない。しかし仮にそれが事実だとしても、そのことで古典的分析が実用上の価値を失うことはない。同様に、測定対象が厳密に1次元的でない場合でも、ラッシュ分析の実用上の価値に影響はないように思える。

ラッシュ分析のもう1つの特徴は、全受験者に当てはめる単一の測定標準誤差でなく、各受験者に対する別々の**標準誤差**(standard error)を算出してくれるという点だ。

```
Person     Ability     Standard error
P28        -5.93       0.82
```

P31	−3.57	0.41
P3	−0.59	0.27

　この3人の中では28番が最も弱い受験者であり（負の値の場合は絶対値が大きいほど能力が弱い）、標準誤差も最も大きい。受験者3は平均的な能力の持ち主（能力値が0に近い）で、標準誤差は最も小さい。これは注2（p. 248）の説明と一致している。受験者3の得点は、受験者28の得点よりもずっと精度が高い。なお確認しておくと得点の精度とは、得られた得点が真の得点にいかに近いか、ということである。

　ラッシュ分析について知っておくべきもうひとつの特徴は、能力の異なるグループを使ってアイテムを試行する場合に特に役立つということだ。例えば170のアイテムを試行したいとしよう。1グループに試行してもらうにはこのアイテム数は多すぎるので、2グループを編成する。ところがこの場合の問題点は、（この2グループの能力がまったく同一でもない限り）片方のグループが応答したアイテムともう1つのグループが応答したアイテムでは容易値の比較ができないことだ。同じアイテムでも、能力の高いほうのグループと低いほうのグループでは、「容易さ」が異なり、容易値が違ってきてしまうからだ。

　この問題を解決するために、**係留アイテム**（anchor items）というものを使う。係留アイテムとは、両方のグループに共通して受けてもらうアイテムのことだ。（できれば、「良い」アイテムだとすでに判明しているものが望ましい。）上に述べた状況であれば、例えば30アイテムを係留アイテムにする。これを除いた残りの140アイテムを2つに分けると、それぞれのグループが合計100アイテム（= 30 + 140 ÷ 2）を受けることになる。いったんテストを実施・採点したならば、ラッシュ分析を行い、係留アイテムを基準にその他の全アイテムを同一の難易度尺度上に並べることができる。アイテムバンク（巻末補遺2を参照）の利用が増えてきているので、これは特に価値ある特長である。

　アイテム分析に関して最後に強調しておきたいことが1つある。ここまですでに明らかになったと思いたいのだが、より良いテストの開発のため、古典的分析もラッシュ分析もそれぞれの角度から貢献できるものを持っている。2つはお互いに補い合うものと見るべきであって、一方を選択してもう一方を否定するようなものではない。

本補遺はテストの統計分析に関するものであったが、あらゆる読者の要求に応えたとは言えないと思う。多くの読者は統計学にほとんど(あるいはまったく)興味を示さない。逆に本補遺の統計的説明があまりにも簡略すぎるという欲求不満を抱いた読者もいるかもしれない。しかし少なくとも一部の読者にとって本補遺が十分興味深くかつ潜在的には有用であったなら幸いである。そのような読者が自分で統計分析を試みたり、統計学をさらに深く学んだりするきっかけになれば、というのが私の唯一の望みだ。

■ 自分でやってみよう

活動は本書のウェブサイトに載せてある。

■ さらに読んでみよう

言語研究における統計の使用に関しては Woods, Fletcher, and Hughes (1986) を見ること。項目応答理論の入門には Woods and Baker (1985) がある。もっとずっと詳しい説明を求めるなら McNamara (1996) の第5〜9章がよい。前に述べたように本章での説明のために使用してきたソフト ETA は本書のウェブサイトから廉価で購入できる。(私も共同開発者の1人である。)ウェブサイトには本補遺よりずっと詳しいテスティングにおける統計の解説もある。

注1) 実は得点分布の両端に近づくにしたがって測定誤差が大きくなる傾向がある。つまり最上位近くおよび最下位近くの人々の能力は SEM で表されるよりも不正確である傾向がある。項目応答理論はこの傾向の影響をより受けにくい。
注2) 残差とは、ある人のあるアイテムでの出来不出来が、ラッシュモデルに適合していない程度の指標である。つまり、テスト全体としては非常に良くできたある受験者が、非常にやさしいアイテムで間違えたならば、その人のこのアイテムでの残差は大きくなる。同じ受験者が中程度のむずかしさのアイテムで間違えたなら、残差はより小さい。簡単に言えば残差が大きいアイテムをチェックすればよい。「残差が大きい」ということは「そのアイテムを受けた誰かの応答が意外なものであった」、つまり「モデルに適合していなかった」ことを示しているからだ。

巻末補遺2　アイテムバンク

　テスト結果を適切に統計的分析にかければ、**アイテムバンク**（item bank）と呼ばれるものを構築することが可能になる。アイテムバンクとはすでに試行したテストアイテムを膨大な数集めたもので、最近では通常コンピュータ上に保存され、テスト作成者が自由に使えるようになっているものだ。各アイテムに関して、アイテムそのものとともに通常は次のような情報を蓄えておく。

1. 検索するための情報。例えばアイテムの内容、使用に適したクラスのレベル、シラバスや教科書内でのそのアイテムの段階、使用しているテストテクニック、配点などに関するもの。
2. 正答情報と採点方法に関する指示。
3. そのアイテムの測定統計的な数値情報。例えばむずかしさのレベル、弁別力の指標。これらは以前の試行から得られたデータである。
4. そのアイテムに関する注釈的情報（作成された日時。試行された日時、など）。

　いったんアイテムバンクが利用できるようになれば、テスト作成者は当該テストのために必要なアイテムの条件を入力するだけで、コンピュータがアイテムを選びだしてくれる。例えば容易値が0.4～0.6の受容的な語彙アイテムで、自分たちの学校の第3学年の学習内容に関係するもの、などと入力する。すると直ちにコンピュータがバンクにあるアイテムの中でその選択基準に合致するものをすべて提示してくる。作成者はそれらのアイテムを「閲覧」しながら、今回のテストに使用するものを選んでゆく。テストに必要なアイテムをすべて選び、テストのタイトルや指示文などを入力すれば、コンピュータからテストが印刷されて出てくる。
　このようなアイテムバンクにはいくつもの利点がある。

1. いったんバンクを構築してしまえば、労力がかなり節約できる。テストをつくるたびに白紙の状態から始める必要がない。
2. アイテムの試行(補遺1で触れた係留アイテムを用いたもの)はバンクに登録する前の段階でなされる。よって、登録してあるアイテムでテストを作成すれば、未試行アイテムで作るよりほぼ確実に質が高いものができる。
3. 試行段階で測定学的な情報がすでに収集されているということは、そのアイテムを用いて構成するテストの、(難易度も含め)測定具としての質が予測可能だということである。過去のデータに基づいた予測なので、作成者の主観的判断に基づく予測よりもずっと正確である。ということは、ある年に作成するテストが過去のテストと同じ難易度を持つように作ることができる。これはテストの水準を一定に保ち、公正さを保ち、指導の有効性を正しく評価する上で、重要な意味を持つ。

アイテムバンクの開発の手順は、テスト開発の手順と非常によく似ている。違いはテスト細目規定ではなくバンク細目規定を作るということと、係留アイテムを用いたアイテムの試行が絶対に必要だという点である。

アイテムバンクは本格的なテスト作成実施機関においては今や不可欠なものと見なされるようになった。初期段階での労を厭わずに本格的にテストを構築するつもりの個人テスト作成者にとっても、性能の良い廉価なコンピュータの出現で、アイテムバンクは魅力的な選択肢となっている。

■ さらに読んでみよう

アイテムバンクおよびその構築法に関する文献については本書のウェブサイトを参照されたい。

巻末補遺3　ニュージーランドのユースホステルのパッセージに関する設問

1. New Zealand has a) more than 60 hostels. b) less than 60 hostels. c) exactly 60 hostels.
2. You are unlikely to meet New Zealanders in the hostels. True or false?
   ....
3. Which hostel is said to be nearly always very full?
   ....
4. Where can you visit a working sheep-station?
   ....
5. Give one reason why Mount Cook is so popular with tourists.
   ....
6. What is the speciality of the hostel near the Franz Josef glacier?
   ....
7. Does the author recommend one particular hostel above any other which is particularly good for a lazy beach stay with sunbathing and scuba diving?
   ....
8. How many hostels cater for the Bay of Islands? ....
9. Name two cities which have two hostels. .... and ....
10. At which hostel can you definitely hire a bicycle? ....
11. You can wash your clothes in the hostels. True or false? ....
12. Why do Don and Jean Cameron think they will have to make a world trip next year?
    ....

参考文献

Adams, M. L. and J. R. Frith (Eds.). 1979. *Testing Kit*. Washington D.C.: Foreign Service Institute.

AERA, 1999, *Standards for educational and psychological testing*. Washington, D.C.: American Educational Research Association, American Psychological Association, National Council on Measurement in Education.

Alderson, J. C. 1990a. Testing reading comprehension skills (Part one). *Reading in a Foreign Language* 6: 425–438.

Alderson, J. C. 1990b. Testing reading comprehension skills (Part two). *Reading in a Foreign Language* 6: 465–503.

Alderson, J. C. 1995. Response to Lumley. *Language Testing* 12, 121–125.

Alderson, J. C. 2000. *Assessing reading*. Cambridge: CUP.

Alderson, J. C. and G. Buck. 1993. Standards in testing: a study of the practice of UK examination boards in EFL/ESL testing. *Language Testing* 10, 1–26.

Alderson, J. C. and C. Clapham. 1995. Assessing student performance in the ESL classroom. *TESOL Quarterly* 29: 184–187.

Alderson, J. C. and L. Hamp-Lyons. 1996. TOEFL preparation courses: a study of washback. *Language Testing* 13: 280–297.

Alderson, J. C. and A. Hughes (Eds.). 1981. Issues in language testing. *ELT Documents* 111. London: The British Council.

Alderson, J. C., C. Clapham and D. Wall. 1995. *Language test construction and evaluation*. Cambridge: CUP.

Alderson, J. C., K. J. Krahnke and C. W. Stansfield. 1987. *Reviews of English language proficiency tests*. Washington D.C.: TESOL.

Alderson, J. C., R. Percicsich and G. Szabo. 2000. Sequencing as an item type. *Language Testing* 17: 421–447.

Alderson, J. C. and D. Wall. 1993. Does Washback exist? *Applied Linguistics* 14: 115–129.

Allan, A. 1992. Development and validation of a scale to measure test-wisenessin EFl/ESL reading test takers. *Language Testing* 9, 101–122.

Anastasi, A. and S. Urbina. 1997. *Psychological Testing* (7th edition). Upper-Saddle River, N.J: Prentice Hall.

Arnold. J. 2000. Seeing through listening comprehension anxiety. *TESOL Quarterly* 34: 777–786.

Bachman, L. F. 1990. *Fundamental considerations in language testing*. Oxford: Oxford University Press. [邦訳: 1997. 『言語テスト法の基礎』大友賢二(他)

訳. C.S.L. 学習評価研究所]
Bachman, L. F. and A. D. Cohen (Eds.). 1998. *Interfaces between second language acquisition and language testing research*. Cambridge: Cambridge University Press.
Bachman, L. F. and A. S. Palmer. 1981. The construct validation of the FSI oral interview. *Language Learning* 31: 67–86.
Bachman, L. F. and A. S. Palmer. 1996. *Language testing in practice*. Oxford: OUP. [邦訳: 2000. 『〈実践〉言語テスト作成法』大友賢二(他)訳. 大修館書店]
Bachman, L. F. and S. J. Savignon. 1986. The evaluation of communicative language proficiency: a critique of the ACTFL oral interview. *Modern Language Journal* 70: 380–90.
Bailey, K. M. 1996. Working for Washback: a review of the Washback concept in language testing. *Language Testing* 13: 257–279.
Bradshaw, J. 1990. Test-takers' reactions to a placement test. *Language Testing* 7: 13–30.
Brett, P. and G. Motteram. 2000. *A special interest in computers: learning and teaching with information and communications technologies*. Whitstable: IATEFL.
Brown, J. D. 1990. Short-cut estimates of criterion-referenced test consistency. *Language Testing* 7: 77–97.
Brown, J. D. 1993. What are the characteristics of *natural* cloze tests? *Language Testing* 10: 93–115.
Brown, J. D. and T. Hudson. 1998. The alternatives in language assessment. *TESOL Quarterly* 32: 653–675.
Brown, J. D. and T. Hudson. 2002. *Criterion-referenced language testing*. Cambridge: Cambridge Universiry Press.
Buck, G. 1991. The testing of listening comprehension: an introspective study. *Language Testing* 8: 67–91.
Buck, G. 2001. *Assessing listening*. Cambridge: Cambridge University Press.
Buck, G. and K. Tatsuoka. 1998. Application of the rule-space procedure to language testing: examining attributes of a free response listening test. *Language Testing* 15: 119–157.
Bygate, M. 1987. *Speaking*. Oxford: OUP.
Byrne, D. 1967. Progressive picture compositions. London: Longman.
Cameron, L. 2001. *Teaching language to young learners*. Cambridge: CUP.
Canale, M. and M. Swain, 1980. Theoretical bases of communicative approaches to second language teaching and testing. *Applied Linguistics* 1: 1–47.
Carpenter, K., N. Fujii and H. Kataoka. 1995. An oral interview procedure for assessing second language abilities in children. *Language Testing* 12: 157–181.
Carroll, J. B. 1961. Fundamental considerations in testing for English language proficiency of foreign students. In H. B. Allen and R. N. Campbell (Eds.)

1972. *Teaching English as a second language: a book of readings*. New York: McGraw Hill.

Carroll, J. B. 1981. Twenty-five years of research on foreign language aptitude. In K. C. Diller (Ed.) *Individual differences and universals in language learning aptitude*. Rowley, Mass: Newbury House.

Chalhoub-Deville, M. 1995. Deriving oral assessment scales across different test and rater groups. *Language Testing* 12: 16–33.

Chalhoub-Deville, M. (Ed.) 1999. *Issues in computer adaptive testing of reading proficiency: selected papers*. Cambridge: Cambridge Universiry Press.

Chalhoub-Deville M. and C. Deville. 1999. Computer adaptive testing in second language contexts. *Annual Review of Applied Linguistics* 19: 273–299.

Chapelle, C. A. and R. G. Abraham. 1990. Close method: what difference does it make? *Language Testing* 7: 121–146.

Clapham, C. and D. Corson (Eds.). 1997. *Encyclopaedia of Language and Education. Volume 7: Language testing and assessment*. Amsterdam: Kluwer Academic Publishers.

Cohen, A. D. 1984. On taking language tests: What the students report. *Language Testing* 1: 70–81.

Collins Cobuild. 1992. *English Usage*. London: HarperCollins.

Council of Europe. 2001. *Common European framework of references for languages: learning, teaching, assessment*. Cambridge: Cambridge University Press.

Criper, C. and A. Davies. 1988. *ELTS validation project report*. Cambridge: The British Council and Cambridge Local Examinations Syndicate.

Crystal, D. and D. Davy. 1975. *Advanced conversational English*. London: Longman.

Cumming, A. and R. Berwick (Eds.). 1996. *Validation in language testing*. Clevedon: Multilingual Matters.

Davidson, F. 2000. Review of Standards for educational and psychological testing. *Language Testing* 17: 457–462.

Davies, A. (Ed.). 1968. *Language testing symposium: a psycholinguistic perspective*. Oxford: Oxford University Press.

Davies, A. 1988. *Communicative language testing*. In Hughes 1988b.

Davies, A. et al. 1999. *Language testing dictionary*. Cambridge: Cambridge University Press.

DeVicensi, F. 1995. Examining standardized test content: some advice for teachers. *TESOL Quarterly* 29: 180–183.

Dexter, C. 1986. *The Secret of Annexe 3*. London. Macmillan.

Douglas, D. 1994. Quantiry and qualiry in speaking test performance. *Language Testing* 11: 125–144.

Ebel, R. L. 1978. The case for norm-referenced measurements. *Educational Researcher* 7 (11): 3–5.

Farhady, H. and M. N. Keramati. 1996. A text-driven method for the deletion procedure in close passages. *Language Testing* 13: 191–207.
Feldt, L. S. and R. L. Brennan. 1989. *Reliability*. In Linn (Ed.). 1989.
Freedle, R. and I. Kostin. 1993. The prediction of TOEFL reading item difficulty: implications for construct validity. *Language Testing* 10: 133–170.
Freedle, R. and I. Kostin. 1999. Does the text matter in a multiple-choice test of comprehension: The case for the construct validity of TOEFL's minitalks. *Language Testing* 16: 2–32.
Fulcher, G. 1996a. Testing tasks: issues in task design and the group oral. *Language Testing* 13: 23–51.
Fulcher, G. 1996b. Does thick description lead to smart tests? A data-based approach to rating scale construction. *Language Testing* 13: 208–238.
Fulcher, G. 1997. An English language placement test: issues in reliability and validity. *Language Testing* 14: 113–138.
Fulcher, G. 2000. *Computers in language testing*. In Brett and Motteram (Eds.). 2000.
Garman, M. and A. Hughes. 1983. *English cloze exercises*. Oxford: Blackwell.
Gipps, C. 1990. *Assessment: A teachers' guide to the issues*. London: Hodder and Stoughton.
Godshalk, F. L., F. Swineford and W. E. Coffman. 1966. *The measurement of writing ability*. New York: College Entrance Examination Board.
Greenberg, K. 1986. The development and validation of the TOEFL writing test: a discussion of TOEFL Research Reports 15 and 19. *TESOL Quarterly* 20: 531–544.
Hale, G. A. and R. Courtney. 1994. The effects of note-taking on listening comprehension in the Test of English as a Foreign Language. *Language Testing* 11: 29–47.
Hamp-Lyons, L. (Ed.). 1991. *Assessing second language writing in academic contexts*. Norwood, NJ: Ablex.
Hamp-Lyons, L. 1995. Rating non-native writing: the trouble with holistic scoring. *TESOL Quarterly* 29: 759–762.
Hamp-Lyons, L. 1997a. Washback, impact and validity: ethical concerns. *Language Testing* 14: 295–303.
Hamp-Lyons, L. 1997b. Ethical test preparation practice: the case of the TOEFL. *TESOL Quarterly* 32: 329–337.
Hamp-Lyons, L. 1999. The author responds. *TESOL Quarterly* 33: 270–274.
Hasselgren, A. 1999. *Kartlegging av Kommunikativ Kompetanse i Engelsk (Testing of Communicative Ability in English)*. Oslo: Nasjonalt læremid-delsenter.
Harris, D. P. 1968. *Testing English as a second language*. New York: McGraw Hill.
Heaton, J. B. 1975. *Writing English language tests*. London: Longman.
Hicks, D. and Littlejohn, A. 2002. *Primary colours*. Cambridge: CUP.

Hudson, T. and B. Lynch. 1984. A criterion-referenced approach to ESL achievement testing. *Language Testing* 1: 171–201.
Hughes, A. 1981. Conversational cloze as a measure of oral ability. *English Language Teaching Journal* 35: 161–168.
Hughes, A. 1986. A pragmatic approach to criterion-referenced foreign language testing. In Portal, M. (Ed.). 1986.
Hughes, A. 1988a. Introducing a needs-based test of English for study in an English medium university in Turkey. In Hughes, A. 1988b.
Hughes, A. (Ed.). 1988b. Testing English for university study. *ELT Documents 127*. Oxford: Modern English Press.
Hughes, A. 1993. Backwash and TOEFL 2000. Unpublished paper commissioned by Educational Testing Services.
Hughes, A. and D. Porter. (Eds.). 1983. *Current developments in language testing*. London: Academic Press.
Hughes, A. L. Gülçur, P. Gürel and T. McCombie. 1987. The new Boğaziçi University English Language Proficiency Test. In Bozok, S. and A. Hughes. *Proceedings of the seminar, Testing English beyond the high school*. Istanbul: Boğaziçi University Publications.
Hughes, A. and P. Trudgill. 1996. *English accents and dialects: an introduction to social and regional varieties of British English* (3rd edition). London: Edward Arnold.
Hughes, A., D. Porter and C. Weir. (Eds.). 1988. *Validating the ELTS test: a critical review*. Cambridge: The British Council and University of Cambridge Local Examinations Syndicate.
Hughes, A., D. Porter and C. J. Weir. 1996. *ARELS Placement Test* [Written]. London: ARELS.
Hughes, A., D. Porter and C. J. Weir. 1998. *ARELS Placement Test* [Listening]. London: ARELS.
Hughes, A. and A. J. Woods. 2002. ETA (*Educational Test Analysis*) Version 2. Garth: STET.
Jacobs. H. L., S. A. Zingraf, D. R. Wormuth, V. E Hartfield and J. B. Hughey. 1981. *Testing ESL composition: a practical approach*. Rowley, Mass: Newbury House.
Jafarpur, A. 1995. Is C-testing superior to close? *Language Testing* 12: 194–216.
James, C. 1998. *Errors in language learning and use: exploring error analysis*. Harlow: Addison Wesley Longman.
Jennings, M., J. Fox, B. Graves and E. Shohamy. 1999. The test-taker's choice: an investigation of the effect of topic on language test-performance. *Language Testing* 16: 426–456.
Klein-Braley, C. 1985. A close-up on the C-Test: a study in the construct validation of authentic tests. *Language Testing* 2: 76–104.
Klein-Braley, C. 1997. C-Tests in the context of reduced redundancy testing: an

appraisal. *Language Testing* 14: 47–84.
Klein-Braley, C. and U. Raats. 1984. A survey of research on the C-Test. *Language Testing* 1: 131–146.
Kormos, J. 1999. Simulating conversation in oral-proficiency assessment: a conversation analysis of role-plays and non-scripted interviews in language exams. *Language Testing* 16: 163–188.
Kunnan, A. J. 2000. *Fairness and validation in language assessment*. Cambridge: Cambridge University Press.
Lado, R. 1961. *Language testing*. London: Longman. [邦訳: 1971.『言語テスト: 外国語テストの作成とその利用』円司勝(他)訳. 大修館書店]
Lado, R. 1986. Analysis of native speaker performance on a cloze test. *Language Testing* 3: 130–146.
Lazaraton, A. 1996. Interlocutor support in oral proficiency interviews: the case of CASE. *Language Testing* 13: 151–172.
Leech, G., P. Rayson and A. Wilson. 2001. *Word frequencies in written and spoken English*. London: Longman.
Lewkowicz, J. A. (2000). Authenticity in language testing: some outstanding questions. *Language Testing* 17 (1) 43–64.
Limb, S. 1983. Living with illness. Migraine. *The Observer*, 9 October.
Linn, R. L. (Ed.). 1989: *Educational measurement* (7th Edition). New York: Macmillan.
Lowe, P. 1986. Proficiency: panacea, framework, process? A reply to Kramsch, Schulz, and particularly to Bachman and Savignon. *Modern Language Journal*. 70: 391–397.
Lumley, T. 1993. The notion of subskills in reading comprehension tests: an EAP example. *Language Testing* 10: 211–234.
Lumley, T. 1995. Reply to Alderson's response. *Language Testing* 12: 125–130.
Lumley, T. and T. E McNamara. 1995. Rater characteristics and rater bias: implications for training. *Language Testing* 12: 54–71.
Luoma, S. 2001. The test of spoken English. *Language Testing* 18: 225–234.
Luoma, S. 2004. *Assessing speaking*. Cambridge: CUP.
MacWhinney, B. 1995. Language-specific prediction in foreign language learning. *Language Testing* 12: 292–320.
McLaughlin, B. 1995. Aptitude from an information-processing perspective. *Language Testing* 12: 370–387.
McNamara, T. 1996. *Measuring second language performance*. London: Longman.
Messick, S. 1989. Validity. In Linn, R. (Ed.). 1989.
Messick, S. 1996. Validity and washback in language testing. *Language Testing* 13: 241–256.
Mislevy, R. J. 1995. Test theory and language learning assessment. *Language Testing* 12: 341–369.
Morrow, J. 1979. Communicative language testing: revolution or evolution? In

C. J. Brumfit and K. Johnson. *The communicative approach to language teaching*. Oxford: Oxford University Press. Reprinted in Alderson and Hughes.

Morrow, K. 1986. The evaluation of tests of communicative performance. In Portal, M. (Ed.). 1986.

Nitko, A. J. 1989. Designing tests that are integrated with instruction. In Linn, R. (Ed.). 1989.

North, B. and G. Schneider. 1998. Scaling descriptors for language proficiency scales. *Language Testing* 15: 217–263.

Nitko, A. J. 2001. *Educational assessment of students* (3rd edition) Upper Saddle River, NJ: Prentice Hall.

Oller, J. W. 1979. *Language tests at school: a pragmatic approach*. London: Longman. [邦訳: 1994. 『言語テスト』堀口俊一(他)訳. 秀文インターナショナル]

Oller, J. W. and C. A. Conrad. 1971. The cloze technique and ESL proficiency. *Language Learning* 21: 183–194.

Pilliner, A. 1968. *Subjective and objective testing*. In Davies, A. (Ed.). 1968.

Pimsleur P. 1968. *Language aptitude testing*. In Davies, A. (Ed.). 1968.

Popham, W. J. 1978. The case for criterion-referenced measurements. *Educational Researcher* 7 (11): 6–10.

Portal, M. (Ed.). 1986. *Innovations in language testing*. Windsor: NFER-Nelson.

Powers, D. E., M. A. Schedl, S. W. Leung, F. A. Butler. 1999. Validating the revised Test of Spoken English against a criterion of communicative success. *Language Testing* 1999 16 (4) 399–425.

Raven, J. 1991. *The tragic illusion: Educational testing*. Unionville, NY: Trillium Press: and Oxford: Oxford Psychologists Press.

Read, J. 2000. *Assessing vocabulary*. Cambridge: CUP.

Read, J. and C. Chapelle. 2001. A framework for second language vocabulary assessment. *Language Testing* 18: 1–32.

Rea-Dickens, P. 1997. So, why do we need relationships with stakeholders in language testing? A view from the UK. *Language Testing* 14: 304–314.

Rea-Dickens, P. and S. Gardner. 2000. Snares and silver bullets: disentangling the construct of formative assessment. *Language Testing* 17: 215–243.

Rea-Dickens, P. and S. Rixon. 1997. The assessment of young learners of English as a foreign language. In Clapham and Corson (Eds.). 1997.

Riley, G. L. and J. F. Lee. 1996. A comparison of recall and summary protocols as measures of second language reading comprehension. *Language Testing* 13: 173–189.

Ross, S. 1998. Self-assessment in second language testing: a meta-analysis and analysis of experiential factors. *Language Testing* 15: 1–20.

Salaberry, R. 2000. Revising the revised format of the ACTFL Oral Proficiency Interview. *Language Testing* 17: 289–310.

Scott, M. L., C. W. Stansfield and D. M. Kenyon. 1966. Examining validity in a performance test: the listening summary translation exam (LSTE) — Spanish version. *Language Testing* 13: 83–109.

Sherman, J. 1997. The effect of question preview in listening comprehension tests. *Language Testing* 14: 185–213.

Shohamy, E. 1984. Does the testing method make a difference? The case of reading comprehension. *Language Testing* 1: 147–176.

Shohamy, E. 1994. The validity of direct versus semi-direct oral tests. *Language Testing* 11: 99–123.

Shohamy, E. and O. Inbar. 1991. Validation of listening comprehension tests: the effect of text and question type. *Language Testing* 8: 23–40.

Shohamy, E., T. Reves, and Y. Bejarano. 1986. Introducing a new compre-hensive test of oral proficiency. *English Language Teaching Journal* 40: 212–20.

Shohamy, E., S. Donitsa-Schmidt and I. Ferman. 1996. Test impact revisited: Washback effect over time. *Language Testing* 13: 298–317.

Skehan, P. 1984. Issues in the testing of English for specific purposes. *Language Testing* 1: 202–220.

Skehan, P. 1986. The role of foreign language aptitude in a model of school learning. *Language Testing* 3: 188–221.

Spolsky, B. 1981. Some ethical questions about language testing. In C. Klein-Braley and D. K. Stevenson (Eds.). *Practice and problems in language testing 1*. Frankfurt: Verlag Peter D. Lang.

Spolsky, B. 1995. Prognostication and language aptitude testing, 1925–1962. *Language Testing* 12: 321–340.

Sternberg, R. J. 1995. Styles of thinking and learning. *Language Testing* 12: 265–291.

Storey, P. 1997. Examining the test-taking process: a cognitive perspective on the discourse close test. *Language Testing* 14: 214–231.

Swan, M. 1975. *Inside meaning*. Cambridge: Cambridge University Press.

Swan, M. and C. Walter. 1988. *The Cambridge English Course. Students' Book 3*. Cambridge: Cambridge University Press.

Timmins, N. 1987. Passive smoking comes under official fire. *The Independent*, 14 March.

Trudgill, P. and J. Hannah. 1982. *International English: a guide to the varieties of standard English*. London: Edward Arnold.

Underhill, N. 1987. *Testing spoken language: a handbook of oral testing techniques*. Cambridge: Cambridge University Press.

University of Cambridge Local Examinations Syndicate. 1997. *First Certificate in English (FCE) handbook*. Cambridge: UCLES.

University of Cambridge Local Examinations Syndicate. 1999. *Certificates in Communicative Skills in English (CCSE) handbook*. Cambridge: UCLES.

University of Cambridge Local Examinations Syndicate. 1998. *Cambridge Young*

Learners handbook. Cambridge: UCLES.
University of Cambridge Local Examinations Syndicate. 1999. *Cambridge Young Learners sample papers*. Cambridge: UCLES.
University of Cambridge Local Examinations Syndicate. Undated. *Preliminary English Test (PET) Handbook*.
Urquhart, A. and C. J. Weir. 1998. *Reading in a second language: process, product and practice*. Harlow: Addison Wesley Longman.
van Ek, J. A. and J. L. M. Trim. 2001a. *Waystage 1991*. Cambridge: Cambridge University Press.
van Ek, J. A. and J. L. M. Trim. 2001b. *Threshold 1991*. Cambridge: Cambridge University Press.
van Ek, J. A. and J. L. M. Trim. 2001c. *Vantage*. Cambridge: Cambridge University Press.
Wadden, P. and R. Hilke. 1999. Polemic gone astray: a corrective to recent criticism of TOEFL preparation. *TESOL Quarterly* 33: 263–270.
Wall, D. 1996. Introducing new tests into traditional systems: insights from general education and from innovation theory. *Language Testing* 13: 334–354.
Wall, D. and Alderson, J. C. 1993. Examining Washback: the Sri Lankan impact study. *Language Testing* 10: 41–69.
Wall, D., C. Clapham and J. C. Alderson. 1994. Evaluating a placement test. *Language Testing* 11: 321–344.
Watanabe, Y. 1996. Does grammar translation come from the entrance examination? Preliminary findings from classroom-based research. *Language Testing* 13: 318–333.
Weigle, S. C. 1994. Effects of training on raters of ESL compositions. *Language Testing* 11: 197–223.
Weigle, S. C. 2002. *Assessing Writing*. Cambridge: Cambridge University Press.
Weir, C. J. 1988. The specification, realization and validation of an English language proficiency test. In Hughes, A. (Ed.). 1988b.
Weir, C. J. 1990. *Communicative Language Testing*. Hemel Hempstead: Prentice Hall.
Weir, C. J. 1993. *Understanding and Developing Language Tests*. Hemel Hempstead: Prentice Hall.
Weir, C. J. and D. Porter 1995. The Multi-Divisible or Unitary Nature of Reading: the language tester between Scylla and Charybdis. *Reading in a Foreign Language* 10: 1–19.
Weir, C. J., A. Hughes and D. Porter. 1993 Reading skills: hierarchies, implicational relationships and identifiability. *Reading in a Second Language* 7, 505–510.
Weir, C. J., Yang Huishong and Jin Yan. 2002. *An empirical investigation of the componentiality of L2 reading in English for academic purposes*. Cambridge:

Cambridge University Press.

West, M. (Ed.). 1953. *A general service list of English words: with semantic frequencies and a supplementary word-list for the writing of popular science and technology.* London: Longman.

Wigglesworth, G. 1993. Exploring bias analysis as a tool for improving rater consistency in assessing oral interaction. *Language Testing* 10: 305–335.

Woods, A. and R. Baker. 1985. Item response theory. *Language Testing* 2: 119–140.

Woods, A., P. Fletcher and A. Hughes. 1986. *Statistics in language studies.* Cambridge: Cambridge University Press.

Wu, Y. 1998. What do tests of listening comprehension test? A retrospection study of EFL test-takers performing a multiple-choice task. *Language Testing* 15: 21–44.

謝　辞

著作権のある題材を本書に引用する許可を与えてくださった著作者や出版社の方々に感謝の意を表する。しかし引用したすべての題材の出典をつきとめることは残念ながらできていない。本書の引用題材のうち、著作権者として明らかになっているのは以下の団体・個人である。

American Council on the Teaching of Foreign languages Inc. for extracts from ACTFL Proficiency Guidelines; ARELS Examination Trust for extracts from examinations; A. Hughes for extracts from the New Bogazici University Language Proficiency Test (1984); Cambridge University Press for M. Swan and C. Walter: Cambridge English Course 3, p. 16 (1988); Filmscan Lingual House for M. Garman and A. Hughes for English Cloze Exercises Chapter 4 (1983); The Foreign Service Institute for the Testing Kit pp. 35–8 (1979), Harper & Row; *The Independent* for N. Timmins: 'Passive smoking comes under fire', 14 March 1987; Language Learning, and J. W. Oller Jr and C. A. Conrad for the extract from 'The cloze technique and ESL proficiency'; Macmillan London Ltd for Colin Dexter; The Secret of Annexe 3 (1986); *The © Guardian* for S. Limb: 'One-sided headache', 9 October 1983; The Royal Society of Arts Examinations Board / University of Cambridge Local Examinations Syndicate (UCLES) for extracts from the examination in The Communicative Use of English as a Foreign Language; UCLES for the extract from Testpack 1 paper 3; UCLES for extracts from the Oxford Examination in English as a Foreign Language, CCSE, FCE, and Young learners ARELS handbooks and papers, Interagency Language Roundtable Speaking Levels. Oxford University Press for extract from *Speaking* by Martin Bygate © Oxford University Press 1987; TOEFL © materials are reprinted by permission of Educational Testing Service, the copyright owner. However, the test questions and any other testing information are provided in their entirety by Cambridge University Press. No endorsement of this publication by Educational Testing Service should be inferred; *Cloze test* by Christine Klein-Braley and Ulrich Raatz 1984, used by permission of Grotjahn and Raatz; Kartlegging av Kommunikativ Kompetanse i Engelsk (Testing of Communicative Ability in English), reproduced by permission of Angela Hasselgren; *International English 4th Edition 2002* by Trudgill and Hannah i NEAB/AQA examination questions are reproduced by permission of the Assessment and Qualifications Alliance.

訳者あとがき

　本書は、Arthur Hughes 著 *Testing for Language Teachers, 2nd Edition* (CUP, 2003) の全訳である。1989 年に出版された初版はベストセラーとなり、全世界の言語教師が自分の作るテストを改善するのに大いに貢献してきた。その後のパソコンの普及、インターネットの発達、テスト理論の発展、児童英語教育の拡充等に対応した形で全面的に改訂されたのが今回の第 2 版である。

　テスト理論関係の著作物は多いが、どうしても紙面に数式や統計用語が現れるため、文科系出身者である平均的な言語教師にとって敷居が高い分野であることは否めない。そんな中で、原著の最大の特長はその書名の通り、「テスト専門家ではない言語教師のために特化したテスティングの本である」という点にある。日常的な例を多用しながらテスト理論の「つぼ」が平易な表現で解説される本書を読めば、まったく予備知識のない読者でもテスト理論の全体像を把握し、かつテスト作成のための実際的な指針を得ることができる仕組みになっている。

　読者には「**自分でやってみよう**」の項の内容を単に読んで理解するだけでなく、実際に試みることをお勧めする。「手で理解する」ことの大切さを実感することになるはずだ。また章が終わるごとに詳しい解説つき参考文献リストが付され、さらに専門的に勉強したい読者のためのガイドが提供されている。このように本書は、実際に小学校、中学校、高等学校、大学、その他の教育機関で教えている先生方がテスト理論を踏まえた望ましいテストを作成・実施・分析するために必要かつ十分な内容を含む、現時点における最も優れた「理論的実用書」であると言ってよいであろう。

　著者は、訳者が The University of Reading でテスティング研究に従事した際の指導教官である。その常に的を射た質問・コメントは訳者が博士論文を完成するうえで大きな助けとなった。その後、著者が名著 *Testing for Language Teachers* の改訂作業を進めていることを知った訳者は、是非自分の手で翻訳して日本のより幅広い読者層に紹介したいと思いたったわけである。

　翻訳作業は 2002 年の 11 月から 2003 年の 3 月にかけて行った。訳出にあ

たっては原著のもつ平明な雰囲気を可能な限り再現するよう努めた。細かな疑問点があるたびに著者とのメールのやりとりで確認した。延べ数十回にわたる細かいやりとりに応じてくれた Arthur には大変感謝している。

　なお研究社出版部の杉本義則氏には、原著の出版元である CUP との交渉から始まり細かい校正作業にいたるまで大変お世話になった。心から感謝の意を表し、厚く御礼申し上げたい。

　　2003 年 7 月

　　　　　　　　　　　　　　　　　　　　　　　　　　　　　靜　哲人

索　引

あ　行

アイテムバンク　83, 247, 249
アイテム容易値　239
アイテムを書く　64, 69, 83, 174
当て推量　82, 85, 154
アナグラム　221
誤りの頻度　110
一次元的　246
一致率　46
一般常識　97, 151, 164
印字　52
インタビュー　62, 126
絵　127, 160, 194, 215
絵を利用した空所補充　223
音声テクスト　172
音読　129

か　行

下位技能　20, 33, 66, 109, 168
回顧法　35
解答の範囲　50
会話文クローズ　203
書き換え　187
過去時制　82
間接テスティング　19
「間接」テスト　89
機械的技能　112
機器　228
基準関連妥当性　29
基準参照的　22, 60
客観的　24
キューダー・リチャードソンの公式 20
　237
キーワード　174
空所補充　157, 176, 186, 195
空所補充アイテム　86
グラフ　100

クローズ　208
クローズ法　199
形成的評価　5
係留アイテム　79, 247
決定一貫性　46
現在完了　82
語彙のテスト　191
講義　174
構成概念　33
構成概念妥当性　28, 33, 81
興奮　151
項目応答理論　46, 243
コスト　61
コース目標準拠アプローチ　14
個別項目テスティング　21
コミュニカティブ言語テスティング　25
語用論的推測　147
コンピュータ適応型テスティング　25

さ　行

最終到達度テスト　13, 20
採点　35
採点基準　54
採点者間信頼性　57
採点者信頼性係数　47
採点者トレーニング　114
採点者内信頼性　57
最頻値　235
細目規定　12, 66
削減余剰性　199
錯乱肢　81, 192, 242
サーチ・リーディング　146, 150
サマリークローズ　158
残差　245, 248
産出的技能　177
産出的能力　81, 165
産出能力　194
算術平均　235

サンプリング　69
サンプルテスト　52
試行　53, 70, 71, 83, 250
自己評価　5, 213
事実と意見　153
実施条件　52
実用性　62
C-テスト　207
児童外国語教育　212
集団参照的　21
集中力の持続時間　215
主観的　24
熟達度テスト　11, 20
受験者の個人的特徴　140
受験者の名前　54
受容的技能　143, 149, 169
受容的能力　81
準直接的　21, 130
照応　153
情報転移　160, 177, 219
シラバス内容準拠アプローチ　13
真偽判定アイテム　84
真正性　149
迅速な読み　146
診断テスト　16, 184
真の得点　44
進歩到達度テスト　15
信頼性　3, 40, 163, 236
信頼性係数　42, 241
推測　144
スキミング　146, 150
スキャニング　146, 150, 154, 163
ステム　81
スピアマン・ブラウンの公式　48, 237
スピード　149
正規分布　56
折半法　44
0/1 アイテム　239
全体　110
全体的能力　198
選択的削除クローズ　202
総括的評価　5
相関　137

相関係数　30, 34
総合的採点法　102
総合的評定　137
創造性　97
測定標準誤差　45, 238

た　行

代替フォーム法　43
多肢選択　152, 175, 188, 217, 220
多肢選択アイテム　53, 80
妥当性係数　31
妥当性検証　72
短答　54, 152, 176
短答アイテム　84
中央値　235
中心的傾向　235
長時間リスニング　174
直接的　18
直接テスティング　18, 19, 60
通訳　128
綴り　35, 53, 165, 179
定義　195
ディクテーション　208
ディスカッション　129
テクスト　150
テクストの構成　151
統合的テスティング　21
到達度テスト　13, 184
独立　164
度数分布表　234

な　行

内的一貫性の係数　44
内容妥当性　28
「並べ替え」アイテム　154
難易度　205
抜き打ち小テスト　15
ノンマスター　46

は　行

配点　110
波及効果　1, 20, 58, 83, 183, 214
発音・アクセント　137

パフォーマンスの合格基準　68, 149
ハロー効果　110
範囲　236
ヒストグラム　235
表　160
標準誤差　46, 246
標準偏差　57, 236
評定尺度　135
評定者信頼性　30
表面妥当性　36
フィードバック　116, 213
不正行為　83
不適合　244
部分ディクテーション　179, 209
部分の総和　110
フレッシュなスタート　49, 97, 132, 150
文完成　187
分析的採点法　108
分析的評定　137
文法項目　20
文法的能力　184
文脈　194
平均値　235
併存妥当性　29, 30
弁別力　50
弁別力の指数　240
法助動詞　87

ま　行

マスター　46
ミシガン英語熟達度テスト　23
ミニ・クローズ　206
明確な指示　52
命題的推測　147
メインアイディア　157

メモ　174
目盛り付け　72, 113, 140
メモを取る　178
面接　58
綿密な読み　146
モノローグ　128

や・ら　行

有声思考法　35
余剰性　173, 199
予測妥当性　29, 32
ライブ　180
ラッシュ分析　243
リスニングテスト　53
流暢さ　138
レイアウト　52
レベル分けテスト　17, 32, 184, 198
録音　173, 180
録音・録画の使用　130
ロールプレイ　127, 130

A〜Z

ACTFL　106, 107
ALTE　12
CCSE　68, 90, 120
CPE　12
DIALANG　17
FCE　12
Flesch Reading Ease Score　79
Flesch-Kincaid Grade Level　79
FSI　137
ILR　22, 107, 136
Lado　19
Oller　208
TOEFL　6, 19, 23, 85, 103, 104

著者紹介

Arthur Hughes（アーサー・ヒューズ）

英国レディング大学で 25 年間にわたり応用言語学を教え、その間 the Testing and Evaluation Unit を設立・指揮。イスタンブールのボスフォラス大学の英語テストプロジェクト（1982–4）、モロッコの中等教育省（1982–4）を指導。国際専門誌 *Language Testing* の共同創刊・編集者のひとり。幅広く論文を発表し、各国でコンサルティングに従事。引退した現在でもウェールズとスペイン南部を往復しながら精力的に執筆・コンサルティング活動を続けている。

訳者紹介

靜　哲人（しずか・てつひと）

東京外国語大学卒業、コロンビア大学ティーチャーズカレッジ修了（M.A.）、レディング大学修了（Ph.D.）。現在関西大学外国語教育研究機構 / 大学院外国語教育学研究科助教授。主な著書に『カタカナでやさしくできるリスニング』（研究社）、『英語授業の大技・小技』（研究社）、『外国語教育リサーチとテスティングの基礎概念』（共編著・関西大学出版）、『英語テスト作成の達人マニュアル』（大修館）、等。テスティング分野の論文多数。

英語のテストはこう作る

2003 年 8 月 15 日　初版発行

著　者	アーサー・ヒューズ	
訳　者	靜　哲人	
発行者	荒木邦起	
印刷所	研究社印刷株式会社	

発行所　株式会社　研究社
http://www.kenkyusha.co.jp

KENKYUSHA
〈検印省略〉

〒102-8152
東京都千代田区富士見 2-11-3
電話（編集）03 (3288) 7755(代)
　　（営業）03 (3288) 7777(代)
振替 00150-9-26710

表紙デザイン: 小島良雄

ISBN4-327-41061-6　C3082　　Printed in Japan